商务馆对外汉语教学专题研究书系(第二辑)
总主编 赵金铭
审 订 世界汉语教学学会

汉语作为第二语言教学的教材研究

主编 吴中伟

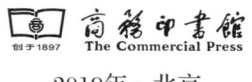

2019年·北京

总主编 赵金铭

主　编 吴中伟

编　者 吴中伟　耿　直　徐婷婷

作　者（按音序排列）

安　娜	陈　绂	陈　楠	宫　雪
郭晓麟	郝美玲	金允贞	李　慧
李　泉	李晓琪	刘颂浩	刘娅莉
刘友谊	罗青松	史中琦	田　然
王　飙	王文龙	吴勇毅	吴中伟
杨　翼	赵金铭	周小兵	朱志平

目 录

总　序 1
综　述 1

第一章　教材编写的宏观理论研究 1
第一节　21世纪教材编写理论的创新与发展 1
第二节　对外汉语教学模式创新与教材编写 18
第三节　从课程结构的视角看汉语教材编写模式 27
第四节　通用型、区域型、语别型、国别型教材 33
第五节　定向汉语教材编写的环境文化因素 48

第二章　教材编写原则的研究 62
第一节　对外汉语教材的科学性 62
第二节　对外汉语教材的实用性 81
第三节　对外汉语教材的趣味性 96

第三章　教材编写的基础研究 110
第一节　初级汉语综合课教材选词考察 110
第二节　语块的呈现方式及其改进建议 124
第三节　汉字复现率的实验研究 137

第四节　语法教学示例的基本原则 ………………………… 151
　　第五节　口语教材中会话对答结构类型的表现分析 ……… 167
　　第六节　练习题的有效性研究 ……………………………… 187

第四章　分类教材研究 ……………………………………………… 201
　　第一节　从任务型语言教学反思对外汉语口语教材的编写 … 201
　　第二节　中高级阅读教材编写理念评析 …………………… 217
　　第三节　"精视精读"教学模式与教材编写 ………………… 229
　　第四节　商务汉语教材选词率及核心词表研究 …………… 243
　　第五节　五个"C"和 AP 汉语与文化课教材的编写 ……… 260
　　第六节　海外中小学汉语教材的任务 ……………………… 274

第五章　教材评析 …………………………………………………… 295
　　第一节　"一版多本"与海外教材的本土化研究 …………… 295
　　第二节　汉语作为外语环境下的教材编写
　　　　　　——以《汉语入门》为例 ………………………… 314
　　第三节　汉语教材的"动态化"发展趋势 …………………… 329

总 序

赵 金 铭

对外汉语教学专题研究书系是商务印书馆出版的同名书系的延续。主要收录2005—2016年期间，有关学术杂志、期刊、高校学报等所发表的有关对外汉语教学研究论文，涉及学科各分支研究领域。内容全面，质量上乘，搜罗宏富。对观点不同的文章，两方皆收。本书系是对近10年对外汉语教学研究成果的汇总与全面展示，希望能为学界提供近10年来本学科研究的总体全貌。

近10年的对外汉语教学与研究，呈现蓬勃发展的局面，与此同时，各研究分支也出现一些发展不平衡现象。总体看来，孔子学院教学、汉语师资培训、文化与文化教学、专业硕士课程教学等方面，已经成为研究热门，研究成果数量颇丰，但论文质量尚有待提升。由于主管部门的导向，作为第二语言汉语教学的汉语本体研究与汉语教学研究，在一定程度上被淡化。语音、词汇及其教学研究成果较少，语法、汉字及其教学研究成果稍多，汉字教学研究讨论尤为热烈。新汉语水平考试研究还不够成熟，课程与标准和大纲研究略显薄弱。值得提及的是，教学方法研究与教学模式研究、汉语作为第二语言习得研究、现代教育技术研究及其在教学中的应用研究，发展迅速，方兴未艾，成果尤为突出。本书系就是对这 10 年研究状况的展示与总结。

近 10 年来，汉语国际教育大发展的主要标志是：开展汉语教学的国别更加广泛；学汉语的人数呈大规模增长；汉语教学类型和层次多样化；汉语教师、教材、教法研究日益深入，汉语教学本土化程度不断加深；汉语教学正被越来越多的国家纳入其国民教育体系。其中，世界范围内孔子学院的建立既是国际汉语教育事业大发展的重要标志，也是进一步促进国际汉语教学持续发展的一个重要平台，吸引了世界各地众多的汉语学习者。来华外国留学生汉语教学与海外汉语教学，共同打造出汉语教学蓬勃发展的局面。

大发展带来学科研究范围的扩大和研究领域的拓展。本书系共计 24 册，与此前的 22 册书系的卷目设计略有不同。

本书系不再设《对外汉语课堂教学技巧研究》，增设《汉语作为第二语言教学的教学方法研究》和《汉语作为第二语言教学的教学模式研究》两册。汉语作为第二语言教学，既与世界第二语言教学有共同点，也因汉语、汉字的特点，而具有不同于其他语言作为第二语言教学的特色。这就要求对外汉语教学要讲求符合汉语实际的教学方法。几十年以来，对外汉语教学在继承传统和不断吸取各种教学法长处的基础上，结合汉语、汉字特点，以结构和功能相结合为主的教学方法为业内广泛采用，被称为汉语综合教学法。博采众长，为我所用，不独法一家，是其突出特点。这既是对外汉语教学的传统，在教学实践中也证明是符合对外汉语教学实际的有效的教学方法。与此同时，近年来任务型教学模式风行一时，各种各样的教法也各展风采。后方法论被介绍进来后，已不再追求最佳教学法与最有效教学模式，教学法与教学模式研究呈现多样化与多元性发展态势。

进入新世纪后，对外汉语教学学科理论研究的一个重要进展是开拓了第二语言习得理论与实际问题的研究，从重视研究教师怎样教汉语，转向研究学习者如何学习汉语，这是一种研究理念的改变，这种研究近10年来呈现上升趋势。研究的重点集中于学习者语言系统研究、汉语作为第二语言的习得研究，以及汉语作为第二语言学习者研究。本书系基于研究领域的扩大，增设《基于认知视角的汉语第二语言习得研究》，从一个新的角度开辟了汉语学习研究的新局面。

教育部在2012年取消原本科专业目录里的"对外汉语"，设"汉语国际教育"二级学科。此后，"汉语国际教育"作为在世界范围内开展汉语作为第二语言教学的名称被广泛使用，学科名称的变化，为对外汉语教学带来了无限的机遇与巨大的挑战。随着海外汉语学习者人数的与日俱增，大量汉语教师和汉语教学志愿教师被派往海外，新的矛盾暴露，新的问题随之产生。缺少适应海外汉语教学需求的合格的汉语教师，缺乏适合海外汉语学习者使用的汉语教材，原有的汉语教学方法又难以适应海外汉语教学实际，这三者成为制约提高对外汉语教学质量、提升对外汉语教学水平的瓶颈。

面对世界汉语教学呈现出来的这些现象，在进行深入研究、寻求解决办法的同时，也产生了一种急于求成的情绪，急于解决当前的问题。故而研究所谓"三教"问题,一时成为热门话题。围绕教师、教材和教法问题,结合实际情况,出现一大批对具体问题进行研究的论文。与此同时,在主管部门的导引下,轻视理论研究,淡化学科建设,舍本逐末,视基础理论研究为多余,成为一时倾向。由于没有在根本问题上做深入的理论探讨,将过多的精力用于技法的提升,以至于在社会上对汉语作为一个学科产生了不同认识,某种程度上干扰了学科建设。本书系《汉语作为第二语言教学的学科理论研究》和《汉语作为第二语言教学的教学理论研究》两册集中反映了学科建设与教学理论问题,显示学界对基本理论建设的重视。

2007年国务院学位办设立"汉语国际教育硕士专业学位",目前已有200余所高等院校招收和培养汉语国际教育专业硕士。10多年来,数千名汉语教师和志愿者在世界各地教授汉语、传播中国文化,这支师资队伍正在共同为向世界推广汉语做出贡献。

一种倾向掩盖着另一种倾向。社会上看轻汉语作为第二语言教学的观点,依然存在。这就是将教授外国人汉语看成一种轻而易举的事,这是一种带有普遍性的错误认知。这种认知导致对汉语作为第二语言教学科学性认识不足。一些人单凭一股热情和使命感,进入了汉语国际教育的教师队伍。一些人在知识储备和教学技能方面并未做好充分的准备,便匆匆走向教坛。故而如何对来自不同专业、知识结构多层次、语言文化背景多有差别的学习者,进行汉语作为第二语言教学的专业培养和培训,如何安排课程内容,将其培养成一个合格的汉语教师,就成为当前迫切需要解决的问题。本书系增设的《汉语作为第二语言教学的教师发展研究》《汉语作为第二语言标准与大纲研究》以及《汉语作为第二语言教学的课程研究》，都专门探讨这些有关问题。

自1985年以来，实行近20年的汉语水平考试（HSK），已构成了一个水平由低到高的较为完整的系统，汉语水平考试（HSK）的实施大大促进了汉语教学的科学化和规范化。废除HSK后，研发的"新HSK"，目前正在改进与完善之中。有关考试研究，最近10年来，虽然关于测试理论和技术等方面的研究仍然有一些成果出现，但和以往相比，研究成果的数量有所下降，理论和技术方面尚缺乏明显的突破。汉语测试的新进展主要表现在新测验的开发、新技术的应用和对重大理论问题的探讨等方面。《汉语作为第二语言测试研究》体现了汉语测试的研究现状与新进展。

十几年来，汉语作为第二语言教学史的研究越来越多，也越来越深入。既有宏观的综合性研究，又有微观的个案考察。宏观研究中，从学科建设的角度探讨汉语教学史的研究。重视对外汉语教学历史的发掘与研究，因为这是对外汉语教学学科建设中不可缺少的一部分。宏观研究还包括对某一历史阶段和某一国家或地区汉语教学历史的回顾与描述。微观研究则更关注具体国家和地区的汉语教学历史、现状与发展。为此本书系增设《汉语作为第二语言教学史研究》，以飨读者。

本书系在汉语本体及其教学研究、汉语技能教学研究、文化教学与跨文化交际研究、教育技术研究和教育资源研究等方面，也都将近10年的成果进行汇总，勾勒出研究的大致脉络与发展轨迹，也同时可见其研究的短板，可为今后的深入研究引领方向。

本书系由商务印书馆策划，从确定选题，到组织主编队伍，以及在筛选文章、整理分类的过程中，商务印书馆总编辑周洪波先生给予了精心指导，在此深表谢意。

本书系由多所大学本专业同人共同合作，大家同心协力，和衷共济，在各册主编初选的基础上，经过全体主编会的多次集体讨论，认真比较，权衡轻重，突出研究特色，注重研究创新，最终确定入选篇章。即便如此，也还可能因水平所及评述失当，容或有漏选或误选之处，对书中的疏漏和失误，敬请读者不吝指教，以便再版时予以修正。

综　述

2005年以来，国际汉语教育蓬勃发展。在教材建设方面，数量成倍增长，类型不断增多，质量日益提高；在教材研究方面，也取得了长足进展，无论是宏观层面还是微观层面，都产生了丰硕的研究成果。本书选录2005至2016年间发表的部分代表性论文。这些论文的观点不尽一致，理论背景和研究方法也各有特色，本书一概尊重论文原貌，仅在体例上略做统一处理。囿于篇幅和编者的视野，本书或有取舍失当之处，但希望能大体反映这十余年间教材研究的主要成就和进展，有助于促进教材编写理论研究的不断深化和教材建设的进一步发展。

一、教材研究的新进展

教材研究成果大致可分为五类：教材编写的宏观理论研究、教材编写基本原则的研究、教材编写的基础研究、分类教材研究、教材评析，本书据此共设五章。至于教材发展史的研究，教材建设中的现代技术应用研究等方面的论文，可参见本书系其他分册，本书未予收入。

（一）教材编写的宏观理论研究

进入新世纪以来，随着汉语作为第二语言教学理论研究的发展，教材编写理论研究也不断深化，同时，世界范围的汉语教学实践既对汉语教材编写提出了新课题，也为教材编写研究提供了丰富材料，促使教材编写理论日趋完善和成熟。

李晓琪（2013）[①]把新世纪以来教材编写理论的主要创新点概括为：综合系列教材编写原则的创新——多元综合理念的建立与实施，特殊目的教材编写理念的构建，国别汉语教材编写原则探讨。文中具体讨论了综合系列教材编写中不同阶段的侧重点不同的编写原则，基于任务型教学理念编写特殊目的语言教材的问题，以及编写国别汉语教材的注意事项。新世纪以来教材编写理论的创新和发展当然远不止这些，但是上述三个方面确实是其中的主要内容。

教材编写理论的创新和发展是与教学理论、教学模式的创新和发展密不可分的。赵金铭（2007）[②]指出，对外汉语教学模式与教材编写息息相关，教学模式的创新往往带来教材的更新。作者回顾了对外汉语教学界20世纪80年代以来对于新模式的探索以及相应的各类教材，认为"特定的教材必定体现了某种教学模式，换言之，一个有特色的教学模式必定有与之相配的教材。教学模式的创新，带来了教材的更新。新的教学实验的成功，必定带来一部面貌一新的教材"。事实确实如此。从本书后面的部分章节也可以进一步看到教学模式创新和教材创新二者之间的密切关系。

教材编写模式是教材编写理论研究的重要内容之一。李晓琪

---

① 见本书第一章第一节。
② 见本书第一章第二节。

（2013）①认为，教材编写模式可以从外部视角和内部视角来观察。内部视角指教材编写的指导思想，即教材编写的理念，外部视角则是指课程结构。从外部视角，即课程结构的视角来看，教材编写的主要模式可分为：线性结构、树型结构、网状结构、拍式结构。无论哪种模式，它为教材编写提供的内在张力都是语言知识和语言技能之间的矛盾冲突。教材编写者应该思考语言知识和语言技能之间的关系，根据对这对矛盾的了解来采用一种模式，并努力在这种模式中解决这对矛盾。这一研究把教材研究与课程研究联系起来，为外部视角的教材结构模式研究奠定了基础。

教材建设发展的总体趋势是多元化，即通过教材编写的理念创新、内容创新和形式创新，提高针对性，满足教学中不同类型、不同层次的需求。除了教学模式多元化以外，学习者的多元化、学习环境的多元化是驱动教材多元化的主要因素。近年来，国际汉语教育的发展促使学者们更加关注教学环境对于教学的影响，强调从教学环境的角度区分汉语作为第二语言教学（TCSL）和汉语作为外语教学（TCFL）。与后者相关的，涉及"本土（化）教材""区域（型）教材""国别（化）教材""国别型教材""定向教材"等等，不同的名称其实内涵并不完全一样。李泉、宫雪（2015）②讨论了通用型、区域型、语别型、国别型四类汉语教材的内涵和特点，适用范围和编写理据，设计和编写要求，以及四类教材的共性和个性。作者认为，四类教材各有其优势和不足，不宜用一种类型替代其他类型。通用型教材具有广阔的编创空间，

---

① 见本书第一章第三节。
② 见本书第一章第四节。

现在和将来都应该是教材研究和编写的重点。应确立汉语教学的区域化、语别化概念，并加强区域化、语别化汉语教材的研究和编写。该文的梳理和分析，有利于深化近年来有关"国别教材""本土教材"等问题的讨论。

罗青松（2005）[①]将与语言教学和教材编写相关的环境因素分为三个层面：社会文化背景、语言教育体制、课堂环境，具体分析了这些环境文化因素与教材编写和使用的关系，并以三套在英美使用比较广泛的汉语教材为例，对"定向教材"应如何在内容和形式上与语言教学环境匹配展开了讨论。这一研究对于全面理解环境因素，从而编写适应海外教学环境的汉语教材，具有重要的理论意义。

（二）教材编写基本原则的研究

关于教材编写的基本原则，学界已有基本共识，在以往研究成果的基础上，李泉、刘颂浩等着重就教材编写的科学性、实用性、趣味性原则进行了进一步讨论和分析。

李泉、金允贞（2008）[②]讨论了什么是教材的科学性以及如何增强科学性的问题。作者认为，教材科学性的最基本的要求就是内容规范、编排合理。要增强科学性，首先要处理好准确与模糊、系统与简约、规范与灵活的关系。论文还详细分析了增强教材科学性的主要途径。

实用性也是汉语教材编写和评估的重要原则。李泉（2007）[③]认为，实用性最基本的要求是教材的内容对学习者有用，教材的

[①] 见本书第一章第五节。
[②] 见本书第二章第一节。
[③] 见本书第二章第二节。

编排好教易学。教材实用与否是一个程度问题。教材编写过程中实用性原则的实施，是一个优选、优化的过程。教材实用与否取决于教材目标，或者说学习者的需求。教材的实用性还与教材教什么样的语体有关。论文还分析了目前汉语教材实用性方面存在的问题。

刘颂浩（2008）[①] 就趣味性的构成、地位及其与其他原则的关系提出了自己的看法。作者认为，与语言教材有关的趣味性可分为过程趣味性和产品趣味性。课文趣味性本质上是一种语言风格，是内容和语言形式共同作用的结果，具备趣味性的教材能够引发强烈的内在动机，而实用性引发的是外在动机，与趣味性没有必然的联系。趣味性是教材编写中的辅助原则，在可能的情况下，教材编写应该兼顾趣味性。

这三篇文章深化了关于教材编写原则的研究，其中的观点颇具启发性，也为今后更深入地探讨打下了良好基础。

（三）教材的基础研究

教材的基础研究包括对教材内容和形式两个方面的研究。"内容"指教材中的具体教学内容，如语音、词汇、汉字、语法等语言要素以及语篇结构、文化因素、语体风格的处理等；"形式"指教材本身的微观结构，如教材体例、结构框架、练习形式、媒介语、现代教育技术应用等。

语言要素处理方面，近年来研究最多的是词汇处理，同时，教材的用字情况也逐渐得到关注，此外，语法项目编排也是较受

---

① 见本书第二章第三节。

关注的研究领域。周小兵、刘娅莉（2012）[①]考察了八部初级综合课教材的课文词汇后发现，从总词种来看，在数量上国内教材远高于国外教材，在离散程度上国外教材远低于国内教材；从共选词来看，不同教材的词汇重合度不高，共选词的等级分布优于总词种的等级分布。论文分析了上述现象的原因，提出了减少分歧、扩大共识的若干有效途径。

李慧（2013）[②]以《桥梁——实用汉语中级教程》为例，考察语块在教材中的呈现方式，发现教材中语块的呈现分为直接呈现和间接呈现两种形式，直接呈现的语块大多为凝固度较高的语块，但更多的语块在教材中间接呈现或不呈现。论文认为，教材应增加呈现语块的类型，扩大呈现语块的范围，提高语块呈现的明晰度和整体性，培养学习者的语块意识。

郝美玲、刘友谊（2007）[③]通过两个心理实验考察了构词数和语素类型不同的汉字在教材中的复现情况对汉字学习效果的影响，研究发现：构词数多的汉字，其学习效果较少受复现次数的影响，而构词数少的汉字，其学习效果受复现次数的影响较大；代表自由语素的汉字的学习效果较少受复现次数的影响，而代表黏着语素的汉字的学习效果受复现次数的影响较大。因此，对不同类型的汉字应采用不同的复现方式。

教材中的语法教学离不开典范用句的示例，例句的选择应该注重典型性。郭晓麟（2010）[④]以趋向结构为例，基于对母语者

---

① 见本书第三章第一节。
② 见本书第三章第二节。
③ 见本书第三章第三节。
④ 见本书第三章第四节。

语料和代表性初级汉语综合教材用例的统计分析,发现初级汉语教材的语法部分存在很多非典型示例,究其原因,就是对语法结构形式和意义关注过多,而对用法关注不够。论文提出了典型例句选取的四个基本语用原则,对于教材中语法用例的处理具有指导意义。

上述四篇文章分别从字词和语法的角度考察分析教材中的处理方式。分析问题,提出建议,对于教材编写具有重要的参考价值,而且,各项研究均基于大规模的统计分析或心理实验数据,增强了研究结论的科学性。

王文龙(2013)[①]运用会话分析理论考察分析了对四部汉语中高级口语教材中对答结构的类型,发现教材在对汉语会话特点和规律的反映上存在诸多不足,在对答结构的呈现上类型比较单一,很多重要的对答类型没有得到充分有效的展示,会话编写缺乏系统性和一致性的参考标准。论文对对答结构在教材中的表现形式提出了具体建议。这一研究同样采用了实证研究的方法,也是从语篇分析角度研究教材语料编选问题的成功探索。

练习是教材的重要组成部分,但是目前关于练习的研究还很不够。杨翼(2010)[②]讨论了衡量练习题质量优劣的"有效性"指标。练习题的有效性是指练习题在多大程度上练到了它想要练的东西,在多大程度上达到了它想要达到的目的。练习题的有效性包括练习题内在的有效性、外在的有效性、使用的有效性。该文为练习的有效性研究提供了一个有效的框架。

---

① 见本书第三章第五节。
② 见本书第三章第六节。

(四) 分类教材研究

教材可以从不同角度分类,如专项技能教材、专门用途教材、语言要素教材、文化教材、少儿教材、短期培训教材、教辅材料等。

在专项技能教材中,口语教材是近年来研究的焦点,阅读教材逐渐受到重视,听力、写作教材的研究相对来说仍比较薄弱;值得注意的是,一些研究者注意到语言技能之间的联系,对复合型的视听说教材和读写教材进行了讨论。

口语教材编写理论最主要的突破是引入任务型教学理念。吴勇毅(2007)[①] 比较了目前对外汉语口语教材和任务型语言教材的不同编写模式,尤其是练习和"任务"的不同,提出任务型口语教材编写模式的设想。在这一模式下,以任务统领全课,不再有课文和练习两大板块之分,"课文"是任务链中的一环,而不是传统意义上"样板"。时至今日,这样的任务型汉语口语教材已经问世。重温该文,再联系此前关于任务型语言教学的相关研究,可以清晰地看到从理论研究到教材编写实践的探索历程。

田然(2008)[②] 对1992至2005年间使用较普遍的10本中高级阅读教材进行比较分析,从阅读量的控制、教学目标的设定、语料的选择、练习方式的设计等方面讨论了阅读教材的编写特点以及阅读教学的基本理念,指出编写中存在图式理论、语篇理论应用不够,阅读教学的特点不够突出等问题,为阅读教材的改进提供重要的参考。

王飙(2010)[③] 提出了把精读课和视听课结合起来的一种新

---

① 见本书第四章第一节。
② 见本书第四章第二节。
③ 见本书第四章第三节。

的教学模式,分析了这一模式的特点以及相应的精视精读教材的特色。论文结合中级汉语精视精读教材《中国人的故事》的编写实践,讨论了如何将非受限视频材料改造成语言难度适宜、学习步骤循序渐进的受限视频材料,以视听形式展开精读教学的问题。论文还着重讨论了这一新型教材采用的双层复迭文本(纸面课文和视频文本)模式。这篇论文可以说是探索教学模式创新与教材创新互动关系的一个典型代表。

专门用途汉语教学研究是汉语教学的重要组成部分,也是具有广阔发展前景的领域之一。专用汉语研究方面,商务汉语研究的成果相对较为丰富。安娜、史中琦(2012)[①]以七本商务汉语教材作为研究对象,使用语料库语言学的统计方法,比照《商务汉语常用词语表》和《(汉语水平)词汇等级大纲》,对教材的收词情况进行量化研究,初步确定了商务汉语教材选词率的阈值,并尝试性地得出一个商务类词语核心词表。这一研究不仅对商务汉语教材编写具有参考价值,其中涉及的一些深层次问题对于各类专用汉语教学都是值得深入思考的。

陈绂(2006)[②]讨论了美国外语学习标准与中文教材的设计问题。论文介绍并分析了美国《21世纪外语学习标准》的5C标准及其具体内容,并针对这一标准就编写大纲的制定、教学体系的理解、文化内容的展示等方面提出了编写"AP汉语与文化教材"的几项原则。5C标准代表了外语教育的一种新理念,探讨5C标准指导下的汉语教材编写原则和方法,不仅对"AP汉语和文化

---

① 见本书第四章第四节。
② 见本书第四章第五节。

课程"有意义，对汉语教学的理念创新、模式创新和教材创新均具有重要启示意义。

朱志平（2007）[①]讨论了海外教学环境下的中小学汉语教材编写问题。论文认为，编写海外中小学汉语教材要承担起三个基本任务：要了解所要服务的课程，满足课程所在教育传统和教育体系的要求；及时转化语言教学的研究成果，更新教学理念；承担课程建设和教师培训的任务，发挥教学技巧方面的引导作用。论文基于这三个方面，结合几套中小学汉语教材的编写实践，讨论了海外中小学汉语教材编写中的一些具体问题。该文从宏观的角度分析了海外中小学汉语教材应具备的特点，对海外中小学汉语教材编写研究具有一定的指导意义。

（五）教材评析

近年来的教材研究文献，包括大量的教材评析类论文。这些论文或结合教材编写实践讨论编写理念、教学模式等理论问题，或分析某一部或某几部教材中体现的新观念、新方法，或关注教材在教学实践中的效果和师生的反馈，或从新的视角考察和评估教材。

为满足世界各国对教材的迫切需求，近十年出现了一种新的教材开发模式，即"一版多本"：在一种教学媒介语（如英语）版本基础上开发其他媒介语（如法语、德语、西班牙语）版本的汉语教材。周小兵、陈楠（2013）[②]先考察两种广泛使用的"一版多本"教材，对比其母本（英语版）与其他语种版教材，从语音、

[①] 见本书第四章第六节。
[②] 见本书第五章第一节。

词汇、语法、文化等方面考察后者的本土化特征,再与六部海外教材进行对比,认为中国"一版多本"汉语教材在本土化方面做了很多努力,但对比海外教材,还有不少改进空间。这一结论再次印证了一些学者的观点,即汉语教材的本土化必须基于汉外语言文化对比的坚实基础,应该采用中外合作的方式,以发挥各自的优势。

吴勇毅(2012)[①]以《汉语入门》这部教材为例,讨论了汉语作为外语(CFL)环境下的教材编写问题,其中涉及教材编写理念的创新、对汉语汉字特点的认识和独到的处理、适应特定教学对象和教学环境的"量体裁衣"的教材设计等等。文中观点对于新时期的国际汉语教材编写研究富有启示意义。

吴中伟(2012)[②]以新近出版的一些汉语教材为例,讨论了汉语教材编写模式的"动态化"发展趋势。所谓"动态化"是指在教材结构设计上更多地关注语言学习过程和教学过程,以及在这一过程中学习者的多元化需求和个性化学习方式。论文分析了"动态化"的几方面表现:"听—说—读—写"依次推进,通过系列任务实现教学目标,引导学生开展发现式学习,细化教学流程,增强教学内容的灵活性。

二、教材研究展望

立足现状,展望未来,我们觉得,以下几个方面是推进教材

---

① 见本书第五章第二节。
② 见本书第五章第三节。

研究进一步发展的关键：

1. 继续加强汉语教材编写理论研究和专题性系统研究。2012年和2013年，先后出版了三部教材编写理论专著：李泉《对外汉语教材通论》、沈庶英《对外汉语教材理论与实践探索》、李晓琪《汉语第二语言教材编写》。三部专著的出版，对于构建汉语第二语言教材研究的理论体系具有重要意义，是汉语作为第二语言教学学科建设在教材研究领域日趋成熟的重要标志。进入新世纪以来，汉语教材编写理论研究有多方面的创新发展。此外，以教材为研究对象的硕博士论文逐年增加，近年来还出版了多部系统研究某一类教材的专著。今后应继续保持教材研究的良好势头，进一步吸收第二语言教材编写和评估理论研究的新成果，结合汉语教学的特点，探索汉语教材的编写模式和评估标准，完善汉语教材编写和评估的理论体系。

2. 不断探索教学模式和教材编写模式的创新。教学模式是多视角、多层面的，有广阔的探索空间，例如，多元理论背景下的教学模式的创新，互联网时代的教学模式的特点，汉语汉字特点对教学模式的影响，针对特定学习群体、学习环境、学习目标的教学模式，等等。教学模式的创新必定带来教材的创新。最近十几年来，汉语作为第二语言教学界吸收国际第二语言教学理论，对于任务型教学、内容型教学、主题式教学等等都有不少研究，推出了一些有特色的教材。当然，教学模式与教材编写之间存在着相互影响又各自独立的复杂关系。推动教材建设的未来发展，首先需要对这种关系加以具体探讨。

3. 进一步拓展教材的研究视野和研究方法。学习需求的多样化、学习者特征的多样化、学习环境的多样化，大大拓展了汉语教材的研究视野，催生了相关的研究成果，商务汉语教材、少儿汉语教材、面向海外学习环境汉语教材的编写问题逐渐成为研究热点。但总体而言，如刘弘、蒋内利（2015）①所概括：国内教材研究多，国外教材研究少；成人教材研究多，少儿教材研究少；对教材本身研究多，对辅助性材料研究少；纸本教材研究多，多媒体教材研究少。只有进一步拓展研究视野，才能实现教材研究的全面发展，也才能更大地提升教材质量，更好地实现教材的系统集成，满足国际汉语教学对教材的多元需求。

从教材研究方法来说，近年来，综合运用语言学、心理学、教育学的研究方法开展教材编写基础研究的成果在不断增加，实证研究逐步得到重视。今后还需要大力提倡调查统计、个案分析、对比发现、教学实验等实证性方法，推进教材研究方法的不断完善。

4. 加强教学资源现代化和立体化建设的研究。广义的教材，并不限于教科书，而是指一切有助于促进语言学习的材料，教材可以是动态的、开放性的。现代网络技术为搭建相应的资源平台提供了广阔的空间，可以预见：一方面，教材的形态将越来越丰富多样；另一方面，教师和学生将获得更多的参与教学资源建设的空间。在互联网时代，我们需要研究整合课内课外、线上线下互动体系下的教材特点和结构，搭建基于网络的立体化教学资源平台，充分利用网络技术和多媒体技术为语言教学提供的广阔空间，让技术全面地为教学服务。

5. 促进教材研究与教师研究、学习者研究的互动。教材的问

---

① 刘弘、蒋内利《近十年对外汉语教材研究特点与趋势分析》，《国际汉语教学研究》2015年第1期。

题绝不仅仅是教材自身的问题，应将教材研究置于汉语教学学科理论与实践的大背景中，加强学科内部各分支领域的融合与互动，尤其是教材研究与教师研究、学习者研究的互动。要把教材研究与教师发展研究结合起来，一部好的教材可以发挥引领先进教学理念的作用，而教师正是在使用教材的过程中获得职业水平的提升。要把教材研究和课堂教学研究结合起来，一方面为改进教材编写提供全面具体的使用反馈，使教材更好地体现教学规律，适应教学需求；另一方面使教材得到更加合理的使用，更科学、更充分、更恰当地发挥教材的应有功能。

第一章

教材编写的宏观理论研究

第一节 21世纪教材编写理论的创新与发展[①]

进入21世纪,教材编写如火如荼,教材编写理论也随之发展,应该说,新理论的形成和总结还需要时间的检验,但它毕竟是一种趋势。结合我们所进行的相关探索实践,本节对此做一梳理、介绍和讨论。

一、综合系列教材编写原则的创新——多元综合理念的建立与实施

语言是人类交流信息、沟通思想最直接的工具,是人们进行交往最快捷的桥梁。随着中国经济、社会的蓬勃发展,近些年来世界上学习汉语的人越来越多,对各类优秀汉语教材的需求也越来越迫切,汉语教学事业的蓬勃发展要求新的系列汉语精品教材的问世。为满足各界人士对汉语教材的需求,北京大学一批长期从事对外汉语教学的优秀教师在多年经验积累的基础之上,以第

[①] 本节选自李晓琪《汉语第二语言教材编写》,北京师范大学出版社,2013年。

二语言学习理论为指导，以最大限度满足社会需求为目标，运用多元综合的理念，编写了一套 21 世纪汉语系列教材。

语言是工具，语言是桥梁，但语言更是人类社会发展的结晶，语言把社会发展的成果一一固化在自己的系统里。编写者们清楚地意识到，语言不仅是文化的承载者，语言自身就是一种重要的文化。汉语经历了几千年的漫长征途，更具有其独特深厚的文化积淀，它博大、典雅，是人类最优秀的文化之一。多元的综合，首先应是语言和文化的综合。也正是基于这种认识，新教材定名为《博雅汉语》。

《博雅汉语》共分四个级别——初级、准中级、中级和高级。掌握一种语言，从开始学习到自由运用，要经历一个过程，可以把这一过程分解为"起步—加速—冲刺—飞翔"四个阶段，这是一种连续性和阶段性的综合。也正是基于这种认识，我们把四个阶段的教材分别定名为《起步篇》（上、下）、《加速篇》（上、下）、《冲刺篇》（上、下）、《飞翔篇》（上、中、下）。这四个阶段分别与初级、准中级、中级和高级四个级别对应。全套书共九本，既适用于本科的四个年级，也适用于处于不同汉语学习阶段的学习者使用。这是一套统筹设计、视野开阔、源于生活、高于生活，既润物细无声地传授中国传统文化，又生动鲜活地体现当代中国社会特点，活泼好用的新汉语系列教材。我们期望学习者能够顺利地一步一步走过去，学完本套书以后，可以实现在汉语文化的广阔天空中自由飞翔的目标。

一部优秀教材或精品教材的编写，不仅需要编写者具有丰富的教学经验，而且需要编写者在教材的框架、内容、语言点、练习等细节上进行统筹安排，更需要编写之前就具有明确的编写原则，特别是对系列教材的编写来说尤为如此。这其中需要第二语言学习理论，特别是第二语言教材编写理论的指导，需要对汉语言要素有明确和深刻的认识，需要对已有教材编写研究成果了然于胸，需要对已出版的教材的优点和不足加以分析评论，取其精华，去其糟粕。只有这样，才可能在新的起点上编写出新的教材。

长期形成的以语言结构为纲的教材编写理念与强劲的功能法、交际法的与日俱增的发展趋势之间形成了竞争的态势，如何在系列教材的编写设计中，做到两全其美，做到最大限度地提取各教学法的精华，做到最大限度地满足不同阶段学习者的学习需求，做到教材的编写更为科学、递进、有趣，做到将已有的经验、认识与新的突破创新综合起来，这是实际从事系列教材编写的人员必须思考的问题。

对第二语言教材编写原则的讨论，学界有不少成果。其中关于系列教材编写原则的研究不是很多，而且这些研究大多是对教材编写进行分级（初级、中级和高级）讨论，有些很具有启发意义。如杨寄洲结合编写《汉语教程（一年级）》的体会，提出初级汉语综合课教材应该以语法结构为主线，把语法结构与语义、语用结合起来，使语法真正对语言交际起到指导作用[1]。我们或许可以将这种以语言知识为基础的思想总结为理性主义。

周小兵、赵新认为，编写中级汉语精读教材应采用结构—话题的教学法原则，即以语言结构为纲，以话题为导引。具体说来，就是在选择语料时，以话题为导引，在处理语料，编排和设计注释、

---

[1] 参见杨寄洲《编写初级汉语教材的几个问题》，《语言教学与研究》2003年第4期。

练习时,以语言结构的因素为依据,使教材具有语言结构的系统性和科学性,又具有较强的实用性[①]。我们或许可以将这种通过语言认识世界的思想总结为现实主义。

肖路认为,高级精读教材的编写应该更加重视学习者的自主学习能力和心理特点,提出了高级精读教材的一些编写策略。例如,从课文内容、词汇及语言点等方面来提高学习者的直接兴趣,引入任务型的学习方式提高间接兴趣和刺激学习动机,培养学习者的成段表达能力,让学生产生成就感等[②]。我们或许可以将这种通过语言学习获得自身认同的思想总结为人文主义。

赵金铭主张,结构、功能、文化三者相结合是对外汉语教材的基本编写原则,是教材编写的一种理想的模式。但是在教材编写的实际操作中,应该多角度、多类型、多层面地结合,在不同的教学阶段结合要分清主次。例如,在初级阶段,教材多以语法结构为主,而以功能为辅,文化则体现在词汇的文化内涵,或文化知识的介绍上。中级阶段,可尝试以功能为纲,语法结构伏于暗线,文化因素渗透其中。高级阶段,甚至可以用文化内容为主要线索,语法结构成为暗线,而功能则体现在练习的编排上[③]。

上述研究,只有赵金铭讨论到系列汉语教材应该如何编写,可以说对此问题的研究还处于理论探索阶段。系列教材的编写,即从起步的初级到自由运用的高级,这一全过程是应该遵循同一

[①] 参见周小兵、赵新《中级汉语精读教材的现状与新型教材的编写》,《汉语学习》1999年第1期。

[②] 参见肖路《从学习者视角谈高级精读教材编写》,《语言教学与研究》2005年第1期。

[③] 参见赵金铭《对外汉语教材创新略论》,《世界汉语教学》1997年第2期。

编写原则还是应该根据不同阶段的学习特点科学地、恰当地运用不同的编写原则？这其中有无普遍规律可循？从语言习得的角度看，各学习阶段又有什么不同的特点？如何在总体框架科学合理的基础上，探索不同阶段侧重点不同的编写原则？如何把结构、功能、文化结合起来？如何把理性、现实和人文的思想结合起来？《博雅汉语》的编写为我们提供了这一机会，我们进行了较为系统的研究和尝试。

首先，必须建立起明确的信念，汉语精读教材的编写，应该也必须纳入第二语言教学的总体目标之中，即语言学习教材不是单纯地传授语言知识，单纯地学习语音、词汇、语法，而是要通过语言知识的传授，达到自由运用语言的目的，获得熟练使用语言来与世界互动的技能，并借此获得学习者的自我认同。这其中，语言知识和语言功能是两块互为依托的基石，缺一不可，在语言学习的初级阶段尤为重要。但是，在学习的不同阶段，二者的作用会显示出不同的特点，应该随之做出调整，以突出重点。

其次，到了中高级阶段，随着学习者语言水平的提高，学习者的兴趣和关注热点也会有所转移，对语言运用的要求提到了更高的位置，对中国传统文化与当代中国了解的愿望也更强烈，因此，编写原则也必须再随之调整，选择既典雅又风趣的篇目，在广阔的视野中展现中国的现在和中国的历史，展现中国与世界的联系与区别，特别是体现人类共同的情感、人类的喜怒哀乐，使学习者在轻松愉快之中受到中国文化的熏陶，感受世界的丰富性。

最后，到了最高阶段，体现人文精神，体现人类共同文化，提高学习者语篇阅读能力，提高学习者成段表达能力是这一阶段的中心任务。只有这样，才能达到使学习者可以在浩瀚的汉语言天空中自由翱翔的目的，才能获得真正的成就感。

在上述认识基础上，我们在编写《博雅汉语》的四个不同级别时，分别遵循了如下编写原则：

起步篇——运用结构、情景、功能理论，以结构为纲，寓结构、功能于情景之中，重在学好语言基础知识，为"飞翔"做扎实的语言知识准备。

之所以在初级阶段以结构为纲，是基于这样的认识：语言学习的最初输入必须要建筑在语言要素的基础之上，初级阶段语言基础知识的输入是任何语言学习都绕不过去的第一步，因此必须明确地把语言知识的学习放在合适的位置。但是语言知识的输入并不是语言教学的最终目标，语言学习的目的，是要使学习者在适当的情景之中能自由运用所学知识。因此，教材编写必须要设置恰当的情景，必须要深入必要的语言功能项目，将结构、功能、情景三者轻重比例适当地融合在一起，创造出最佳学习环境。

加速篇——运用功能、情景、结构理论，以功能为纲，重在训练学习者在各种不同情景中的语言交际能力，为"飞翔"做比较充分的语言功能积累。

之所以《加速篇》以功能为纲，是充分考虑到本阶段的学习者在《起步篇》的基础上，已经具有了强烈的表达欲望，应该在此学习阶段强化培养起学习者的语言功能意识。为此，《加速篇》在语言功能的选择和安排上别具匠心。根据语言功能的不同类别，《加速篇》进行了精心选择，主要有：描写（人物外表、性格）、叙述（个人情况、学习经历、介绍别人、爱情故事等）和说明（儿童学习语言、饮食习惯、迷信和风俗习惯等）。这些功能的出现次序遵循从个人到社会、从外表性格到情感和精神世界、从具体到抽象的原则，目的是为了与学习者的第二语言习得规律相一致，以减轻学习者的学习负担。为了控制课文难度并突出需要学习的语言结构和文化知识，《加速篇》采用自编与选文相结合的办法，对所选择的课文材料都进行了适当的改写。

冲刺篇——以话题理论为原则，为已经基本掌握了基础语言知识和交际功能的学习者提供经过精心选择的人类共同话题和反映中国传统与现实的话题，目的是在新的层次上加强对学习者运用特殊句型、常用词语和成段表达能力的培养，推动学习者自觉地进入"飞翔"阶段。在本学习阶段，作者以独特的视角，从人们日常生活中的喜怒哀乐出发，逐渐将话题拓展到对人际、人情、人生、大自然、环境、社会、习俗、文化等方面的深入思考，其中涉及中国古今的不同，还讨论到东西文化的差异，视野开阔，见解深刻，又不乏幽默感，使学习者在辛苦的语言学习过程中，好像和一位睿智而有趣的朋友相伴，在学习语言过程中受到中国文化潜移默化的熏陶。

飞翔篇——以语篇理论为原则，以内容深刻、语言优美的原文为范文，重在体现人文精神、突出人类共同文化，展现汉语篇章表达的丰富性和多样性，让学习者凭借本阶段的学习，最终能在汉语的天空中自由飞翔。

所谓语篇理论，是说到了这个阶段，学习者要着重掌握，或者说学习的重点不再是前面几个阶段分散学习的语言知识、功能表达和某个话题的内容，本阶段的最终目的，是为学习者搭建一个整体平台，一个广阔的、自由运用汉语的平台。学习者能够正确理解所阅读材料的内容，能够恰当地运用其中的词语和结构，能够自由地与他人交流自己的看法，能够自如地写下自己的观点和意见……也就是说，对汉语的语篇——即篇章表达，不再陌生和胆怯，而是在这个天空中自如地飞翔。

多元综合标准的提出和运用，是 21 世纪综合系列教材编写理论方面的一个新发展。我们希望不断总结和提高，不断丰富系列教材编写的理论建设。

二、特殊目的教材编写理念的构建

作为第二语言教学的一个分支，特殊目的语言教学于 20 世纪 60 年代后期在英语作为第二语言教学中逐渐兴起，称为特殊目的英语教学（English for Special Purposes，ESP）。"受 ESP 的启发，20 世纪 80 年代初，对外汉语教学界尝试在经贸、理工、中医等领域开展了特殊目的汉语教学，以商务汉语为开端的特殊目的汉语教材也应运而生。"[①] 经过近 30 年的有益探索，特殊目的汉语教材编写实践已经取得了一定的成果，除了较为成熟的商务汉语教材编写，在理工汉语（科技汉语）、医学汉语（中医汉语）、法律汉语教材编写方面先后有研究成果问世，这为从理论上探讨特殊目的教材编写理念积累了丰富的经验。

特殊目的教材的编写理念的构建包括以下几方面的内容：特殊目的教材与任务型教学理念；特殊目的教材编写与普通教材编写的差异；任务与语言要素；任务与语言技能。

下面将对上述四个方面的内容分别进行讨论。

1. 讨论特殊目的教材必然要涉及任务型教学法。因为，特殊

---

① 参见张黎《商务汉语教学需求分析》，《语言教学与研究》2006 年第 3 期。

目的语言教学是一种基于学习者需求的语言学习途径①,换句话说,教学内容、教学方法等必须满足学生特定的学习目标或专业要求。为此,实施特殊目的语言教学的前提与基础是需求分析,包括目标情景分析和学习需求分析。前者主要强调分析学习者在目标情景中所必须要做的事情;后者重在分析学习者为习得某目标语而必须要做的事情②。无论从哪个方面着手分析,学习者使用目标语完成的事情都是特殊目的语言教学的核心内容。

20 世纪 80 年代后期至 90 年代中期,任务型教学法在外语教学界兴起,并开始产生越来越大的影响。该法倡导教师以学习者为中心,选择编排合适的任务,让学习者在完成任务的过程中学习语言、使用语言,从而提高他们的语言交际能力。所谓任务,指的是以表达意义为交际目的的语言使用活动③,换言之,即使用语言所能完成的交际活动,如购物、订票、谈判等。为保证教学中选取的任务能够满足学习者的需求,任务型教学法的倡导者主张进行一定范围的需求分析,充分调查学习者的学习目的、目标语使用领域、交际需求等④。

综合以上的分析不难看出,任务与特殊目的语言教学有着密切的关联,或者说完成任务是特殊目的教学的核心内容;同时,

---

① 参见范谊《ESP 存在的理据》,《外语教学与研究》1995 年第 3 期。
② 参见陈莉萍《专门用途英语研究》,复旦大学出版社,2000 年。
③ 参见 J. Willis. *A Framework for Task-Based Learning*. Longman, 1996; M. Bygate, P. Skehan & M. Swain. *Researching Pedagogical Tasks: Second Learning, Teaching and Assessment*. Longman, 2001; R. Eillis. *Task-Based Learning and Teaching*. Oxford University Press, 2003。
④ 参见 D. Nunan. *Task-Based Language Teaching*. Cambridge University Press, 2004; R. Eillis. *Task-Based Learning and Teaching*. Oxford University Press, 2003。

明确任务所需的需求分析,同样是实施特殊目的语言教学的基础。因此,从任务的角度组织特殊目的语言教学,基于任务型教学法的理念编写特殊目的语言教材不但是可行的,也是特殊目的教材编写必须遵循的原则。

《新丝路商务汉语系列教材》[①]是为满足社会商务汉语学习需求而编写的系列教材。编写组根据《商务汉语考试大纲》中的"商务汉语交际功能项目"确定任务。"商务汉语交际功能项目"是商务汉语考试研发人员在对商务汉语学习者和在华外资企业的外籍员工进行大规模的需求分析基础上,确立的常见的任务。该项目分为生活和业务两类。"生活类"指与商务有关的日常生活及社会交往活动,共7类22小类,如"订房间、问路、问价"等;"业务类"指商务活动中常见的活动,包括17类89小类,如"面试、述职、会议及日程安排"[②]等。这些任务的确定,为商务汉语教材的编写奠定了基础。

2. 既然特殊目的教材的编写理念是建立在任务型教学法的基础之上的,那么,与普通教材相比,自然有着诸多方面的不同。

长期以来,汉语作为第二语言教材,特别是基础阶段的语言教材,多以语法结构为纲。这类教材为能够充分保证语法结构教

[①] 《新丝路商务汉语系列教材》由北京大学对外汉语教育学院教师编写,主编李晓琪,由北京大学出版社2009年陆续出版。全套教材共22册,分三个系列。系列一:综合系列商务汉语教程,8册,包括初级2册、中级4册、高级2册。系列二:技能系列商务汉语教程,8册,2组。第一组为听力、口语、阅读、写作教材,4册;第二组为商务汉语技能练习册,4册。系列三:速成系列商务汉语教程,6册,包括初级、中级、高级各2册。

[②] "商务汉语交际功能项目"详见《商务汉语考试大纲》,北京大学出版社,2006年。

学的系统性、实现难易相间地安排语言点，编写者往往使用改编、加工过的语料，以照顾到语法与课文、词汇的互相配合，从而有效地回避尚未学到的语言难点。同时，教材还设计了大量模仿、替换、扩展等机械性练习，旨在引导学习者通过模仿范例，强化"刺激—反应"联结，加深他们对语言知识的记忆。这样的编排模式为培养学生掌握准确、系统的语言知识搭建了良好的平台。

与普通教材相比，任务型特殊目的教材具有两方面的特点。一方面是教材内容的针对性更强。根据 ESP 理论，所谓"特殊"是指"目的"，而并非指"语言"本身[1]。因此，特殊目的语言教材虽然与普通教材一样，也涉及语言要素的教学、语言技能的训练，但普通教材一般选择普适性较强、人类共同关心的话题或内容；而特殊目的教材往往针对学习者的学习目的、需求，编排针对性、专业性较强的内容，如商务汉语、旅游汉语、科技汉语等。另一方面，由于借鉴了任务型教学理念，这类教材以任务为纲，更强调教学过程的互动、重视语言交际能力的培养。任务型教材目前多以话题为主线，在确定话题的基础上根据任务难度确定编排顺序[2]。教材尽量营造真实、自然的交际情景，提供各种完成任务所需要的真实语料，引导学生完成重在意义协商、沟通的信

---

[1] 参见陈莉萍《专门用途英语研究》，复旦大学出版社，2000 年。

[2] 参见 J. Norris, J. Brown, T. Hudson & J. Yoshioka. *Designing Second Language Performance Assessments*. University of Hawaii, 1998；D. Nunan. *Task-Based Language Teaching*. Cambridge University Press, 2004；马箭飞《任务式大纲与汉语交际任务》，《语言教学与研究》2002 年第 4 期；李晓琪《汉语初级教程语法项目分布考察及思考》，《汉语研究与应用》（第 2 辑），中国社会科学出版社，2004 年；李晓琪、章欣《新形势下对外汉语语法教学研究》，《汉语学习》2010 年第 1 期。

息差（information gap）、角色扮演（role-play）等形式的小组活动，在真实交际的过程中练习语言表达、学习语言知识。

概括起来，任务型特殊目的教材与普通教材的差异如表 1-1 所示。

表 1-1　任务型特殊目的教材与普通教材的对比

	任务型特殊目的教材	普通教材（基础阶段）
编写目的	重在培养语言交际能力	重在教授语言知识
编排顺序	以话题为主线，根据任务难度确定编排顺序	根据语言项目难度确定顺序
教材语料	有真实语境的真实语料	经改编的语料
教材内容	安排各种各样的任务	提供可供模仿的课文或对话
练习形式	大量小组活动	多为机械性练习

3. 采用任务型教学理念编写教材，以任务为纲编排教学内容，使学习者在学习过程中不断地执行或完成各种任务，让学习者在完成任务的过程中接触语言、学习语言，不仅能使语言学习者更加明了语言的实际用途，而且更有利于锻炼他们实际使用语言的能力，更能调动学习者的学习积极性，提高学习效率。但是必须明确的是，将任务作为教材编写大纲的基本单位，不是以牺牲语言要素教学为代价，不是说语言要素教学可有可无，而是要积极探索如何将二者最佳地结合起来，做到在完成任务的过程中学习到必备的语言要素知识。

要处理好完成任务与学习语言要素的关系，适当合理地安排语言要素是特殊目的语言教材科学合理的保证。因为语言要素的科学编排能够遵循学习者的习得顺序，降低学习难度；而根据教学目标设计的合适的任务和情景，对提高学习者的语言交际能力又是最有效的。以语法为例,在真实的语言环境中,完成某项具体任务常常倾向于使用某个或某些语法结构,或者说一些语法结构常常有其特定的应用范围和条件。如果能够通过分析与对比,为完成不同交际功能的任务匹配出最常用的语法项目,将使特殊目的汉语教学和教材编写达到事半功倍的效果。当然,将完成交际任务与汉语语言要素,特别是语法体系相匹配,是一个庞大的、系统的工程,是对特殊目的汉语教学和特殊目的汉语教材编写提出的新课题,需要不断积累经验、不断探索和研究。表1-2是一个局部性的任务与语法项目匹配尝试。

表1-2 任务与语法项目

任务	语法项目
购物	钱数的表达……
指路	方位词、介词"在"……
搬家	趋向补语、可能补语……
谈论天气	用"怎么样"提问、正反疑问句……
介绍人物	"是"字句……
安排日程	时间、日期的表达
说明图表	比较句、数字的表达……

4. 完成不同的任务,需要运用不同的语言技能。有些任务可能只侧重于语言技能的某一方面,而有些任务的完成,则需要综合运用听、说、读、写各项技能。在特殊目的教材编写时,在确定任务的基础上,教材编写者应有明确的意识,应剖析不同任务所可能侧重的不同语言技能,使完成任务与语言技能训练有机地结合起来,更为有效地从语言技能的角度提高学习者运用汉语进行交际、完成互动的能力。表1-3是在听、说、读、写《新丝

路技能系列商务汉语教程》中进行的部分任务与不同技能的匹配尝试。

表 1-3 任务与语言技能

任务	语言技能
描述人物特征	听力、口语
指路、出行咨询	听力、口语
说明图表	听力、写作
预订房间	口语
日程安排	听力、口语
通知、启事	阅读、写作
介绍公司产品	口语
业务往来信函	阅读、写作

同样的交际任务，由于教材编写目的不同，编写者侧重的语言技能也不尽相同。比如"描述人物特征"任务，在听力教材中要重点训练学习者对语言材料的解码能力，培养他们从听的角度掌握常见的描述人物的词语，捕捉关键信息；而在口语教材中，对这项任务的设计则重在训练学习者对已有知识的编码能力，培养他们在特定情景中准确、得体地进行表达的能力。教材编写者应针对教学对象的需求明晰编写目的，在编写目的的指引下，将任务与语言技能有机融合，从而有效地提高学习者的汉语交际能力。

总之，特殊目的教材编写理念的构建，随着第二语言教学法理论，特别是任务型教学法理论的发展而发展，随着特殊目的教材编写经验的积累而不断充实。虽然它还处于起步阶段，还处于不断完善的进程中，但是不可否认的是，特殊目的教材编写理论的构建已经成为 21 世纪教材编写理论的一个重要组成部分。

三、国别汉语教材编写原则探讨

随着汉语国际推广事业和对外汉语教学事业的迅速发展，汉语作为第二语言教学事业进入了一个新的历史时代。新的时代对教材和教师这两个直接影响和制约汉语国际推广的重要因素提出了特殊的要求。特别是编写国别化教材的呼声日益高涨，这也为教材编写者提出了新的挑战。

如前所述，1949年以来，几代人的默默耕耘和不懈创造，对外汉语教材园地已经呈现出万紫千红、百花齐放的满园春色，积累了丰富的经验，发表了众多有价值的成果，推动了对外汉语教学学科领域建设。这是编写新时代汉语教材的重要财富和参考。但是，不容置疑的是，这还不能全方位地适应国别化教材编写的要求，国别化教材的编写要与时俱进，要不断探索，要与其他第二语言的教材编写相同步。为此，教材编写者应该放开视野，跳出汉语的局限，充分认识到其他语种（英语、法语、日语、西班牙语等）的第二语言教学，无论是学科理论建设，还是教材编写和课堂教学，抑或是在世界范围内的推广方面，其历史都比汉语相对要长，成果也相对比较丰富。可以说，有些语种的第二语言教学走在汉语第二语言教学的前面。特别是教材编写方面，英语、法语、德语等都有相当出色的教材出版，这些教材长时间地活跃在教学第一线，活跃在英语培训课堂、歌德学院课堂、法兰西语言课堂、塞万提斯学院课堂……受到使用者的广泛欢迎。它们是我国在新形势下编写教材应该学习和借鉴的样板。

总之，在汉语国际推广的新形势下，国别化教材的编写一方面应该也必须超越现实，即应该比现有教材起点更高、视野更广、更符合需求；但另一方面又必须尊重科学，应该认识到，教材编写是一项综合性很强的工作，教材是总体设计的体现，又是课堂教学的基础，教材编写既需要科学理论的指导，又需要教学经验的积累，还需要对国际需求有充分、全面的了解，绝不是简单地照搬。因此，教材编写者应该在研究教材编写理论（包括本国的研究成果和某一语种的研究成果）的基础上，在学习成熟教材（本国编写的汉语教材和其他语种教材）经验的基础上，根据需求，大胆创新，这样才有可能编写出符合汉语国际推广新形势的崭新教材。除此以外，还要特别注意以下几点：所编教材与所在国教学大纲的关系；教材与所教对象的学习要求的关系；编写队伍的组建；配套教材的建设；教材的开本、插图、字号、色彩与容量。

下面分别讨论以上五点注意事项。

第一，所谓所编教材与所在国教学大纲的关系，是说汉语教材要进入该国主流教学层次，必须按照该国教育部门制订的教学计划设计教材的内容并进行编写。目前国别化教材的需求在中学特别突出，因此，英国的 GCSE 教学大纲、欧盟的欧洲语言共同参考框架、美国的 21 世纪语言教学目标等，都应该是教材编写者所关注的，国别化教材必须与之接轨，否则根本无生存空间。

第二，要考虑教材使用对象将参加什么类型的学习检查和测试，即该国对汉语学习者有无考试的要求。为激发学习动机，产生良好的学习效果，教材须有意识地与考试相结合，教材中的练习和测试题目，应该也必须有机地与考试的题型和内容相衔接。从现实情况看，不同国别的相关考试从长度到内容都存在着区别，这是教材编写者应该注意的。

第三，教材编写队伍的组建是个关键因素。首先，要明确是"以我为主"编写教材还是中外合编教材。"以我为主"编写教材是说，编写人员基本是中方人员，只是在教材成型后，征求外方意见。合编教材是说，从教材的设计到具体编写都是双方共同参加。我们认为后者是更恰当的组合，这已经被实践所证明（如《快乐汉语》的编写）。还要明确的是，既然是合编教材，就一定要充分发挥双方的优势：外方组成人员应包括该国教学大纲的制订者、教育部门考试委员会的参与者和有语言学学术背景的一线优秀汉语教师。他们起点高，可以发挥所长，为教材编写定好位。中方编写人员的长处是语言学功底好，熟悉和理解汉语，掌握对外汉语的基础理论……为此，中方编写人员应该在语言材料的输入、语言知识的讲解和文化点的选择方面发挥长处。至于练习的设计、课题活动的安排等方面，外方教师往往更有所长。

　　为促进教材在国外的使用，配套教材的建设不容忽视。所谓配套教材，主要是教师用书和学生练习册。教师用书是一线教师进行课堂教学的有利帮手，包括全册的和分课的教学目标和学习重点，每一课的教学步骤和方法，与本课密切结合的课堂活动，教材及学生练习册的参考答案，以及作为一个教师应该掌握的与本课相关联的语言点知识和文化背景知识。汉语的特点之一是汉字，在教师用书中，也应该把汉字知识的介绍分散在其中。总之，想教师所想，急教师所急，全方位为使用该教材的教师提供支持和帮助是教师用书的宗旨。学生练习册的目的是为使用者提供大量的练习材料。要注意的是，练习的类型既要覆盖听说读写不同技能，同时又要与该国考试题型密切配合。目前，一些发达国家已经把汉语练习建设成网络形式，这是一种发展方向和趋势。除此以外，有条件的配套教材还要考虑视频材料，这能极大地提升教师在课堂上的活动能力，引起学习者的兴趣。生字卡片、汉字田字格练习页、课堂挂图、游戏材料等也都应该是配套教材应该考虑的内容。

教材的开本、插图、字号、色彩与容量是教材的外在形式，其对一部成功的教材来说也至关重要，这里不展开论述。

综上所述，进入21世纪，汉语教材编写的理论建设有了新的发展，上述系列综合教材多元综合理念的建立与实施、特殊目的教材编写理念的构建和国别教材编写原则的探讨，为教材编写理论建设注入了新的内容和血液。

第二节　对外汉语教学模式创新与教材编写[①]

对外汉语教学模式与教材编写息息相关，教学模式的创新往往带来教材的更新。因而，回顾对外汉语教学模式的发展历程，评骘得失，寻求创新，并为对外汉语教材的编写探索新的路子，是提高教学质量和学习效率的重要途径。

一、什么是教学模式

教学模式是指具有典型意义的、标准化的教学或学习范式。

[①] 本节选自赵金铭《对外汉语教学模式创新与教材编写》，载《第八届国际汉语教学研讨会论文选》，高等教育出版社，2007年。

教学模式与教学方法既有共同点，也有相异之处。教学模式是一种方法，教学方法也可以形成模式。一种卓有成效的教学模式常常需运用多种教学方法，而一种长期使用、效果显著的教学方法，通过归纳、总结，也可以提炼、升华，成为一种基本模式。简言之，教学模式比较概括、抽象，教学方法比较实在、具体[1]。

这样，我们赞成对教学模式做如下界定：教学模式是在一定的教学理论和教学思想指导下，将教学诸要素科学地组成稳固的教学程序，运用恰当的教学策略，在特定的学习环境中，规范教学过程中的种种活动，使学习得以产生[2]。更加概括、简洁的说法则为：教学模式，指课程的设计方式和教学的基本方法[3]。

教学模式具有各种不同的类型。所谓对外汉语教学模式，就是从汉语、汉字及汉语应用的特点出发，结合汉语作为第二语言教学理论，遵循大纲的要求，提出一个全面的教学规划和实施方案，使教学得到最优化的组合，产生最好的教学效果。这是一种把汉语作为第二语言教学的特定的教学范式。

二、为什么要研究对外汉语教学模式创新

（一）现行的教学模式不够丰富且略显陈旧

从20世纪50年代始，对外汉语教学界就已形成自己独特的教学模式。其中占主流的教学模式，一直延续至今。以今天的眼光来看，目前被大多数人所采用的教学模式，反映的还只是20

---

[1] 参见查有梁《课堂模式论》，西南师范大学出版社，2001年。
[2] 参见周淑清《初中英语教学模式研究》，北京语言大学出版社，2004年。
[3] 参见崔永华《基础汉语教学模式的改革》，《世界汉语教学》1999年第1期。

世纪 60 至 70 年代国际语言教学的水平，其教学效果远不能令学习者和教育者满意。因此，不少人致力于汉语教学新模式的实验与研究，寻求更有效的教学方法[①]。

目前，对外汉语教学界所采用的教学模式略显单调，不够丰富。20 世纪 80 年代以后，大多沿用以下三种传统教学模式："讲练—复练"模式、"讲练—复练＋小四门（说话、听力、阅读、写作）"模式、"分技能教学"模式。目前被广泛采用的是分技能教学模式，这是一种复合型模式，其中又有"听说打头"和"读写打头"两种处理，并分别领有自己的教材。前者以鲁键骥主编的《初级汉语课本》为代表，后者以李德津、李更新主编的《现代汉语教程》为代表。"听说打头"的分技能教学模式，是目前国内基础教学阶段占主导地位的教学模式，只不过在各种类型的教学中，在课程设置、授课方式以及教学方法上略有不同而已。

（二）教学模式创新应体现汉语与汉字特点

教学模式的改革，意味着寻求从汉语和汉字的特点出发，摆脱以往从国外引进的基于印欧系语言所创建的各种教学模式和语言教学法，结合汉语作为第二语言教学理论提出具有典型意义的标准化的教学范式。

探讨汉语作为第二语言的教学模式，必须深深地植根于汉语与汉字的实际。而汉字则是面临的最大问题，也是最大的挑战。汉字本身是一个系统。当我们把汉字作为一个独立的系统来进行研究和教学时，要清醒地认识到汉字是汉语作为第二语言教学不

---

① 参见马箭飞《任务式大纲与汉语口语交际任务》，《语言教学与研究》2000 年第 2 期。

同于汉语作为母语教学或其他拼音文字语言教学的最大区别之一。因此，为突破汉字教学的瓶颈，全面提高学习者的语言能力，必须寻求反映汉语和汉字特点的新的教学模式。

比如，在基础汉语教学中何时引进汉字最合适？什么时候开始认汉字？什么时候开始写汉字？怎么写？先教哪些汉字？哪些汉字要反复出现？基础汉语阶段应该教哪些汉字？怎么教汉字？是不是分阶段教汉字？分几个阶段？是整体教，还是分解教？这些都是值得科学探讨的问题。而这些问题都关系着教学模式的创新。有关这些问题探讨的科学结论融入教学模式之中，就会引起教材的变革。

（三）教学模式创新应注重语言技能平衡

对外汉语教学界在教学法上深受"听说法"的影响，这种20世纪40年代末在美国兴起的基于行为主义的教学法，过分强调"听说领先"，十分注重学习者的开口率，虽也强调"读写跟上"，但在教学实施过程中，听、说能力与读、写能力往往不够协调，甚至有脱节现象，这种现象在西方学习者或其他文字为拼音文字的学习者中尤为突出。对外汉语口语教材居多，书面语教材偏少，即其表现之一。

这种现象特别引起西方汉语教师的关注，德国柯彼得说："学习汉语的西方人，尤其是在中国留过学的人，可能汉语口语已经很流利，但是他们很多人是'文盲'，不会看书看报，写作能力更是与口语能力有很大的差距。如何解决这一问题是值得中国对外汉语学界认真考虑的。"[①]

---

① 参见柯彼得《汉语拼音在国际汉语教学中的地位和作用》，《世界汉语教学》2003年第3期。

这就引起我们的反思,对欧美学生是否可探讨新的教学思路,创建新的教学模式,使之消除对汉字的畏难情绪,使他们在学习汉语的初始阶段的积极性不被汉字的困难所挫伤,在他们获得相当的口语能力的恰当时机,再引进汉字。这就为我们创建新的教学模式和编写新的教材提出了有待研究的新课题,即如何处理口语与书面语的关系,如何协调听力说话技能与阅读写作技能的教学。

三、对外汉语教学界创新教学模式的努力

对外汉语教学界从 1950 年就进行教学范式的探索,主要在围绕如何处理"语"和"文"的关系上。先后试验过诸如先语后文,语文并进,拼音汉字交叉出现,听说与读写分别授课等不同的教学范式[①]。随着每一种教学实验的实施,都有试用的教材相匹配。这是因为教学范式不同,教材侧重点也就不一样,编排程式也会各具特点。如果是使用一种通用教材,用于各种不同的教学模式,势必胶柱鼓瑟,方枘圆凿,极不顺手。这种情况下,起码要配备相当数量的补充教材。

20 世纪 80 年代以后,对外汉语教学界虽然大多仍沿袭传统教学模式,也有不少人在探讨具有特色的新的教学模式,并编有各自的教材,这些教材更多地注重汉语的特点和汉语的教学规律。在此介绍几种。

---

① 参见任远《基础汉语教材纵横谈》,《语言教学与研究》1985 年第 2 期。

1. 交际任务型教学模式①，这是短期汉语教学的一个教学模式。借鉴交际教学法任务式大纲模式。编有教材《汉语口语速成》（入门篇、基础篇、提高篇、中级篇、高级篇）。

2. 词汇集中强化教学模式②，这是中级汉语教学阶段的一个教学模式。以词汇教学为重点，将词汇按语义场分类，多次循环，强化记忆。编有教材《汉语强化教程》。

3. 语文分开，集中识字教学模式③，这是初级阶段针对欧美学生学习汉语的一个教学模式。主张口语教学与汉字教学分开，先语后文，把汉字教学中的写与识分开，先写后识。编有教材《汉语言文字启蒙》。

我们可以说，特定的教材必定体现了某种教学模式，换言之，一个有特色的教学模式必定有与之相配的教材。教学模式的创新，带来了教材的更新。新的教学实验的成功，必定带来一部面貌一新的教材。

四、创新对外汉语教学模式的借鉴与参照

语言教学，不管隶属于哪一类，均有其共通之处。我国的语言教学可分四类：母语教学、外语教学、少数民族汉语教学和对外汉语教学。在思考对外汉语教学模式创新时，可借鉴和参考其

---

① 参见马箭飞《任务式大纲与汉语口语交际任务》，《语言教学与研究》2002年第2期。

② 参见陈贤纯《对外汉语中级阶段教学改革设想》，《世界汉语教学》1999年第4期。

③ 参见张朋朋《语文分开集中识字的思路和具体做法》，《汉语速成教学研究》（第2辑），华语教学出版社，1999年。

他语言教学中成功的教学模式。

在世界上，英语作为第二语言教学与研究，已有一百多年的历史。基于印欧语系语言的语言教学法，五花八门，派别迭出，模式纷呈。对外汉语教学法的研究在传统蒙学教学法的基础上，走过了引进基于印欧语言的语言教学法阶段，经消化、融合，为我所用，逐渐形成具有综合特色的对外汉语教学法。对外汉语教学界虽也一直在进行教学模式的探索，但主要围绕在如何处理"语"和"文"的关系上。目前实施的教学模式种类偏少，略显单调的情况下，我们不妨借鉴以下国内英语教学模式。

据有关资料介绍，我国外语教学界已经创建了一些成功的教学方法和教学模式，其中影响较大的有：广西王才仁倡导的"双重活动教学法"、西南师范大学张正东创建的"外语立体化教学法"、李庭芗的"辩证综合英语教学法"、华东师范大学章兼中的"情景结构启动交际教学法"、上海张思中"十六字教学法"等，都在教学实践中取得了明显的成效。此外尚有不少新的教学方法和教学模式正在探索之中[①]。

目前，在我国中学英语教学中，教学模式异彩纷呈，诸如任务型教学模式、分层教学模式、和谐教学模式、信息技术与英语学科课程整合模式、自主学习模式、活动—交往教学模式、情景—互动教学模式等[②]。对这些模式加以改造，有望创新对外汉语教学模式，建立基于汉语和汉字特色的对外汉语教学法。

为了借鉴与会通，我们把目前英语教学界和对外汉语教学界

---

①② 参见周淑清主编《初中英语教学模式研究》，北京语言大学出版社，2004年。

一些人共同采用的任务型教学模式略做介绍,以广思路。"任务型教学"是近年来西方英语作为第二语言教学的主流,是对交际教学法的发展,已有 20 多年的历史,其代表人物是 C. Candlin、D. Murphy、D. Nunan、J. Willis、P. Robinson 和 P. Skehan 等人。任务型教学法来自实践,具有实践性。它是建构主义在教学中的体现,符合体验性学习和情境化教学的思想。基于建构主义的任务型教学认为,语言能力是学习主体在一定情境下自主建构而形成的,它主张让学生在交流和协作中深化语言学习,通过与他人合作学习,通过不断探索和发现,完成语言能力的自我建构。任务型教学提倡以学生为主体的自主学习方式,通过完成学习性任务和运用性任务,获取语言学习的成功感,可以说任务型教学充分体现了以人为本的教学理念。目前,《英语课程标准》[①]大力倡导任务型教学模式,北京市八一中学、北京市育英学校等,正进行任务型教学的实验和探索。对外汉语教学界马箭飞等也在进行任务型教学的研究。上海交通大学李柏令研究的建构主义教学模式也属于任务型教学,该模式提出,以学生为中心,强调"情境",主张协作学习,注重信息利用等。

  汉语作为第二语言教学不同于母语教学,但母语教学中的某些成熟的模式,特别是有关汉字识字、写字的教学方法与手段,应有借鉴与参考作用。如关于"注音识字,提前读写"的经验,以及"分进合击识字教学模式""归类识字与分散识字相结合模式""分步系列教学模式""作文分步训练模式"等。在对外汉

---

① 参见中华人民共和国教育部《英语课程标准(2002)》,北京师范大学出版社,2002 年。

语教学中，如何教汉字，是以笔画教学为主，还是以部件为主，抑或是整字教学为主，或者是在不同的阶段有不同的策略，这些都是业内极为关注的问题，也是教学模式创新题中应有之意。

五、教学模式创新与教材编写

教学模式的创新，必定带来教材的更新；新的教学实验的成功，必定带来面貌一新的教材。

对外汉语教学界也有人设想过新的教学模式，但缺乏教学实验，也没有相应的教材与之匹配。无论如何，这种创新意识，应予以提倡。比如，根据普遍语法的推测，第二语言学习者大致遵循操着目的语的本族人学习/习得该语言的过程。那么，外国人学汉语也有理由跟汉族人一样，"先学听说（语文分开），再学认汉字（集中识字），再写汉字（读写分开）"[1]。再比如，将目前的综合技能课，重新设计，分为"口语"和"笔语"两门课，并配以"听力课"。进入第二学期以后，"笔语"发展为"精读"，再加上"泛读"课[2]。这两种教学模式还只是设想，如付实施，必须有相匹配的教材。按照这些改进的教学模式，当前的教材显然不适合。故教材建设任务十分繁重。尽管如此，为新教学模式服务的教材，必定呈现全新的面貌。

此外如北京大学李晓琪提出的"词汇语法教学模式"，暨南大学周健提出的"语感培养教学模式"，天津师范大学提出的"1+1

---

[1] 参见崔永华《基础汉语教学模式的改革》，《世界汉语教学》1999年第1期。
[2] 参见鲁健骥《口笔语分科 精泛读并举》，《世界汉语教学》2003年第2期。

教学模式",以及上海财经大学黄锦章依据"内容驱动"的教学理念提出的内容教学法模式等。所有这些都有待完善教学思路,谋编全新的教材。

我们认为,一个有特色的全新的教学模式,必定有与之相适应的教材,换言之,一部经科学设计的特定的教材,必定体现了某种教学思想,代表某种精心设计的教学模式。教学模式的创新,必定带来教材的更新。新的教学实验的成功,必定带来面貌一新的教材。

第三节　从课程结构的视角看汉语教材编写模式[①]

"模式"这个词现在比较常用。例如,中国模式、改革模式,这里的"模式"指的是一套发展的途径。又如飞行模式、静音模式,这里的"模式"指的是一种系统运行的方式。究其本义,"模式"即为"模型法式",《现代汉语词典》的解释是"某种事物的标准形式或使人可以照着做的标准样式",侧重的还是在建构一种可以遵照的结构样式。具体来看,"模式"这个词有两方面的意思:一个是模型,有模型就可以照模画样,它能帮助建构者在先前缺少明确的概念时依然可以着手去做;一个是法式,有法式就要遵循,它限制建构者随意而为,约束建构者的自由意志。这两种力量是合而为一但方向不同。就像地面之于车轮,地面的摩擦力让

---

① 本节选自李晓琪《汉语第二语言教材编写》,北京师范大学出版社,2013年。

车轮前进，但也阻碍着车轮的前进。

所谓教材编写的模式，是指教材编写依照的模型，遵循的法式。对于教材的编写来说，模式也同样展现出一种内在的矛盾冲突。比如说教材要承担把语言结构教给学生的责任，而那份语言学家研究出来的"词汇、语法列表"就是一种导航的地图，要求教材按照地图一站一站地走下去，它为教材的编写提供原始的动力。但单纯的语言知识的学习并不能使学习者形成交际能力，于是还要对这份"列表"进行选择、加工，配以实用的句子和丰富的练习等。而教材的编写过程实际上就是这种冲突的解决过程。

教材编写的模式，可以从外部视角和内部视角来观察。教材是为课程教学服务的，开一门什么样的课，就需要一种什么样的教材，课程的结构模式决定了教材的编写模式。根据课程的结构去设计教材的结构，这是考察教材编写模式的外部视角。从内部视角来看，教材本身在编写中要完成一种"内容列表"的教学实现。在现在的情况下，一般指的是编写者要寻求一种语言知识大纲作为"内容列表"，同时寻求一套操练方式和交际活动来匹配这个内容列表，完成它的教学实现。实际上，这种内部视角的模式指的就是教材编写的指导思想，即教材编写的理念。

本节讨论外部视角的教材编写的模式。汉语教材从20世纪50年代的一枝独秀到20世纪90年代的百花齐放，不同的教材各有特点，这些教材所适应的课程结构也各有不同。刘英林、李景蕙从课程结构的角度总结了基础汉语教材的结构[1]，我们认为以下几种结构同时也是教材编写的几类主要模式。

---

[1] 参见刘英林、李景蕙《试论对外汉语基础课程（教材）结构》，《世界汉语教学》1987年第2期。

一、线性——单一综合课的课程结构

线性的基础教材以《汉语教科书》《基础汉语课本》《实用汉语课本》为代表。这类教材有以下特点：

1. 纵向的结构教学：由浅入深，循序渐进。
2. 整体教学的原理：综合教学，听、说、读、写不分册。
3. 微观的封闭式教学：即将教学内容切分为一定数量的具体语言点，而这些语言点常是语法结构。
4. 被动、适应型教学结构：即对学生来说，只是被动地适应已规定好的教学内容。

线性结构的教材在 20 世纪五六十年代，甚至 80 年代初，发挥了很大的作用，是多年成功教学经验的总结。但这类教材对教师的要求很高，教材只是提供了素材，教学效果只能因人而异。老师要有灵活的教材捕捉能力，掌握最佳的教学时机。对于教材中的亮点、可以发挥的地方要能有效抓住。针对其局限，也要有一些改良的办法，比如多做一些练习，多配一些插图、录音等。笔者在早期的教学中，也曾使用过这类教材，个人的经验是"把教材中该教的都教给学生，不该教的都没教"，学生也认可这种做法，说"这是把教材用到最好"。

二、树型——"主干课 + 技能课"的课程结构

树型教材是"主干课 + 技能课"的课程结构的配套教材，即基础阶段的课程中在一定阶段增加技能教学。它们的关系如同"树干"和"枝叶"一样，如图 1-1 所示：

```
        《汉语教科书》
       ╱    │    │    ╲
      听   说    ↓   读    写
              《汉语教科书》
                  ＋
              配套技能册
```

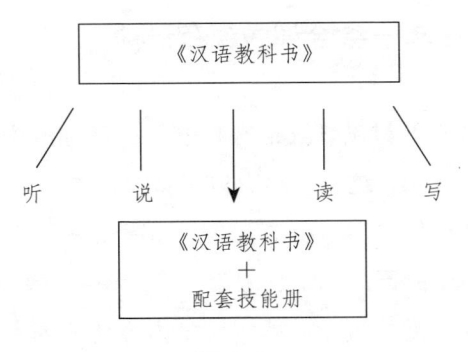

图 1-1

最初是使用《汉语教科书》作为主干教材,为《汉语教科书》配套技能册。这类教材的特点有:

1. 吸收线性教材特点,主干课贯穿始终。

2. 到一定阶段,开设"小四门"(听、说、读、写)。

3. "1+4"齐头并进,并驾齐驱。所谓"1",其实是知识要素课(如语法课);所谓"4",就是听、说、读、写的技能课。

这类模式的产生,是吸收了"不同技能分课型训练"的思想的结果,在线性教材的基础上可以说是前进了一大步。但这也带来了新的问题,主要反映在技能教材编写的随意性和课堂使用中的局限性上。虽然在一定阶段开设听力、阅读等课程,基础阶段之后也会遵循词汇语法大纲进行,但教材在衔接上缺乏总体设计,听说读写的技能确定有一定随意性,而且不能使整个"1+4"融为一个有机的整体,"4"和"1"的关系很松散。对学生而言,这样的教材的缺点是学习量、输入量太大。比如,虽然都是甲级词汇,但是出现在哪一课,前后没有一个统一协调的考虑,常常是新词在汉语课已经有二三十个了,但在口语、写作等配套课程还有二三十个生词,学生学起来感觉很吃力。

现在这种课程和教材模式仍然在广泛使用。如北京语言大学汉语学院汉语言方向一年级使用的对外汉语本科系列教材就是一种树型教材,主干课教材为杨寄洲编《汉语教程》,技能课分别是根据《汉语教程》编写的《汉语阅读教程》(彭志平等编)、《汉语听力教程》(胡波等编)、《汉语口语教程》(戴悉心等编)。在这套教材的编写中,对外汉语教学大纲和一系列等级标准已陆续完成,这套在世纪之交编写的教材的系统性也大为提高。

三、网状——平行交叉的系列课程结构

网状课程取消了树型结构的"1+4"中的"1",把这个"1"并入了"4"之中。网状教材采取宏观指导下的横向协调方法与纵向深入方法相结合的一种整体的系列编写思路。其结构比线性、树型教材更为复杂、周密、规范,是一种立体化、系统化的教材结构。其代表教材是《现代汉语教程》[①]。这类教材的特点是:第一,超越了单一综合教材结构,向统一设计的平行交叉系列教材发展。第二,由封闭式教学向开放式教学发展。线性结构是典型的封闭式教学,树型结构虽然试图将语言知识和语言技能联系起来,但它们的联系有着较大的随意性。第三,各课程之间的横向联系大大加强。

《现代汉语教程》就体现了这种网状结构。

语言要素的联系:语音、词汇、语法共核要求达到70%至

[①] 《现代汉语教程》,由李德津、李更新主编,北京语言学院出版社1988年陆续出版。分为《读写课本》(第1册、第2册)以及《汉字练习本》《听力课本》《说话课本》。

80%。

语言技能的联系：听说读写共核要达到20%，要求读写中有听说，听说中有读写。

教学法层面的横向联系：不同课程之间互有侧重又紧密联系。如图1-2所示：

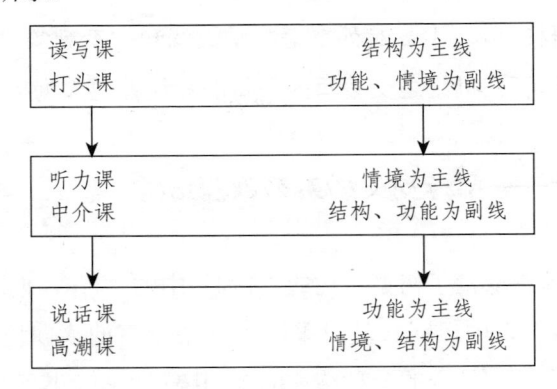

```
┌─────────────┐         ┌──────────────────┐
│ 读写课      │         │ 结构为主线       │
│ 打头课      │         │ 功能、情境为副线 │
└──────┬──────┘         └────────┬─────────┘
       ↓                         ↓
┌─────────────┐         ┌──────────────────┐
│ 听力课      │         │ 情境为主线       │
│ 中介课      │         │ 结构、功能为副线 │
└──────┬──────┘         └────────┬─────────┘
       ↓                         ↓
┌─────────────┐         ┌──────────────────┐
│ 说话课      │         │ 功能为主线       │
│ 高潮课      │         │ 情境、结构为副线 │
└─────────────┘         └──────────────────┘
```

图 1-2

但这种课程模式也存在一定的缺点，主要是课程之间难以协调。一旦打头课出现问题，后面的课就难以进行。所以，网状结构在衔接方面存在一定困难。这也对教材编写提出了极大挑战。

四、拍式结构——综合教学法指导下的课程结构

线性、树型和网状结构的课程和教材模式，如上所述，既有其优点，也有其难以回避的缺点。如何能既吸取不同模式的优点，又最大限度地避免其缺点，这是综合教学法指导下的课程所努力的方向，而拍式结构就是这样一种新的模式构想。

拍式结构是"线性+网状"的一种结构。先是采用线性的模

式,以结构主义思想为主,强调人的认知能力,不分技能,进行综合教学。但和20世纪50年代的线性模式相比,这个线性更重视教学内容的趣味性、形象性以及练习的多样性,避免结构主义的弊病。然后再采用网状的模式,不同技能用不同方法训练,用不同标准测试。从表面形式上看,拍式结构有些类似于树型结构,但是其在分技能教学中,吸收了网状结构的特点,注重统一规划、协调配合。即,拍式结构是在总体设计下进行的,而树型结构缺乏总体设计,各课之间是分散的、割裂的,这是其本质区别。

拍式教材的优点有:第一,吸收近50年的教学经验,保留线性结构的优势,打牢基础的基础——结构。第二,吸收网状结构的优点,有利于统一规划,协调配合,重技能。

第四节 通用型、区域型、语别型、国别型教材[1]

1949年以来,国内已出版各类对外汉语教材共计8380册,5483种[2]。近十几年来出版和修订重印的教材估计不下三四千种,目前已基本解决国内汉语教材的"温饱"问题。随着世界范围内学习汉语人数的增多,国外出版的各类汉语教材也不断增多,但不少国家和地区的教材仍然相对缺乏,总体上还处在需要解决"温

---

[1] 本节选自李泉、宫雪《通用型、区域型、语别型、国别型——谈国际汉语教材的多元化》,《汉语学习》2015年第1期。

[2] 参见范常喜等《国际汉语教材发展概况考察》,载《国际汉语》(第2辑),中山大学出版社,2012年。

饱"的阶段。海内外教材数量虽然不断增多，但公认的好教材以及可选适切的教材还不够多，加之信息和流通等方面的原因，教学一线选择一套合适的教材并非易事，特别是海外。可见，教材编写与研究仍是当下和今后一项重要工作，其中加强教材编写的理论研究、理念创新研究尤为重要。

近年来，教材的国别化问题受到广泛重视，也取得了一定的成就。因为研究国内编写的教材如何更好地适合国外的教学，研究国外编写的教材如何更好地适应当地的教学，这本来就是汉语教材编写与研究的应有内涵，是教材针对性的重要体现。但是，有些学者把国别化教材看成是教材编写的"趋势""主流""大势所趋"，乃至教材编写的根本出路，则有些强调过头。海内外教材编写者和出版机构如果一窝蜂地都来编写所谓国别化教材，对于国际汉语教材的编写和研究来说未必是好事，至少不符合教材编写、研究和使用的多元化要求，而多元化是教材编写和研究的常态。

鉴于此，我们根据教材适用范围和所用诠释语言的不同，将汉语教材分为通用型、区域型、语别型、国别型四类，探讨它们的内涵和特点、适用范围和编写理据、设计和编写要求以及各自的优势与局限，进而提出相关建议，希望有助于促进教材编写的理论研究和理念创新。

一、通用型汉语教材

（一）通用型教材的基本内涵

通用型教材是为某一类教学对象及特定教学目标编写的教

材。"某一类教学对象"指的是成人或非成人、在校生或非在校生、学历生或非学历生等,也可以指初、中、高不同阶段的语言学习者,但一般不限于特定国家和母语背景的学习者。"特定教学目标"指的是全面提高汉语听、说、读、写综合语言能力,或是提高口语、听力、阅读、写作等专项语言技能。

(二)通用型教材的编写理据

无论从理论上说还是从教材出版成本和利益最大化考虑,任何教材都应追求适用对象的广泛化,应用价值和经济效益的最大化。更重要的是,汉语对几乎所有海外学习者来说都是一种"真正外语",汉字更是一种"另类文字"(特别是对非"汉字圈"的学习者来说),不仅在书写方式上,更在认知、记忆和运用等多方面都是一种全新的文字体系。汉字与汉语的关系跟其他语言与相关文字的关系有很大的不同。因为,世界上许多语言都是拼音文字(音素文字或音节文字),其字母是没有意义的,汉字是语素文字"唯一的代表",其本身是有意义的[1]。汉语、汉字这些对学习者来说具有普遍性的特点,是编写通用型教材的重要理据。除此之外,英语作为对第二语言教学教材具有广泛影响的大都是通用型教材,如《新概念英语》。国内过去和现在广泛使用的汉语教材也都是通用型教材,如《初级汉语课本》《发展汉语》(第二版);海外编写和面向海外编写而广泛使用的教材也大都属于通用型教材,如《中文听说读写》《新实用汉语课本》等。这表明,通用型教材始终是第二语言教材的主流品种。

---

[1] 参见吕叔湘《汉语文的特点和当前的语文问题》,《语文学习》1985年第5—6期。

（三）通用型教材的主要特点

1. 教材编写的理想境界是让更多同类教学对象和学习目标的学习者都能使用。因而，淡化使用对象的国别特征和学习者母语背景，以"普遍的外国人"为教学对象，并针对特定学习群体的学习需求设计和安排教学内容。

2. 以对外国人汉语教学的普遍规律和教学经验为统领，更加关注汉语、汉字自身的特点，关注汉语文的体裁、语体特点及其呈现，注重语言知识的系统性和科学性。

3. 课文话题、教学内容和话语场景以中国为主，偶尔兼顾海外内容和场景（如"圣诞节""中国城""中文学校"）或国际性话题（如"环保""素食者""求职就业"）。

4. 主要的缺点是，对非教材注释语言母语者的针对性差，即在语音、词汇、语法、文化及学习方式和学习特点等方面，难以给予系统性的设计和针对性的训练；难以兼顾和体现某些具体国别学习者的学习生活、社会环境和文化习俗。

5. 汉语通用型教材更适合在中国编写和使用，因为来华学习者往往不仅仅是某一特定国家的学习者，换言之，来自不同国家的汉语学习者可能被编在一个教学班级里，因此中国国内编写的教材大都是通用型的。海外或面向海外编写的通用型汉语教材，要特别注意教材的容量不能过大，要适合海外学时少的特点；内容取向上要注意"中国内容"和"海外内容"的兼顾，前者应占据绝对多数，后者占据少数。

6. 可能的优势是，可以为不同国别、不同区域和不同母语的学习者所选用，可以系统地展示汉语、汉字的知识，较为全面地介绍当代中国的方方面面。如果设计理想，可能成为某一类型及其特定教学对象的品牌教材，特别是系列教材或系列配套教材。

需要说明的是，通用型教材实际上还可以细分为普遍性通用、区域性通用和国别性通用三个小类。这里说的主要是普遍性通用教材。如果是区域性和国别性通用教材，则上面特点 4 所提到的缺点和不足就可以得到不同程度的克服和弥补。也就是说，通用型教材如果以某一区域或某一母语为背景则亦可归入其他教材类型，如《中文听说读写》（英语注释）和《汉语言文字启蒙》（法语注释）可算作国别型或语别型教材。

二、区域型汉语教材

（一）区域型教材的基本内涵

区域型教材是为某一地理区域的汉语学习者编写的教材，如面向东南亚、中亚、北欧、南美、非洲等编写的各类汉语教材。教材的媒介语可以是该区域的通用语或是英语等其他通行较广的语言。区域型教材仍然是以提高学习者汉语听、说、读、写综合语言能力，或是提高听、说、读、写等某一两项语言能力为目标。

（二）区域型教材的编写理据

同一地理区域即地缘国家，在语言、文化、宗教、历史、传统以及气候、物产、饮食、习俗、生活方式等多方面相同或相近，并且汉语教学的历史与传统、模式与特点等也往往相同或相近，至少在上述多个方面同一区域相关国家的汉语教学具有较多人文环境和自然环境方面的共性，并因此而有别于其他区域。这就为区域型通用汉语教材的编写提供了客观基础。

（三）区域型教材的主要特点

1. 区域型教材是某一区域通用的教材，因此也是一种通用型教材。区域型教材应该遵循和体现通用型教材的一些特点和要求，也即在话题、课文内容、文化内涵、教学模式与教法等方面应体现该区域的共性特征和教学需求。

2. 教材编写的理想境界是让本区域内更多国家、更多的同类教学对象都能使用所编教材。为此，应充分提取本区域语言学习、教学方式、话题语境、文化风俗、气候环境、物产饮食等人文和自然因素的共性特征，并以适当的比例和恰当的方式加以呈现。

3. 区域型教材的编写要求是，课文话题、教学内容和话语场景仍然以中国为主，适当兼顾有关区域的生活内容和场景。如为北欧编写的区域教材应适当呈现那里的人文和自然特点，如与"雪"有关的生活、文化及相关的词汇和课文内容；为非洲某一区域编写的教材应适当体现与"旱季""雨季"有关的工作、习俗及相关的词汇和课文内容。

4. 从理论上说，区域型教材使用范围小于通用型，但针对性强于通用型教材。区域型教材既要考量学习者的目的语水平、学习需求、学制学时等因素，也要考量该区域的文化传统、宗教信仰及气候、物产、习俗等共性特征，并在教材中给予恰当体现。

5. 可能的优势是，可以为该区域不同国别和不同母语的学习者所选用，有可能系统地展示汉语、汉字的知识，可以较为全面地介绍当代中国的方方面面。如果设计理想，可能成为特定区域内所普遍选用的教材，并有助于推进区域教学的规范化和标准化。

需要指出的是，区域型教材的编写应以区域化教学观念的确立和区域化教学共性与个性的研究为基础。事实上，汉语国际化的过程也是汉语教学区域化的过程。地理环境、历史文化传统以及汉语教学的历史和现状的不同，使得地缘区域有诸多共同点，非地缘区域有诸多差别。因此，区域化是个客观存在，而在教材的话题、课文内容中恰当地结合和呈现不同区域汉语学习者的人文环境和自然环境特点，也正是教材针对性的应有内涵。

三、语别型汉语教材

（一）语别型教材的基本内涵

语别型教材是为共同使用某种语言的学习者编写的汉语教材，如为以法语、德语、西班牙语等为母语或通用语的汉语学习者编写的教材。语别型教材不限于某一国家的学习者使用。语别型教材也是以提高学习者综合汉语能力或是专项汉语技能为目标。

（二）语别型教材的编写理据

汉语作为第二语言的教材编写，最基本的要求应是注重汉语与学习者母语及相关文化的观照和比较，以增强教材的针对性和实用性。持有同一种母语的汉语学习者，不仅母语背景相同，其文化、习俗、宗教乃至社会历史、社会生活等也相同或相近，这就为编写语别型教材提供了语言和文化对比的便利。

（三）语别型教材的主要特点

1. 语别型教材也是一种通用型教材，是持有相同母语的汉语学习者通用的教材。因此，语别型教材最大的特点应该是充分体现汉外语言及文化对比研究的成果，也即教材应着重呈现经过语言及文化对比后所发现的教学重点和难点以及应该繁复或简约之处。

2. 教材编写的理想境界是，让共同使用某一母语的更多国家、更多的同类教学对象都能使用该教材,即追求该语别母语者的普遍适用性。为此,应充分考量和提取有关地区和国家在人文因素和自然因素方面的共性特征,并给予恰当的呈现。

3. 语别型教材的编写在遵循科学性、实用性和趣味性等教材编写的一般原则的同时,更要体现对该语别汉语学习者的针对性教学,即在语音、语法、词汇、汉字教学方面,在话题选择、内容叙述、注释说明、练习设计等各个方面详略得当、重点突出。

4. 语别型与通用型教材的区别在于,前者明确是为某一母语的汉语学习者编写的,使用对象均是操该母语的学习者;后者是为持不同母语者编写的,使用对象可以是不同国家、不同母语者。

5. 语别型与区域型教材的区别在于,前者有共同的母语或通用语,但不限于某一国家或某一区域,因而更加关注学习者母语的特点及与汉语的差别,并在教材中给予应有的体现;后者不限于是否有共同的母语或媒介语,而是限于共同的地缘区域,因而更加关注该区域共同的地域特征和人文特征。

6. 在生词注释、语法翻译等方面,语别型教材的针对性和实用性强于通用型和区域型。因为前者直接用学习者的母语注释和翻译,后两者用媒介语来注释和翻译,显然,前者更便于学习者准确地认知和掌握。

需要强调的是,是否进行汉外语言及中外文化的对比,对比的深度广度及由此做出的学习难点和重点的预测是否准确,教材在词汇和语法教学及课文内容中对汉外语言文化的差异呈现得是否充分和准确,是编写语别型教材成败得失的关键。

语别型教材的优势是,可以也应该进行汉外语言对比,进而预设汉语教学的难点和重点,以增强教材的针对性,提高教学的质量和效益。然而，这在很大程度上说只是一种理想境界。因为进行系统的汉外语言对比并预测出学习和教学的重点与难点绝非易事，且不说许多情况下根本缺失这项前期的对比工作，就是对比了也不一定就能准确地预测出教学的重点和难点，而往往是所预测的难点并不一定难，而没有预测到的地方却成为学习的难点。当然这并不是语别型教材本身的缺憾，而是教材编写者对比、预测和实施的问题，因此，语别型教材仍然是教材编写的一种重要类型。

四、国别型汉语教材

（一）国别型教材的基本内涵

国别型教材是专为某国汉语学习者编写的教材，如为泰国、越南、匈牙利、瑞士、巴西、阿根廷等国学习者编写的汉语教材。国别型教材可以是综合教材，也可以是专项技能教材。

（二）国别型教材的编写理据

一方面，某一国别汉语学习者大多具有共同的母语，有自己独特的历史、国情和文化传统及生活习俗，有相同或相近的教育体制。专门为某国编写某种第二语言教材不仅可以更好地照顾到这些方面，也可以更好地进行语言和文化对比，更好地解决教材的"当地化"问题。另一方面，不同国家即使是有共同母语或通用语，有大体相同或相近的文化传统，但实际上这些国家之间在社会生活和文化习俗的各个方面也还会存在各种程度不同的差异，而没有共同母语或通用语的国家之间的差别就可能更大更多。以上两方面正说明编写国别型教材的可行性和必要性。

（三）国别型教材的主要特点

1. 国别型教材也是一种通用型教材，是某国汉语学习者通用的教材。国别型教材最大的特点应该是充分体现对该国学习者汉语教学的重点和难点，以及他们的生活环境、学习环境和学习习惯及其有兴趣的话题和教学内容。

2. 教材编写的理想境界是，使该国同类教学对象都能使用所编教材，即追求在该国的普遍适用性。为此，应充分考量和提取该国具有同样学习目标的教学对象在汉语、汉字认知上的特点和学习需求，并给予恰当的呈现和充分的训练。

3. 国别型教材同样要遵循教材编写的科学性、实用性、趣味性等一般原则，更要体现出对该国别的针对性教学，即在汉语语音、语法、词汇、汉字和文化教学方面，在话题选择、内容叙述、注释说明、练习设计等各个方面详略得当、重点突出。

4. 国别型与语别型教材的区别在于，前者限于某一国家使用，后者不限于某一国家使用。国别型关注语言的对比和狭义文化（具体国别文化）的对比，语别型关注语言的对比和广义的文化（有关国家共性文化）对比。因此，理论上前者针对性强于后者。

5. 国别型与语别型教材一样，在生词注释、语法翻译等方面，其针对性和实用性强于通用型和区域型教材。因为前两者是用学习者的母语或通用语来对译，后两者是用某种媒介语来对译，从理论上说，前两者比后两者更便于学习者准确地认知和掌握。

需要明确的是，国别型教材意味着可以更好地进行汉语和某国语言及中外两种文化的系统对比，从而在教材中做出相应的安排。

因而，与有同样预设的语别型教材一样，是否进行语言和文化对比、对比的深度广度以及在此基础上进行的教学难点和重点的预测是否准确，直接影响国别型教材质量的高低和可能的优势能否及在多大程度上实现。汉外两种语言和文化、习俗、国情等的对比工作做得好、落实得好，则国别型教材的优势才能得以实现。反之，为某国编写的教材就很可能成为贴了"国别型教材"的一个标签。当然，这不意味着不能编写国别型教材，事实上，20年前中美就合作编写出了《话说中国》（上册，1985；下册，1990）这样在体例设计、话题选择及内容安排等方面颇有示范意义的国别型教材[①]。

五、再比较与再讨论

（一）四种类型教材的共性与差异

1. 从根本上说，这四类教材都应以提高学习者汉语综合能力或说、听等专项能力为教材编写的基本目标。因此，都可以是综合教材或单项技能训练教材。这就要求各类教材的设计和编写都应以汉语汉字自身的知识系统及其组合规律、应用规律和教学规律为根本着眼点来安排和取舍教学内容。中国文化的教学、外国文化的融入和规避、有关国家国情因素的考量等，都应以便于汉语汉字的教学和有助于提高汉语交际能力为目的，而不能淡化乃至挤压汉语本身的教学。可见，从教学目标、结构方式和主体内容看，四类教材没有根本区别。

---

① 参见李泉《文化内容呈现方式与呈现心态》，《世界汉语教学》2011年第3期。

2. 从本质上说，这四类教材都属于"通用型教材"，分别是世界范围内通用、某一区域内通用、某一共同语别相关国家通用、某一国家相关教学对象通用。然而，它们虽均为通用型教材，但通用程度及范围各不相同甚至差别很大，其中，通用型可以使用的范围最广，国别型的使用范围最窄，区域型和语别型的使用范围居中（二者使用范围难分高下），也即：通用型＞区域型、语别型＞国别型。

3. 一般来说，教材适用对象越广、国别越多，对学习者的母语、文化、社会环境等的观照就越难以全面和充分；反之，则能给予更充分的观照和体现。因此，就针对性而言，国别型最强，通用型最差，语别型略强于区域型，即：国别型＞语别型＞区域型＞通用型。

4. 从注释的准确程度上看，用学习者母语来对译汉语词汇、解说语法现象，应好于用媒介语的效果，因此，国别型和语别型教材的"对译"和"解说"比通用型和区域型教材应更准确、更易于理解。国别型只针对某一国家学习者，语别型针对有共同通用语的不同国家学习者，因此前者注释的准确性应高于后者。通用型适用范围大于区域型，区域型又有着自然和人文环境相同或相近的优势，因此区域型教材注释的准确性优于通用型。综上，就注释的准确程度上说：国别型＞语别型＞区域型＞通用型。

5. 从教材编写和出版的应用价值和经济效益上看，显然教材设定的适用范围越广，其应用价值和可能的效益也就越大，相反则不然，至少从理论上说应该是这样。而追求最大化的应用价值和经济效益，应该是教材设计和编写的基本理念。如果精心编写和正式出版的教材仅仅为少数学习者使用，那这种不计成本和效益的做法至少不是教材编写的常态。因此，从教材应用价值和效益最大化的角度看：通用型＞区域型、语别型＞国别型。

6. 从对语言及文化对比要求的程度上看，通用型只能是汉语与其他语言的泛比，更多的是关注汉语自身特点的教学，如注重汉语虚词、量词、关联词语的教学以及由教学经验获得的诸如汉语补语、"把"字句等的教学。区域型在语言上也只能是汉外泛比（有通用语的可以进行细比），但可以也应该体现出相关区域的自然和人文特点，以增强教材的实用性、趣味性和学习者的成就感。比较起来看，国别型和语别型教材对汉外语言及文化的对比要求最高，尤其是前者，因此这两类教材既有条件也有义务进行语言及相关文化对比，而只有对比并在此基础上有针对性地安排教学内容，才能体现出这类教材的特色和优势。因此，从便于对比和应该对比的要求和可能的程度上看：国别型＞语别型＞区域型＞通用型。

7. 综上，将四种类型教材的主要异同归纳如表 1-4 所示：

表 1-4　四种类型教材的共性与差异简表

	（1）教材目标与结构方式	（2）理论上使用范围广度	（3）教材针对性的强度	（4）注释理解的准确度	（5）应用价值与效益	（6）对比要求的程度
通用型	＋	＋＋＋	＋	＋	＋＋＋＋	＋
区域型	＋	＋＋	＋＋	＋＋	＋＋＋	＋＋
语别型	＋	＋＋	＋＋＋	＋＋＋	＋＋	＋＋＋
国别型	＋	＋	＋＋＋＋	＋＋＋＋	＋	＋＋＋＋

对表 1-4 的几点说明：表中（1）都是一个"＋"，表示四类教材在编写目标与结构方式上没有根本性的区别；（2）中"＋"

越多表示教材使用范围理论上越广；（3）中"+"越多表示教材针对性理论上越强；（4）中"+"越多表示教材注释和理解的准确度理论上越高；（5）"+"越多表示教材应用价值和经济效益理论上越大；（6）"+"越多表示教材对语言和文化的对比要求在编写实践上越高越强。不难看出，各类教材有共性有差异，只有充分体现不同类型教材的编写要求，才可能实现不同类型教材的特点和价值。教材编写绝不仅仅是个类型选择的问题，更不是一个"标签化"的问题，而是一个"思想凝练"和理念创新的问题，是一个精心设计和精心实施的问题。[①]

（二）若干意见与建议

1. 这四类教材各有优势和不足，也各有自己的适用范围和功用。很难说哪类教材最优，哪类教材最差，更不能用一种类型替代其他类型教材的编写和研究。从教材自身的设计、研究和应用需求来看，这四类教材都需要编写和进一步研究，从满足和推进汉语国际化的需求和进程来看就更是如此。汉语的国际化实际上就是汉语教学和教材编写的多元化，是教材类型和体系的多元化。

2. 通用型现在和将来都应是教材研究和编写的重点。通用型只是一个总名，可以编出各种各样、各具特色的通用型教材。换言之，通用型可以有广阔的编创空间，通用型教材的大量存在就说明了这一点。具有教学法、教学理念和教材编写理念创新并广泛流行的教材大都是通用型。对通用型教材持反对意见是因为：没有哪一种教材可以包打天下，可以适用于所有的教学对象。这

---

① 参见李泉《汉语教材编写的根本问题探讨》，载《国际汉语教育研究》第 2 辑，高等教育出版社，2013 年。

话本身并不错，但用来批评通用型教材却不合适。通用型的"通用"是相对的、有限的通用，它追求的是最大限度地满足某类教学对象的特点和学习需求。

3. 鉴于同一地理区域上在地缘、语言、文化、宗教、历史、习俗以及汉语教学传统等多方面的共性优势，我们建议应确立国际汉语教学区域化的概念，加强区域通用型汉语教材的研究和编写。鉴于某些语言在世界范围内或某些地区通行较广，建议应加强诸如法语、西班牙语、阿拉伯语、葡萄牙语、俄语、德语等语别通用型汉语教材的研究和编写，促进汉语国际化进程中地缘区域化和语别类型化优势的形成和发展。其中，"汉语教学区域化"既是地理概念，也是人文概念。编写这类教材，有利于推动和促进区域内各国汉语教学共性和个性的研究，有利于区域化教学大纲（语言、文化、话题）、教学模式和评估体系的建立。确立这一观念，有利于发挥汉语母语国的辐射功能，如中国东北院校与俄罗斯和日本及朝鲜半岛、西部院校与中亚、西南和东南院校与东南亚汉语教学的交流与合作。

4. 国别型需要研究和编写，因为这类教材有其适用范围和应用价值。理论上说可以做到基于汉外语言及文化对比来编写教材，其针对性最强。但是，这类教材对于"对比"的要求很高、很明确。不进行对比或对比进行得不全面、不准确，相应措施不到位，就不能真正实现国别型教材的优势，"国别化"就成为一句口号。然而，对汉外两种语言及文化进行全面和深入的对比绝非易事，对编教者的要求相当高。当然，这不意味着国别化教材不能编，中外合编即有助于实现对比的要求。

5. 各类教材的编写都应以汉语汉字的基本知识及其组合规律

与应用规律的教学为主,都应以中国话题、中国故事为主,都应以自然而恰当地介绍和展示中国人思维方式、价值取向、历史传统和文化习俗等为主。换言之,各类教材的编写都要注意教材内容的"中国化"问题,特别是所谓的国别化教材。因为学汉语最终是要跟中国人打交道,不管是口头的还是书面的。当然,这绝不意味着汉语教材不能有"外国的话题和故事",为了学习和交流的方便,为了增强教材的趣味性和学习者的成就感,完全可以在各类教材中适当融入"外国的内容和文化",但融入的量要有度,呈现方式要恰当。

第五节 定向汉语教材编写的环境文化因素[①]

教学环境是教学相关因素的总和。针对第二语言教学环境,研究者的视野也从课堂扩展到学校、家庭乃至全社会,把它分为"学校的小环境、家庭的中环境和社会的大环境。其中学校环境可细分为:课堂教学环境、学生的课外环境、教师的内部环境等"[②]。有学者将语言环境分为宏观语言环境与微观语言环境,前者为社会语言环境,后者指课堂环境和课外环境[③]。尽管划分角度不尽相同,但都把环境作为对语言教学的重要因素,并赋予

---

① 本节选自罗青松《试论定向汉语教材编写的环境文化因素》,《语言文字应用》2005年第4期。
② 参见杨鹏辉《谈模拟最佳语言环境》,《厦门教育学院学报》2000年第2期。
③ 参见张崇富《语言环境与第二语言习得》,《世界汉语教学》1999年第3期。

教学环境丰富的内涵。包括宏观的社会大环境，也包含教育环境以及课堂教学的材料和方法等方面。所讨论的相关因素既有所谓物理环境，如班级规模、教室空间、教学条件等，也包含心理环境，如学习心理、课堂气氛、教学方法等[①]。

　　本节试图探讨教学环境与教材编写的关系。我们将与语言教学和教材编写相关的环境因素划分为三个层面：社会环境、教育环境与课堂环境。社会环境，指语言教学及教材使用国家或地区的社会语言文化背景，它往往反映出目的语在这一社会生活中的渗透程度、社会对目的语的使用与需求情况、社会生活群体对目的语及目的语文化的接受和认识程度等。教育环境，指国家或地区的教育政策、教学组织结构、测试制度以及课程体制等的基本框架，它往往以教学大纲、课程大纲及标准化考试大纲等形式表现出来。课堂环境，指具体的课堂形式，包括师资条件、班级规模以及教学设备等直接与教学主体相关的环境因素。三个环境层面的关系为：社会环境是最高层面，它包含教育环境和课堂环境；而教育环境又包含课堂环境。教学环境对语言教学有重要影响，教材编写过程是否充分关注这些因素，是教材成败的关键。

一、教学环境与教材编写的关系

　　这里讨论的定向教材，指为非汉语环境的汉语教学编写的教

[①] 参见田慧生《略论教学环境研究的历史、现状及其发展趋势》，《外国教育研究》1995年第6期；张崇富《语言环境与第二语言习得》，《世界汉语教学》1999年第3期。

材,其使用国别及学生母语背景、学生的年龄阶段及受教育的层次、学习目标、课堂形式等都有较为明确的定位,即使用的教学环境是确定的。编写这种在特定的教学环境中使用的教材,是否全面考虑到各种环境文化因素,会直接影响教材的使用效果。

(一)社会环境

语言教学总是在一定的社会环境中进行的,社会环境决定了目的语在社会文化中的影响,也自然会影响到语言教学的大纲制订、语言教育政策等教育环境的相关因素[①]。以汉语为例,由于中国经济日益发展,教育文化方面的国际交流频繁,使得世界范围内对汉语和中国文化的关注和了解都更加充分,对汉语教学的需求增加,教学内容和形式的需求也更多样化。有的国家将汉语课程列入中学考试科目,如英、美;有的则计划作为大学的预修项目,如美国的中文 AP 课程与考试;而将汉语和中国文化列入大学的选修课程的情况则更加普遍。编写定向教材,要符合大的社会环境对汉语教学的需求,在内容选择编排上也要符合使用国家的社会文化背景的特点。社会大环境对某种外来语言文化的接受和了解程度,自然而然地会成为学习对象认知目的语和体认目的文化的基础。

(二)教育环境

教育环境不像社会环境、课堂环境的表现形式那么具体,所以在教材编写以及课堂教学中容易被忽视。实际上,教育环境是联系社会需求和课堂教学(即宏观环境和微观环境)的枢纽。社会环

---

① 参见 Jack C. Richards《论语言教学环境》,外语教学与研究出版社,2001 年。

境对课堂教学的需求，课堂教学对社会的影响，都要通过这一中间层面发生作用。教育环境制约着语言教学的整体规划（包括课时、教学资源）、教学内容、测试形式等，这往往直接影响学生的学习动力、学习条件等。教材编写过程应通过教材内容形式的合理编排，具体、有效地体现教育规划或课程目标。设计定向教材时，最为可靠、实用的依据往往来自教育环境层面。教材内容、容量和难度等都应体现教育环境对学校语言教育的要求和规划。

（三）课堂环境

对教材的设计编写作用和影响最为直观的是课堂环境。课堂教学的各种因素影响到教材内容和形式的编排是否可行、有效。非汉语环境的课堂教学模式和层次日趋复杂丰富，有初中、高中、大学以及社会学校等各个层次，有各种不同的教学条件，教材编写对这些因素考虑得具体全面才能适用于教材使用的课堂环境。

在传统的教材编写中，对课堂环境的关注比较充分，如各种适用于课堂教学的方法和技巧往往在教材的内容、练习方式中得到反映；而对影响更为广泛、深远的教育环境和社会环境的关注还比较缺乏，如教材内容很少联系使用教材的社会文化背景来设计；教材容量和练习形式也很少考虑到教育体制、考试形式等因素。其主要原因是传统的教材编写以通用式教材为主，是为目的语环境的教学或非定向的教学环境编写的，缺乏具体的非目的语的社会环境及教育环境作为参照。在教材编写日趋成熟的今天，教材设计过程往往有更加明确的使用对象和使用环境的定位；这就有必要，也有条件，使教材的内容和形式贴近环境的需求，从而更加具有针对性和实用性。

二、三套定向教材的使用环境与编写特点

我们这里选择三套在英美不同时期、不同层次的中文课程中使用的教材作为范例，分析定向教材在内容结构上的特点，并探讨定向教材的环境适应性的具体表现。

（一）编写背景及基本情况

《中英互通》（*Improve Your Chinese*）：是 20 世纪 80 至 90 年代由英国 Leeds 大学东亚系的中文教师合作编写的大学汉语教材，长期作为该校的高年级中文教材。在 90 年代，该套教材被英国的其他大学作为高年级中文教学的材料选用或部分选用。编者在教材的使用过程中不断根据教学需要进行修改、补充，于 90 年代中期进行改版，更名为《汉语交际》（*Communicate in Chinese*）。《汉语交际》仍保持原有的结构框架和基本话题，对一些语言训练项目进行了补充。由于历史原因，这套教材的使用范围不是很广，但在使用过程中，体现出较强的环境适应性，得到教学双方的肯定。有的大学中文系设课都以此教材的话题和训练项目为主线[①]。

《中文听说读写》（*Integrated Chinese*）：由美国多所大学的中文教师组成的编写组在 20 世纪 90 年代编写的一套综合性教材。目前完成初级本和中级本，主要用于美国大学的一二年级中文课的教学，同时，也被一些进修学校以及高中的汉语教学所采用。该教材经历了不断根据教学反馈逐步完善的过程，最终成为

[①] 参见罗青松《谈高级汉语课程设置与教材使用》，《汉语学习》1995 年第 3 期。

一套系统性强、内容覆盖全面的教材,在美国使用比较广泛,不仅用于大学,也用于一些高中的中文教学。

《快乐汉语》(*Chinese for GCSE*):是中国国家汉办与英国文化委员会的合作项目,为英国中学生通过标准化考试课程GCSE(中学会考)量身定做。该套教材于2002年开始设计,经过调研后确定编写大纲并写出初稿,由英国中学试用,一年后根据教学反馈的情况修改定稿。教材从大纲的制定到课堂教学调研、试用及反馈教学信息、修订等过程,都是由中英双方的编写人员、教学人员以及教育考试机构的成员密切合作,共同研讨完成的。通过英国文化委员会和相关考试机构的推荐,已经在英国多所中学广泛使用并得到认可。

(二)教材的基本特点

三套教材在编写背景、使用年代、教学对象、适用水平、适用环境以及教材本身的结构话题与教学方法等方面都不相同,但在编写原则及教学效果方面体现出一些共同特点。

1. 以话题为主线。三套教材都以话题为主线,但根据教学对象的汉语水平和年龄层次和具体的教学环境,在话题的具体设计上又有不同的侧重点。

表1-5 三套教材教学内容与使用对象的基本框架

教材名称	中英互通	中文听说读写	快乐汉语
使用范围	英国大学为主	美国大学为主	英国中学为主
适用水平	中级—高级	初级—中级	初级
学习目标	提高学生的高级听说能力和翻译能力;通过课程考试,得到学分。	全面提高学生的汉语综合交际技能;通过课程考试,得到学分。	训练学生的汉语综合交际能力,达到GCSE考试大纲的标准。

(续表)

教材名称	中英互通	中文听说读写	快乐汉语
语言范围	词汇、句型的解释说明，但没有词语、语法点的量化目标。	有根据总体教学规律划定的汉字、词语和句型的量化目标。	有根据教学大纲确定的汉字、词语和句型的量化目标。
主要技能项目及练习形式	翻译（口译和笔译）/口语/写作等	听力理解/口头表达/阅读理解/句型与词语练习/翻译/写作等	听力理解/口头表达/汉字书写/词语练习/语段阅读与翻译等
结构形式与辅助材料	无其他辅助材料	课本/练习册/汉字书写册/教学指导用书/磁带/录像带/CD/电脑软件/互动主页	教师用书/学生用书（课本）/识字卡片/教学挂图/音像辅助教材

《中英互通》作为高级口语训练与翻译教材，设计的话题广泛深入，基本包括了当代大学生所关注的各种社会文化专题。全书上下册共有 50 个话题，如饮食与健康、法律、度假、人际关系、失业与职业培训、婚姻与爱情、留学中国指南、交通运输、气候地理、语言文学、历史文化等。

《中文听说读写》作为一个初中级的教材，设计的课文专题体现了循序渐进、广泛实用的特点。除了日常生活的各个方面，如家庭、学校、旅行、银行、租房等，也包含一些更加广泛的话题，如环境保护、男女平等、健康与保险、专业选择等。

《快乐汉语》的话题则完全以英国中学外语课程大纲以及 GCSE 考试大纲的四个主话题作为选题的框架，结合课堂教学容量等实际情况，进行设计。其四个话题为国内与国外、教育培训与就业、家居和日常生活、媒体和社会活动等。编者根据学生的年龄特点将主话题通过一些贴近学生生活的子话题反映出来，子话题则包括家庭生活、居住环境、学校生活、旅游、运动与娱乐、节日习俗等各个方面。话题选择以符合教学对象的认知特点和交际需要为原则。

以话题作为主线，使得教材的内容选择、语言层次以及对社会环境的适应方面具有很大的灵活性；如果以结构为主线，则在语言难度的安排上受到限制，不容易贴近不同年龄、水平的情况，如果以任务为主线，又难以针对需要规划语言项目的学习和语言技能的训练。

2. 将与教学环境匹配、适应教学需求的思路贯穿于教材设计的各个方面。教材在使用范围、使用水平、学习目标等项目上有明确定位，设定语言范围、训练形式以及教材的配套方案等环环相扣。教材内容与形式和教育环境尤其是小的课堂教学环境充分一致，形成了一个完整的、针对性和实用性都很强的主体框架。

3. 定向教材的编写和使用在互动的状态下进行。这三套教材在编写过程中，都通过各种途径得到课堂教学中的反馈信息，根据使用情况进行调整，从而形成根据教学需要设计编写，又从实际教学中获取信息进行完善的良性循环。教材的成型以及使用过程中，由于经过与教学环境充分磨合并根据需要改进的过程，才使得教材能最大程度地适用于教学环境，符合实际教学的需要。

三、定向教材与环境的一致性

（一）场景、课文内容与环境的一致性

社会环境作为学习者认识新的语言、了解新的文化的起点，

如何引导学习者通过这一起点去认识目的语及目的文化，是教材的场景和话题设计应充分考虑的问题。

场景是教材设计的虚拟环境，《快乐汉语》和《中文听说读写》是作为初级的起点教材，在场景设计上都以学生的母语环境作为基础，逐步向目的语的社会生活环境过渡。这一方面让学生从熟悉的社会文化环境中吸收新知，避免由于文化上的差异影响到语言理解；另一方面，又关注到学生对目的语文化环境的兴趣，以及语言学习中学生了解目的语文化环境的必要性，循序渐进地导入目的语生活社会场景。这样在学生的学习初期避免了认知的跳跃，能够比较轻松地在熟悉的背景中了解新的语言、文化知识；同时，又随着学习的进展，转移生活场景，将学生的视野拓展到目的文化环境。课文中的虚拟场景，初级阶段与学生所熟悉的家庭、学校乃至社区生活等社会生活环境贴近；随着教学的深化、推进，通过课文的线索人物去中国旅游、学习的内容设计，介绍一些广场、街道、名胜、家庭生活等中国的社会生活场景，潜移默化地将学生带到目的语的地理及人文环境中。使用教材的学生也认为，刚开始学习汉语时，对中国很不了解，课文背景用他们熟悉的地理环境和生活环境，则比较容易接受；而随着汉语水平提高，有的学生有机会到中国学习生活，这就有可能、也有必要更多地了解中国的社会生活场景。

课文内容则反映更为深层的环境文化因素。这三套教材在内容选择上的原则是：第一，突出话题的普遍性；第二，注意教学对象的认知特点和兴趣点；第三，以跨文化交际为核心。学习语言和体认目的语文化是相辅相成的，从教育环境的具体要求来看，英美两国的外语教学大纲都明确提出将国际交流以及对不同文化的认知作为教学目标之一①。在教材中，体现这一理念不能靠简单地传送信息，而是要让学生在两种文化的比较、碰撞中学习语言，理解文化，提高交际能力。有的研究者提出，第二语言教学中应建立一个中介文化区域 interculturality，将目的语文化纳入与母语文化的联系之中去认识掌握②。如果说三套教材的场景设置构建起一种表层的中介文化区域的话，话题以及课文内容的设计则为更加深层的文化认知搭建起一座桥梁。《中文听说读写》《中英互通》等教材围绕教育、体育、法律和政治等主题设计的课文内容，都注意反映不同社会背景下人们对这些社会热点问题看法上的差异，如在教育制度和社会观念上的差异、对待体育比赛胜负态度的不同等。

（二）语言、技能项目与环境的一致性

1. 语言项目的编排。《中文听说读写》明确指出"十分重视词汇、句型、重点词语的教学"。全套教材对各种语言点的选择、词语运用的说明等，都有量化的周密安排。而《中英互通》也编排了针对话题的词汇表、句型运用指导等项目，而这些语言知识点的提示也为围绕教材的相关课程以及相关考试提供了必要的准备。《快乐汉语》中的汉字、词汇、句型等语言项目，覆盖了英国外语教学大纲以及国家考试 GCSE 设置的所有语言项目，对各个句型也做了示例和说明。

定向教材，语言项目的选择应与教学环境的具体要求一致，

---

① 参见 *Standard for Foreign Language Learning in the 21st Century*（USA）；*The National Curriculum for England: Modern Foreign Languages* （UK）。

② 参见 Claire Kramsch《语言教学的环境与文化》，上海外语教育出版社，1999 年。

体现其独特的选择角度。以《快乐汉语》为例，教材中的语言项目是根据英国中学外语教学大纲及 GCSE 的考试范围划定的，而其中的句型、词语等语言点，都参照了英国其他外语教学的语言项目，注重与学生的教育环境（如教学体制中的第二语言教学大纲）的横向协调。国家统一的课程大纲和标准化测试，决定了各种外语课堂教学的基本内容。以这种教师与学生已经习惯的框架作为教材编写的基础，使用者能够借助其他外语教学与学习的经验很快适应。

《中英互通》和《中文听说读写》的中高级部分的语言项目，如词语和句型的选择都以实用为原则，并结合教育环境中的课程系统来确定内容。两套教材都根据话题需要增强词语项目，设置补充词语、组合词语等项目。《中英互通》因为要用于写作、翻译等多种形式的训练，扩展相同主题的词汇符合学习者运用语言的需求，使得一套教材用于多种课程。这种根据学生需要扩展补充语言点、词汇的方式，可以激励学生有效地调动他们已有的语言知识和学习语言的方法，达到全面提高交际能力的目的。

2. 练习形式设计。培养学生的交际能力是语言教学的根本目标，但定向教材往往有一些更加具体的教学目标，如获得学分、完成论文、通过考试、取得证书等。这些目标跟教育环境，如教学大纲的标准、课程的要求、考试形式等密切相关。教材训练方式要贴近具体目标，重视与课程及测试的衔接。

作为初级入门教材的《快乐汉语》，其编写意图是与标准化考试的要求相一致。考试设计的主导思想是要检验学生的交际能力，应试与培养交际能力并不是矛盾的，而是把语言技能的测定更加具体化了。编者选择训练形式时注重学生可能达到的阶段水平以及教育环境及考试的具体要求,设计的各项练习都与测试的听说读写形式相吻合,这样,不仅可以使学生学习训练的内容与考试的内容形式一致,学生的学习过程更有目标和动力,教材在课程教学中的作用也能够更加充分地发挥。

《中英互通》的练习设计将学生水平、阶段特点以及学习者面临的考试、论文撰写和就业要求等方面结合起来,集中训练口头、书面的表达和翻译。该套教材训练形式与课程考试形式和论文写作及职业目标一致;这种与课程要求及实际运用的协调性保证了教材的使用效果。其中一个有特色的练习形式是语段层次的对话采用中英混合的方式,即两个角色之间,用不同的语言对话,在此基础上设计互译练习。这一方面呈现出对话的连贯性,同时,训练学生的中英互译能力。

训练方式和语言选择最为全面系统的是《中文听说读写》,该教材注重培养综合技能,通过系统学习语言知识来达到。这种安排将对知识和交际技能的要求编织成一张网,能够保证全面系统地提高学生的汉语水平。

(三)教学法应用、教材表现形式与环境的一致性

教材编写应融进对教学理论和方法的关注[①]。定向教材的编写,应结合具体环境,运用各种方法手段。《中文听说读写》在编写过程中,注意对各种方法,如听说法、交际法、翻译法等兼收并蓄。[②]交际法是一种普遍接受的方法,实际上它更是一种理念,就是以培养学生的交际能力为目标。而各种教学法的训练形式都可以作为达到这一目标的手段。这三套定向教材能兼收并蓄,通

---

① 参见赵金铭主编《对外汉语教学概论》,商务印书馆,2004年。
② 参见卢伟《汉语教材分析报告》,载《中美网络语言教学项目文件汇编》,国家汉办教学处,2004年。

过各种训练方式来达到教学目标,灵活选用语言对比讲解、句型展示与操练、听说读写译练习等多种形式,总之,以符合学生的认知特点、贴近实际教学环境的需求为原则,因而能够获得良好的训练效果。

教材的表现媒介也是对外汉语教材编写和研究所关注的问题①。教材结构形式因素大致可以归结为几个方面:教师用书和教学参考材料,音像资料(含录音带、光盘、录像),学习软件,互动的网络手段,其他形式(教学挂图、生词卡片、汉字卡片、教具)。这些教材的表现和辅助方式,除了要根据教学目标、教学方法和学生认知水平、特点等环境条件设计,还应联系课堂规模、教学条件和模式、课时与设备等。现代社会的技术手段很多,教材应广泛使用先进的技术手段。但这种表现媒介的设计与应用不可脱离教学环境的实际情况。第一,要考虑与其他课程的整合情况。在20世纪90年代编写的《中英互通》,由于教学条件的限制,没有其他配套材料,是一种传统样式的教材。但作为当时教学环境的产物,又有其合理的方面。在海外的高年级学生,一般有了在中国生活的经历,语言和文化背景的认知都有了基础;在课程设置方面,已经有一些横向的报刊阅读、实况广播听力等课程,教材的使用过程中,由于可以结合其他资源,能很好地理解表达课文的主题。第二,要结合课堂环境条件。《快乐汉语》作为当代教材,教学对象是中学生,编者根据教学环境的硬件设施,编制了与之配合的音像教材。教材没有机械地搬用技术手段,而是根据英国中学教学条件不很一致的情况,以及中学课堂形式灵

---

① 参见王建勤《对外汉语教材现代化刍议》,《语言文字应用》2000年第2期。

活多样、气氛活泼、学生易于受到环境感染等特点,采用了一般的多媒体资料与简便易行的生字卡片、词语图片以及挂图等结合的方式。第三,要结合社会背景和学生的学习能力。如《中文听说读写》充分利用本土的良好教学资源,教材使用者一般是大学生,操作和学习能力较强,所以除了一般的课堂教学用的辅助材料外,还设计了网络上的互动教学形式,这些符合环境条件的设计,给学习者带来了方便,成为他们课外获得指导的一种有效方式。

　　作为对外汉语教材的一个类别,定向的、针对国别的教材的编写早就引起了研究者的关注[1]。要使教材真正适用于特定的教学环境,应在场景设置、语言范围与话题的选择、训练形式以及教学法体现等方面,都联系教学环境进行规划;应从社会环境、教育环境、课堂环境等多个层面来思考教材的使用条件,才能将环境对教材的需求统一起来,使教材具备环境文化的适应性,从而使所谓的"定向"更加名副其实。

---

[1] 参见赵金铭《对外汉语教材创新略论》,《世界汉语教学》1997年第2期。

第二章

教材编写原则的研究

第一节 对外汉语教材的科学性[①]

编写任何类型的教材都要讲究有科学性，编写对外汉语教材也不例外。不仅如此，对外汉语教学界多年来一直把科学性作为教材编写和评估的一项基本原则。然而，目前我们对于什么是教材的科学性、科学性体现在哪些方面、如何增强教材的科学性等基本问题，都还缺乏研究，缺少共识。因此，探讨教材的科学性问题，已成为教材编写理论研究的一个重要课题。同时，近年来海内外汉语教学大发展的新形势，对教材编写及其理论研究也提出了更多的要求和期待，对教材科学性问题的探讨就显得更加必要和迫切。

回顾 20 世纪 80 年代以来对外汉语教学界对教材科学性的论述，概括起来分为以下三个方面：

1. 教材科学性的地位。相关的论述如：科学性是一部教材的灵魂，它涉及教材的体例设计、内容选择与安排、词汇的选择与分布、字词的重现和练习设计等多方面的内容[②]。科学性是就教

[①] 本节选自李泉、金允贞《论对外汉语教材的科学性》，《语言文字应用》2008 年第 4 期。

[②] 参见李更新等《编写〈高级汉语〉的指导思想和原则》，《语言教学与研究》1983 年第 4 期。

材的总体来说的,它在教材中起着统帅的作用,是教材的灵魂、主心骨。它既是教材的针对性、实践性、趣味性的"总和",也还包括教材的系统性和准确性[①]。针对性、实用性以及趣味性和系统性都属于教材的科学性的范围[②]。

2. 教材科学性的内涵。代表性的论述如:科学性原则是说,教材的语言要规范,知识的介绍和解释要科学,教学内容的组织要符合语言、语言学习和语言教学的规律[③]。教材的科学性包括编排上的科学性、数量和比例上的科学性、语音语言的规范性、注释的准确性和严密性[④]。要教规范、通用的语言,教材内容的组织要符合语言教学规律,对语言现象的解释要准确等[⑤]。

3. 教材科学性的体现:外语教材的科学性包括语音、语法的系统性,语法点分布的合理性,词语的常用度和重现率,内容安排是否由浅入深,符合循序渐进的原则,语言的标准化等[⑥]。练习的内容和方式要与教学内容、教学目的和课型特点相一致,外文注释要讲究科学性等[⑦]。教材的科学性来源于对语言现象的科学解释,也有赖于编写者对教学规律的认识,还体现知识和技能

[①] 参见赵贤州《建国以来对外汉语教材研究报告》,载《第二届国际汉语教学讨论会论文选》,北京语言学院出版社,1988年。
[②] 参见刘珣《对外汉语教育学引论》,北京语言大学出版社,2000年。
[③] 参见吕必松《对外汉语教学概论(讲义)(续五)》,《世界汉语教学》1993年第3期。
[④] 参见赵贤州、陆有仪《对外汉语教学通论》,上海外语教育出版社,1996年。
[⑤] 参见刘珣《对外汉语教育学引论》,北京语言大学出版社,2000年。
[⑥] 参见杨石泉《教材语料的选择》,《世界汉语教学》1991年第1期。
[⑦] 参见吕必松《对外汉语教学概论(讲义)(续五)》,《世界汉语教学》1993年第3期。

的系统性方面①。系统性是说,语言是有规律的,选择哪些语法点、常用词、功能项目,以及音素和语流怎样结合,课文内容怎样安排,等等,都不是任意的,都不能违反客观规律②。教材的内容要反映出学科理论研究的新水平③。

我们看到,前辈学者在相关研究中已经多方面地涉及了教材的科学性问题,并给予了高度的重视,把科学性看成是教材的"灵魂",是教材编写的其他原则的"总原则"④,前辈们还从不同角度来揭示教材科学性的内涵和体现。诸如"教材语言要规范""知识的介绍要准确""语言知识要有系统性""语法注释要严密""内容的组织要符合语言教学规律"等看法,反映了我们对教材科学性的一些共识。在前人论述的基础上,这里对教材的科学性问题做进一步的探讨。

一、教材科学性的内涵和基本要求

教材的科学性究竟所指为何?这是一个值得讨论的问题。词典上与此相关的解释有:科学,[形]合乎科学的;正确。科学性,[名]合乎科学的性质;(读物、技艺等所应具有的)内容准确

---

① 参见邓恩明《编写对外汉语教材的心理学思考》,《语言文字应用》1998年第2期。
② 参见赵贤州《建国以来对外汉语教材研究报告》,载《第二届国际汉语教学讨论会论文选》,北京语言学院出版社,1988年。
③ 参见刘珣《对外汉语教育学引论》,北京语言大学出版社,2000年。
④ 对于这样的看法,也还有不同意见。参看李泉《论对外汉语教材的趣味性》,载《中国对外汉语教学学会第七次学术讨论会论文选》,人民教育出版社,2002年;李泉《论对外汉语教材的针对性》,《世界汉语教学》2004年第2期。

可靠、形式周密合理的性质①。参考词典对"科学"和"科学性"的这些解释和学界对教材科学性的相关论述,结合对外汉语教学及其教材编写的理论和实践,我们可以试着做这样的概括:第二语言教材的科学性是指教材内容符合目的语的规范,内容编排符合第二语言教材设计和编写原理。对外汉语教材的科学性就是要求教材内容符合汉语和汉字的规范,内容陈述适合汉语作为第二语言教学的需要。也就是说,教材的内容应该符合汉语语音、词汇、语法、语篇的规范以及汉字的书写和使用规范;教材的体例设计和内容编排符合汉语作为第二语言教学的基本原理。简言之,科学性就是要求教材内容规范,编排合理。

要求对外汉语教材要有科学性,即"内容规范,编排合理",是由第二语言教材的工具性、规范性和教学功能、媒介功能所决定的②。对外汉语教材是传授汉语知识和进行汉语技能训练的工具,"学习教材"的目的是通过理解和模仿教材所提供的范例和范本来掌握汉语的结构规则、组合规则和运用规则,进而在创造性地使用汉语的过程中掌握汉语。显然,如果"范例"和"范本"不够规范,就难以实现这样的目的。而教材"用之于教学"的基本功能,就决定了教材的设计必须适合教学的需要,也就是说,无论是基于何种教学理论、教学大纲或教学模式,第二语言教材的编写都要考虑到内容的安排要由易到难、循序渐进,词汇语法要重现,容量要适度,难易要适中,既有语言知识的传授,又有

---

① 参见《现代汉语词典》(修订本),商务印书馆,1996年;《应用汉语词典》,商务印书馆,2000年;《现代汉语规范词典》,外语教学与研究出版社、语文出版社,2004年。

② 参见李泉《论对外汉语教材的针对性》,《世界汉语教学》2004年第2期。

语言技能的训练，既要考虑结构、功能和文化之间的协调，又要考虑课与课之间有关内容的衔接，等等。显然，在教材设计和编写中如果不处理好诸如上述各种"问题"和"关系"，教材在实际使用中就难以奏效，甚至无法使用。

"内容规范，编排合理"只是对教材科学性最基本的界定和最基本的要求。进一步来说：

1. 由于所说的教材内容的具体所指不同，如可以指语音、语调、词汇、语法、汉字、句子、对话、语篇、课文、练习、翻译、注释、活动、文化等，因此，所谓内容规范，就是指对上述这些教学内容的选择、处理和解说具有"正确""准确""标准""可靠""恰当"等多种含义。比如，说某教材对"一、七、八、不"变调的说明规范，就等于说有关的说明"正确"或"准确"；说教材对"轻声、儿化"的处理规范，就等于说该教材轻声和儿化的范围把握得"恰当"、例证"可靠"；说教材的语法注释和外文翻译规范，就等于说注释和翻译"准确""恰当"；说教材的句子和课文规范，就等于说其为标准的普通话，如此等等。

2. 由于第二语言教材既要遵循教材编写的一般原则，又要遵循第二语言教材自身的编写原则，而编写不同教材所依据的教学理论、教学大纲、教学模式、教学方法以及教学阶段和类型、教学目的和课型等也不尽相同，因此，所谓编排合理至少有四层含义：其一，教材内容陈述的逻辑层次既要符合教材编写的一般原则，又要符合第二语言的学习和教学规律，如上文所说的由易到难、循序渐进等原则，以及处理好语言知识和语言技能之间的照应和数量比例关系，安排好语音、词汇和语法等语言要素教学的顺序和比例关系，精心编排好技能训练的方式和方法，等等。其二，教材内容的安排要尽量符合语言及语言教学和学习规律，即符合语音、语调、词汇、语法、拼音、汉字、句子、篇章等的内在规律以及由此而确立的教学规律。例如，就一般情况而言，应该先教声母、韵母后教声调，先教单韵母后教复合韵母；先教笔画笔顺，再教独体字，然后教合体字；先教疑问句后教反问句，先教主动句后教被动句，先教基本句型后教特殊句型，先教单句后教复合句，先教结果补语（看见、听懂）后教可能补语（看得见、听得懂），教了补语（擦干净）再教"把"字句（把桌子擦干净），等等。其三，教材内容的选择和陈述、容量和难易的确定、教学模式和教学方法的选用等，都要符合外语教学的根本目标、教学的阶段性要求和具体教材的目标需求。举个极端例子来说，不管依据何种教学理论，也无论以何种名目，给初级阶段的汉语学习者无论如何都不能选编《背影》《荷塘月色》《一件小事》《孔乙己》等现代文学名篇，因为教学上无法操作，当然也就谈不上有什么科学性。其四，所谓编排合理还应该包括教材的相关内容要相对全面、相对系统。否则，如果缺少必要的内容，造成内容不够全面不够系统，那么无论已有的内容多么准确，都将减损教材的科学性。

二、教材科学性的实质问题探讨

对外汉语教材科学性问题涉及教材编写理论原则和实际操作的方方面面，这其中有哪些是关乎科学性的实质问题，是很值得探讨的。探讨教材科学性的实质问题，不仅有助于深化对科学性内涵的认识，也有助于在教材编写实践中更好地把握和增强教材的科学性。结合教学和教材编写实践，我们把对外汉语教材科学性的实质概括为如下几个方面。

（一）教材的科学性是内容准确性和模糊性的统一

"内容准确"是教材科学性的核心含义之一，是科学性的标志性要求。语言知识不准确，说明解释不清楚，技能训练方式与所要达到的目标不一致，就是科学性差的表现，情况严重的就谈不上科学性了。就对外汉语教材来说，如果汉语的语音、句法、虚词和汉字等语言文字知识的陈述和解说不准确，用这样的教材来学习汉语，其后果是不难想象的；如果教材语言知识方面错误百出，后果将是灾难性的。因此，准确性是选择和评价教材的首选标准。毫无疑问，教材编写过程中应把科学性的核心构成要素——内容的准确放在核心位置上。但是，在实际操作层面，教材的准确性许多时候难以落实，因为：（1）由于目前我们对汉语知识，特别是汉语语法（包括虚词用法）的认识还有许许多多不够清晰、全面和深入的地方，因此，意义和用法上"说不清""说不全"的现象几乎随处可以遇到。如"量词的用法"就说不清、说不全，"被动句的范围"也没有形成共识；又如"了"的隐现规律，"把"字句的使用条件，等等，我们都还说不清、说不全，教材编写自然无法实现准确。（2）某些"能说清"的语言问题，如汉语的一些基本规律或规律性的认识，也大都存在或多或少的"例外"现象。如副词不能修饰名词，形容词可以受"很"修饰，不及物动词不能带宾语，动词可以带时体助词"了、着、过"，"把"字句的基本语法意义表示"处置"，等等。这预示着教材编写难以实现彻底的准确。（3）汉语语音、语汇和语法等研究成果，有许多尚未取得共识，尽管可能很有学术价值，但是不宜轻易纳入教材的知识体系中；某些共识性的成果由于各种原因（如需要的背景知识太多，不适合于教学）也不一定都能直接编入教材。

以上情况表明，语言知识的准确性是教材编写所要追求的目标，没有准确性的教材就谈不上科学性，准确性差的教材科学性就差，而所谓科学性强在极大程度上体现为语言知识的介绍和解说的准确程度高。因此，教材编写必须最大限度地追求准确，这一信念丝毫不可动摇。然而，由于我们对汉语自身规律的认识还远不够全面和清晰，既有的语言规律又多有例外现象，而有些认识能否真正成为规律还有待更多语言事实的检验，或者教学上一时还难以用得上，因此，许多时候教材编写或课堂教学不得不采取模糊性的表述策略，即采用"一般来说""（大）多数""（绝）大部分""往往""常常""总是"等概括的、笼统的表达方式来介绍和解说具体的语言现象。这显然不是上策。但倘若采取全称、周遍性的解说方式反而可能造成不准确的话，那就不如采取这种模糊性的解说来得更准确，例如："汉语的动词（都）能带时体助词'了、着、过'"，这种说法看起来很准确，但与实际情况不完全相符（如"*认为了（着）、*请教着、*去着、*包括过、*作为过"等等都不能说），反而不如"汉语的动词绝大多数都能带时体助词'了、着、过'"，这种模糊的说法更准确，更符合语言事实。不仅语言知识表述的准确性要借助于模糊语言，文化内涵的概括、文化现象的阐释和文化特征的理解等也不宜一概而论，不宜绝对化，也要借助于这种模糊性的表述策略和柔性的理解策略[①]。

[①] 参见李泉《文化教学的刚性原则和柔性策略》，《海外华文教育》2007年第4期。

因此，科学性的本质是准确性和模糊性的统一：凡是可以做到准确的就用准确的语言来表述，如"现代汉语普通话有阴平、阳平、上声和去声四个声调"，"两个上声音节相连，前一个上声变为阳平"，"汉语的数词和名词中间要使用量词"，"汉语的词组可以分为主谓、偏正、述宾、述补和并列等五种基本结构类型"，"汉语所有的定语一律居于核心词（中心词）之前"，"汉语的句子从功用上可以分为陈述句、疑问句、祈使句和感叹句四种基本类型"，"汉族人的姓名表述都是'姓'在前，'名'在后"，"汉语表述地址、时间的顺序都是从大到小"，等等；而凡是无法或不宜用准确语言来表述的就用模糊语言来表达，当然应根据实际情况辅之以例证、使用条件、规则适用范围等说明。比如，可以做这样的表述："汉语的状语绝大部分居于动词之前，但有少数表示程度和方式的状语可以置于动词之后，如'好极了、好得很、开慢点儿、走在路上'。"

（二）教材的科学性是内容系统性和简约性的统一

"内容系统"是教材科学性的核心含义之一，同样是科学性的标志性要求。就常规的汉语教学来说，教材编排所涉及的各项内容都应该全面、有系统性。例如：语音应涉及声母、韵母、声调、变调、轻声、儿化等；词汇应涉及词的结构类型、词类（虚词）及其基本词汇等；语法应涉及词类、词组、句子成分、句子类型、特殊句型、复句等；汉字应涉及笔画、笔顺、结构类型、独体字、合体字、形声字等；练习应包括语音、汉字、词汇、语法、语篇以及听、说、读、写技能训练等，练习的方式应包括机械性的、交际性的、任务型的、活动型的，等等；场景应包括学习、生活、工作、家庭、购物、交通、参观、旅游、社交，等等；话题应涉及个人、家庭、朋友、交际、职业、工作、生活、社会、国家、人口、环境、历史、文学、艺术，等等；功能应涉及问候、赞扬、祝贺等表情功能，涉及肯定、否定、推测、强调、可能、意愿等表态功能，涉及介绍、更正、请求、询问等表意功能，涉及方位、时间、数量、假设、因果等表事功能，等等[①]；文化应涉及物质、精神、制度、观念、习俗、知识、交际、语言、民族、伦理、道德、宗教、艺术，等等。

所谓系统性，就是按照相关内容自身构成要素（成分、类型、种类等）的内在联系、逻辑顺序、组合规律等全面地、连贯地组织和安排教学内容。上面列举的这些"系统性的内容"只是就综合性教材或者说通用型汉语教材而言的，如果是特殊用途的汉语教材，如商务汉语教材，则应另有一套"系统性的内容"架构，比如要考虑商务汉语词汇、语体语境、交际场景、商务文化、商务话题、商务活动等。无论编写何种教材都要考虑教材内容的系统性问题，即悉心安排好语音、词汇、语法、文字、文化、功能等各自内部构成要素之间的相互关联性和要素之间有组织的整体性，相反，不注重系统性或系统性考虑不周全、落实不到位，都是科学性差的表现。

但是，由于教学阶段和教材目标的不同，由于教材的性质和类型的不同，由于教材自身容量的限制，由于内容构成要素本身重要程度的不同，在教材编写过程中，实际上不可能、也没必要过于讲究各项内容的全面系统。在教材编写过程中必然要进行相

[①] 参见李泉《第二语言教学中的功能及相关问题》，《中国人民大学学报》1997年第6期。

关内容的遴选和取舍，而不必巨细不分，面面俱到。比如，可以根据学习者母语的特点、学习目标、学习时限、学习者的目标语水平等因素，简化语音或语法等的系统性，突出重点和难点的教学。因此，既要考量相关内容的全面系统，又要结合实际优化优选教学内容，也即内容系统性和简约性的统一是教材科学性的又一个本质特征。内容要全面系统，是教材编写的一种理念、一个原则、一项基本要求，而内容尽可能简约，同样也应该是教材编写的一种理念、一个原则、一项基本要求。增强教材的科学性，就是要协调好系统性和简约性之间的关系。

（三）教材的科学性是内容规范性和灵活性的统一

"内容规范"是教材科学性的核心含义之一，亦是科学性的标志性要求。所谓规范，就是"标准"的意思。就常规的汉语教学及其教材编写来讲，内容规范的基本要求应该是：（1）教授现代汉语的标准语普通话，教授规范汉字；（2）词汇、语法、汉字、功能、文化等教学内容的选择应依据相关的教学大纲、水平等级大纲或考试大纲[①]，以保证内容选择的科学性，避免随意性。用标准的普通话编写课文或选择规范的普通话样本作为课文，

[①] 教学大纲如：《高等学校外国留学生汉语教学大纲》（长期进修），北京语言文化大学出版社，2002年；《高等学校外国留学生汉语言专业教学大纲》，北京语言文化大学出版社，2002年。

等级大纲如：《汉语水平等级标准和等级大纲（试行）》，北京语言学院出版社，1988年；《汉语水平词汇与汉字等级大纲》（修订本），经济科学出版社，2001年；《汉语水平等级标准与语法等级大纲》，高等教育出版社，1996年。

考试大纲如：《中国汉语水平考试大纲·初、中等》，现代出版社，1989年；《中国汉语水平考试大纲·高等》，北京语言学院出版社，1995年；《商务汉语考试大纲》，北京大学出版社，2006年。目前，汉语作为外语教学还没有出版权威性的"汉语功能大纲""文化教学大纲"。

依据词汇、语法和汉字等相关大纲来约束教材的编写或教材样本的选用，实现这两条基本要求，教材的科学性便有了基本的保证，做得越好科学性就越强。相反，如果不注意课文语言的规范化，不借助相关的大纲来编写课文，那就不能保证课文语句的规范，不能保证所编教材应编入的相应阶段或相应等级的词汇、语法、汉字、功能和文化项目等数量足够，自然也就难以保证教材的科学性。

"大纲"的根本功能之一就是为教学和教材编写提供科学依据。因此，教材编写，特别是初中级汉语教材的编写或特殊用途汉语教材的编写，必须在相关大纲的指导和约束下进行，以便使教材的科学性有所保证。但是，在充分利用有关大纲的同时，也要注意合理地使用大纲。其一，一部教材或一套教材涵盖相关阶段或相应等级的词汇、语法和汉字等占多大比例为宜，迄今还缺乏应有的研究，也没有一个公认的经验性的指标。但是，已有的教材编写实践体现出一种倾向，以为纳入相关大纲中的词汇、语法和汉字等越多越好，比例越高教材就越科学。这可能是一种误解。不同阶段、不同性质的教材纳入相关大纲中具体要素的比例应该有所区别。初级阶段的基础汉语教材纳入相关要素的比例应该最高，中级、高级相应次之。但是，由于教材容量和难易度的限制，比例"高"也不宜100%，因为既做不到也没必要；由于所编教材阶段性目标和科学性的要求，比例"低"也不宜低于40%。根据我们的教材编写经验，初、中、高综合汉语教材，能纳入有关大纲的词汇的比例分别在80%、70%、60%左右，语法项目的比例分别在70%、60%、50%左右，就已经是相当高的比例了。否则，即使能分别超过这些比例，那么所编教材很可能过难、过于生硬。因此,不是纳入大纲中的相关要素越多越好、比例越高越科学。相反,比例过高、过于超量,反而是不科学的表现,因为没法教没法学。其二,现有的各类大纲,大都是20世纪八九十年代研制的,反映的是二三十年前社会生活和语言生活及其词频字频的统计结果,有些当时的常用词如今已成为低频词或纲外词,如"小八路、走资派、工人阶级、共产主义、无产阶级、资产阶级、革命、粮票、公社、社员、万元户"等,这类词虽为纲中词,但除非特殊需要,一般不应是必教词。而当今社会生活的常用词汇有许多都没有进入大纲或是大纲中的低频词,如"手机、短信、邮件、上网、麦当劳、汉堡包、自助餐、AA 制、出租车、股民、股票、密码、超市、矿泉水、可口可乐"等等,教材编写应吸收这类超纲词。吸纳与现代社会生活密切相关的所谓超纲词,恰是教材科学性的体现。因此,依据各类大纲而又不拘泥于大纲;用大纲来约束教材编写,又要恰当地突破大纲的限制,才可能保证教材科学实用。

总之,内容准确、系统和规范是教材科学性的几个核心要义,在教材设计和编写过程中应始终给予高度重视。但是,由于内容本身在准确性方面的局限,由于学时学制和教材容量的限制,由于各类大纲自身的某些缺憾,因此要处理好内容"准确与模糊""系统与简约""规范与灵活"的关系,这样才可能更好地增强教材的科学性。

三、教材科学性的体现和实施途径

上文对教材科学性基本内涵的概括(内容规范,编排合理)

及其说明，对教材科学性实质问题（准确性与模糊性、系统性与简约性、规范性与灵活性）的讨论，在很大程度上说就是探讨教材科学性的体现和实施途径。如对所谓内容编排合理的阐释，对注释准确和模糊的处理意见，对内容系统与简约的协调策略，对各类大纲的使用建议等，都可以看作是从不同角度、不同程度上探索教材科学性的体现和实施问题。

下面结合教材编写的理论和实践，列举若干与体现和增强教材科学性相关的问题，以进一步探讨保证和提升教材科学性的具体途径。

1. 充分体现汉语作为第二语言教学的性质和特点，是对外汉语教材科学性的根本体现。教材编写者必须始终清楚地认识到，教材是为母语非汉语的学习者编写的，是学汉语和教汉语的工具；学习者掌握语言和文化知识是为了能够很好地运用汉语进行交际，因此教材的根本任务是培养学习者的实际语言交际能力，而不是传授语言和文化知识。教材必须具有可教性和可学性，最基本的要求是要融入所教语言的语音、词汇、语法等语言要素，并且要融入得恰到好处；要编排语言技能训练的方式和程序，并且要可行有效，内容的难易、容量的多寡、体例的编排模式等要适合外语教学，并且要方便教、便于学。如果所编教材第二语言教学的性质和特点体现得不明显不充分，或者从根本上就没有与母语教学的语文教材区别开来，那么无论内容多么准确、形式多么新颖，都谈不上教材的科学性。因此，在教材设计和编写过程中应首先并始终注意体现汉语作为外语或第二语言教学的学科性质和特点，这是对外汉语教材科学性的根本前提、根本体现和根本保证。

2. 突出汉语和汉字的特点及其教学重点和难点，是对外汉语教材科学性的重点体现。无论是双语对比、跨语言对比，还是教学实验教学经验所得，汉语的"把"字句、"使"字句、"连"字句、"比"字句、"被"字句、紧缩句、连动句、补语句等特殊句式，"了""着""过""才""就""也""反而"等常见虚词，以及"个、件、张、头、根、双、群、次、回、顿、阵"等量词的用法，都在相当程度上体现了汉语的特点，历来是教学的重点和外国人学汉语的难点，教材必须对这些内容给予充分体现。而汉字更是除日韩等少数国家以外，世界范围内汉语学习者普遍感到陌生、普遍感到难学的文字。因此，教材编写无论是"语文并进"还是"语文分开"，都要重视汉字教学，都要把汉字作为一个独立的文字系统来规划其教学内容、方式和步骤。概括起来说，对外汉语教材的科学性表现在它对体现汉语特点、汉语教学重点和难点的语言成分的关注，对常规汉语学习所无法回避而又难以顺利突破的瓶颈——汉字的关注。并且，不但给予足够的呈现，而且要呈现得准确、恰当。因此，教材的设计和编写必须在汉语、汉字教学的核心问题上有所作为，进行符合语言规律、学习规律和教学规律的尝试，才能增强教材的科学性；相反，不关心学习者的学习疾苦，抓不住汉语学习的关键问题，教材的科学性不仅不会太强，甚至会大打折扣。

3. 内容本身准确、系统和规范，是对外汉语教材科学性的核心体现。显然，如果教材所传授的知识不准确、相关内容不够完整，课文文本规范性差、所教不是通用语，注释说明不可靠、外文翻译令人费解，练习方式单调效率低下，那么教材的科学性便无从谈起。因此，教材设计和编写应对内容的科学性给予高度重视。

但是，由于内容本身在准确性方面的局限，由于学时学制和教材容量的限制，由于各类大纲自身的某些缺憾，因此必须处理好内容"准确与模糊""系统与简约""规范与灵活"的关系，这样才可能保证和更好地增强教材的科学性。

4. 内容呈现符合汉语规律、汉语学习规律和汉语教学规律，是对外汉语教材科学性的关键体现。教材不仅内容要靠得住，而且呈现方式从宏观到微观各个环节和细节都要符合汉语规律、汉语学习规律和汉语教学规律，这样教材才能好教易学，才有科学性可谈。内容呈现的科学性是个很值得在总结教材编写经验的基础上进一步探讨的问题。我们认为"科学呈现"至少应该包括以下几项要求：（1）由易到难，循序渐进。即由简单到复杂，按照内容的内在联系顺序呈现，逐步呈现。（2）难易适度，难易均匀。即内容难易要适合学习者的语言现状和能力所及，语句、篇章等各项内容的呈现不可过难过易或忽难忽易。（3）内容循环，尽量重现。即学习要点、重点、难点应循环上升、逐次深化，相关内容间隔重现、多语境重现、异语境重现。

5. 处理好教材内容之间的角色地位、数量份额、包容分立、照应协调等相互关系，是对外汉语教材科学性的内涵体现。这些"关系"包括：语言教学与文化教学；知识教学和能力教学；中国文化与外国文化；中国场景与外国场景；汉语教学与汉字教学；具体的语音、词汇、语法和汉字的安排，话题、功能、语境和情景的设计；等等。能够把这些关系处理得恰到好处、和谐统一，便是教材有科学性乃至科学性强的体现。目前，我们在处理上述各种关系方面已经积累了不少实践经验，需要在进一步实践和创新的基础上加强理论提炼和总结，以便增强对外汉语教材的科学性。

6. 加强对语言教学新理论和汉语研究新成果的吸收，是对外汉语教材科学性的直接体现。有新意是教材存在的价值，有特色是教材有生命力的条件。内容老生常谈、四平八稳而没有新意的教材好不到哪去，设计观念不新、知识陈旧而没有时代感的教材也科学不到哪去。有新意有特色，允许创新鼓励创新，是教材科学性应有的内涵。因此，对外汉语教材的设计和编写，应积极吸收国内外第二语言教学界的新理念、新大纲、新教学法理论，尤其要广泛吸收汉语本体和基于教学而进行的汉语语音、词汇、语法、语体、语篇研究的新成果，吸收汉语和汉字教学研究、习得研究的新成果。科学性不仅要求教材设计和编写有章法、合规律，也要求与时俱进，有新观念、新模式、新内容、新素材、新解释、新编排。

7. 加强教材的针对性、实用性和趣味性，是对外汉语教材科学性的间接体现。教材编写的针对性、实用性、趣味性和科学性几项原则，虽各有侧重、各有所指、各有实施途径，却又相互关联、相互制约，一损俱损一荣俱荣，某一个方面做得"好或坏"对其他几个方面都会程度不同地产生"好或坏"的影响[①]。因此，加强针对性、实用性和趣味性的设计和实施，在很大程度上会增强教材的科学性，反之则会减损教材的科学性。例如：学习者想学"环保、臭氧、污染、交通"这些词，你教的是"衬衫、马甲、年糕、咸菜"，就不够有针对性，因而也就不够科学。用口语材料教口语就比用书面语材料教口语更符合语言教学和语言学习规

[①] 参见李泉《论对外汉语教材的趣味性》，载《中国对外汉语教学学会第七次学术讨论会论文选》，人民教育出版社，2002年；李泉《论对外汉语教材的针对性》，《世界汉语教学》2004年第2期。

律，因而更有科学性。在中国使用的教材大谈"中国城"就不够实用不够科学，而在美国使用的教材谈"中国城"就有实用性有科学性。为欧美学习者编写的教材，仅仅把"商店""飞机""餐馆"翻译成英文，就不如既把整个词翻译成英文也把各自的语素翻译成英文，更符合学习者的认知需求因而更加科学。一味介绍中国文化就不如中外文化兼顾更科学。用故事和实例来说明文化内涵就比直接给文化内涵贴个"语言标签"更科学。也就是说，话题、材料、语言、文化、场景、练习、活动等教材的各项内容，越是符合学习者的目标需求，贴近他们的生活实际，适合他们的认知需要，契合他们的趣味和情感，也就越增强了教材的科学性。换言之，针对性、实用性和趣味性做得好、做得到位，也就是在这几个方面定位准确、实施准确。而准确即科学，准确性越高科学性越强。

8. 加强教材科学性的策划，避免"非科学性实施"，是提升教材科学性的必要措施。教材编写者在教材设计之初就应强化科学性意识，确立"教材质量第一，科学性为首"的观念，并为保证和增强教材的科学性进行具体策划。如确定所依据的词汇、语法、汉字、功能等各类"大纲"；在教材编写的各个环节和细节上制定提升科学性的具体措施；研究和制定处理相关问题的原则，如文化取向和解说的原则，等等。同时，更要有意识地避免非科学性实施，如一句话里几个生词，十句话里没有一个生词，偏易偏难或时易时难，重要语言点无重现或重现率不够，注释有误导性，翻译令人费解，练习方式不符合技能训练的需要，语言不规范，文化点解说以偏概全，等等。

四、小结与余言

教材有科学性的基本要求是"内容规范，编排合理"。文章结合汉语教材的编写，具体阐释了"内容"的所指和"规范"的含义，以及"编排合理"的基本要求。内容准确、系统和规范是教材科学性的核心要义，应始终给予高度重视。但是，由于目前对汉语规律和汉语教学规律认识的局限，以及教材容量的限制和教材教学功能的要求，对外汉语教材科学性的实质是内容"准确与模糊""系统与简约""规范与灵活"的统一。如果我们不结合实际情况，一味求准确、求系统、求规范（标准），或者实际做不到，或者可能不必要，或者反而不科学，因此教材编写过程中应恰当地处理好科学性的实质问题。对外汉语教材科学性的体现和实施途径是：学科性质和特点的体现是"科学性的根本体现"；汉语汉字特点和难点的体现是"科学性的重点体现"；内容本身准确、系统和规范是"科学性的核心体现"；内容呈现符合汉语、汉语学习和汉语教学规律是"科学性的关键体现"；处理好内容之间的各种关系是"科学性的内涵体现"；对新理论新成果的吸收是"科学性的直接体现"；对教材针对性、实用性和趣味性的准确实施是"科学性的间接体现"；加强科学性策划，避免非科学性实施，是"科学性的必要体现"。

毫无疑问，教材科学性的含义、表现、评估以及与教材编写其他原则的相互关系等，都还需要进一步思考和研究。需要强调的是，教材的科学性不仅是教材编写和评估的一项原则，也是一种实事求是的态度，既求真也务实。因此，科学性也有个度，不可走过头。比如，对国外汉语教学来讲，教材编写在讲究语言知识的系统性方面，在参照国内制定的各类大纲方面，都应结合所在国的社会文化环境、教育体制和汉语教学的实际需要进行简约化、实用化、当地化处理。教材编写以能更好地吸引住学生、让学习者充分感受到汉语学习的乐趣和信心为上策，为科学性的"崇高实现"。这是教材编写的"科学态度"，也是教材编写的"科学策略"。事实上，编写在中国国内使用的教材也应持有这样一种科学的态度和科学的策略。对于汉语汉字这种"真正的外语教学"来说，尤其应持此态度、执此策略，特别是汉语国际化的现阶段。

第二节　对外汉语教材的实用性[①]

　　随着第二语言教学理论研究和教学实践的不断深入，特别是近些年来功能法、任务法等教学理论和方法在对外汉语教学界的应用，教材的实用性正不断得到加强。在观念上，人们对教材实用性的重要性认识明确，许多教材的书名上就标有"实用"的字样。在实践上，近年来中国大陆编写和出版的对外汉语教材已经很少看到"这是书，那是报""这是桌子，那是椅子"等缺乏实际交际价值的语句。

　　但是，目前我们对实用性这一公认的教材编写和评估的重

[①] 本节选自李泉《论对外汉语教材的实用性》，《语言教学与研究》2007年第3期。

要原则还缺乏研究,迄今尚未见到专门讨论教材实用性问题的文献[①]。从教材编写的实践上看,国外学者对中国大陆20世纪80年代初到90年代末编写的汉语教材,有如下一些意见:"(教材)不够实用,教科书里说的话不像在街上听到的"(黎天睦),"教科书中的对话像审讯中的一问一答,绝非正常人的交谈,纯粹是为了练习语法或功能,完全脱离现实"(佟秉正);"内容单调,缺乏实用性,语法解释让人摸不着头脑"(白乐桑);"学生接触到的汉语毫无生气,脱离实际"(李晓亮);"有的课文不适合成年学习者的需要"(徐家祯)[②]。这些批评意见概括起来说就是教材的实用性不强。国内学者所归纳的教材编写普遍存在的问题中,有许多都可以归结为缺乏实用性的表现,如词汇量大,复现率低;练习种类单调,数量不足;语法注释烦琐,术语过多;外文翻译艰涩难解,形同虚设;文化取向有欠妥之处;教材系统不完善,各阶段教材之间衔接困难;缺少教师用书等[③]。显然,上述对国内教材的批评意见都是有的放矢的。同时,我们也要看到,观念上重视教材的实用性不等于理论上认识明确,更不等于实践中体现得充分。现有许多教材从课文、注释到练习都不同程度地存在着缺乏实用性的现象。因此,从理论和实践上探讨和总结教材的实用性,对丰富教材编写理论、提高教材编写质量应该是有益的。本节讨论教材的实用性及其基本要求、教材实用性问

---

① 在我们收集到的有关对外汉语教材编写和研究的350余篇文献中,没有一篇是专门探讨教材实用性的(参见李泉《对外汉语教学理论思考》附录,教育科学出版社,2005年)。

② 参见李泉《近20年对外汉语教材编写和研究的基本情况述评》,《语言文字应用》2002年第3期。

③ 参见赵金铭《论对外汉语教材评估》,《语言教学与研究》1998年第3期。

题的实质和现有教材实用性不强成因分析及对策。

一、教材的实用性及其基本要求

什么是教材的实用性,目前还没有一个公认的说法。有关的说明是:"实用指的是内容应是学生所需要的,也就是强调语言的交际功能"①;"实用性包括教学内容的实用性和教学方法的实用性。教学内容必须是学生所需要的、常用的,教学方法要便于教师在课堂上使用"②。词典的解释是:实用指"有实际使用价值的",实用性指"有实际应用价值的性质"③。根据前人的研究和词典的解释,结合教学和教材编写实践及我们现有的认识,我们把对外汉语教材的实用性概括为:教材的内容符合学习者的目标需求,教材的编排有利于教师的教和学习者的学。简言之,实用性就是教材的内容对学习者有用,教材的编排好教易学④。这是因为,通常情况下,每一个外语学习者都有明确的学习目的,并且都希望在最短的时间内实现自己的外语学习目标。因此,所

---

① 参见鲁健骥《基础汉语教学的一次新的尝试——教学实验报告》,《语言教学与研究》1983 年第 4 期。
② 参见吕必松《对外汉语教学概论(讲义)(续五)》,《世界汉语教学》1993 年第 3 期。
③ 分别见《现代汉语词典》,商务印书馆,1996 年,第 1146 页;《现代汉语规范词典》,外语教学与研究出版社、语文出版社,2004 年,第 1184 页。
④ 实际上,这里的概括更接近于说明教材的"实用"含义,实用性应该是"教材的内容符合学习者的目标需求"和"教材的编排有利于教师的教和学习者的学"的程度。也就是说,实用性就是"教材的内容对学习者有用"和"教材的编排好教易学"的程度,也就是具有实用价值的程度,但是,考虑到习惯上的理解,我们这里不将"实用"和"实用性"做严格的区分。

谓实用性强，就是要求教材在满足学习者目标需求和效率需求方面能发挥最大的效用。所谓对学习者有用，是指教材能够最大限度地满足学习者实现他们在外语学习的目标和效率方面的功利之用。所谓好教易学，是指教材内容的编排和语言知识的说明等符合所教语言的语言规律，符合学习者的学习心理，符合外语教材的编写原则。

进一步来说，教材实用性的基本要求包括：第一，所编写或所选择的教材内容要让学习者明显地感到"学了有用"。第二，所编写或所选择的教材要有较强的课堂教学的可操作性，让教师感到便于进行语言知识的传授和交际技能的训练，让学习者感到学起来方便容易。第三，不仅课文的编写或采样、词汇和语法等语言要素的筛选要以"实用价值"的大小和强弱为依据，也表现在对课文场景的安排、话题范围的确定、练习题型的选择乃至注释说明等，都要采取"实用主义"，都要有具体的目标和实际效用[①]。第四，内容编排要遵循由易到难、急用先学、注重语法现象的内在联系和难易度区分、注重语汇和语法现象的重现等第二语言教材编写的基本规则，这样才可能保证教材好教、好学。好教好学的教材未必就是实用性强的教材，但是，实用性强的教材必定好教好学。

二、教材实用性问题的理论探讨

1. 从教材编写的理论和实践来看，教材的实用性实质上是一

---

① 参见李泉《第二语言教材编写的通用原则》，载中国应用语言学会编《第三届全国语言文字应用学术研讨会论文集》，香港科技联合出版社，2004年。

个实用程度的问题。这是因为，理论上说，实用是一个相对的概念，从实用到不实用是一个连续体，中间并没有一个绝对的界线。我们很难说哪一本教材绝对不实用，哪一本教材绝对实用。因此，实用性是个对谁来说的问题，是个实用程度强弱的问题。就某一教学对象群体来说，使用任何一部教材都不可能"颗粒不收"，差别在于，实用性强的教材，学习者感到解渴，实际收获大；教师教起来方便，教学效率高。相反则不然。教材的这一特性，要求在教材编写时应最大限度地发挥教材在帮助学习者实现外语学习目标过程中的实际价值。

2. 从教材编写的观念和做法上看，教材的实用性实质上是一个优选优化的问题。这是因为，在观念上，没有一个教材编者愿意承认自己所编的教材缺乏实用性。相反，可能有意无意地认为自己所编的教材很实用，所选的篇目对学习者学习语言和文化是有用的。例如，近年编写的某高级汉语教材的一篇课文里就出现了诸如"敌我矛盾、人民内部矛盾、地下工作者、敌占区、解放区、走资派"等许多政治语汇，有人认为这样一些语汇以及相关的课文实用性不是很强，可是，教材的编者显然不这样看，不然就不会编选这样的课文，而且还对有关词语进行了认真的注释。从学习者的角度看，即使是有相同相近的学习目标，他们对同一本教材、同一篇课文乃至同一个词的实用与否及其程度的看法也会有各种各样的差别。有人认为学习中国人那些烦琐的亲属称谓根本就没有用，对他来说可能是"千年用一回"，可是也有学生会觉得"很有意思"，对了解中国人的亲属关系"有用"。可见，无论是教材的编写者、研究者，还是教材的使用者教师和学生，对教材实用性的看法往往因人而异，甚至大不相同。因此，教材编写过程中，实用性的实施应该是一个优选、优化的过程，是一个求大同舍小异的过程，即综合考虑各种因素，以绝大多数教学对象的需求和意愿为基准，进行优化设计和定位，优化筛选和取舍。值得注意的是，教材的实用性，是对学习者而言的，不是对教师而言的，这似乎是不成问题的问题。但在教材编写实践中，往往以教师的实用观代替学习者的实用观，这是造成教材实用性差的一个重要因素。事实上，教师认为是实用的未必对学习者就是实用的。另一方面，学习者觉得"好玩"的未必对他们就真的是有用的。教材的实用性归根结底还是对学习者而言的，因此要从学习者的角度来确定是否实用。当然，学习者的需求和观念也要加以区别对待，不能以个别学习者的好恶和需求来确定内容的走向，这也正是教材编写要进行优选优化的一个理据。

3. 从教材评估和鉴定的角度看，教材实用与否实质上是一个使用什么样的评价标准的问题。比如，有人觉得鲁迅的名篇《一件小事》和《孔乙己》不适合编入对外汉语教材，这两篇小说的历史背景与当代中国社会相距较远，其中的一些语汇和表达方式不符合现代汉语的规范，学生学了没有实际使用价值。但是，也有人觉得这两篇小说作为中高级汉语教材是合适的，其中的历史文化因素含量较高，有"讲头"，有利于学生了解和欣赏中国现代文学名家名篇。这两种不同的观点，反映出的是评价的标准不同。不赞成选入对外汉语教材的，主要基于语言和历史文化知识的掌握是否有实际用途，教材内容是否有利于课堂上进行技能训练；赞成选入对外汉语教材的，主要基于了解历史文化和欣赏名家名篇的需要。两种观点虽然截然不同，但都可以说是基于对学生是否有用。我们认为，这里的关键是要看学习者的学习目标是什么，也就是教材的教学目标定位如何。如果学习者的学习目标是为了尽快掌握现代汉语，并以此为工具去从事有关的工作，那么《一件小事》这样的作品作为汉语教材来讲，其实用性就很不强，不宜选入教材；如果是为学习中国文学专业的汉语学习者编一本中国现代文学阅读（或赏析）教材，那么《一件小事》这样的作品是"有用"的，是可以考虑入选的。所以，实用与否主要看教材的目标是什么，或者说学习者的需求是什么。就常规的语言教学和教材编写来看，评价教材实用性的标准就是看教材的编写是否有利于实现教学对象的学习目标以及在多大程度上有利于教学目标的实现。

4. 从跨文化教学的角度看，教材的实用性本质上还有一个教外国学生什么样的目的语语体，说什么样的目的语的问题。对此，我们主张应该教适合外国人"身份"的汉语，特别是口语。用目的语进行交际是一种跨文化的交际活动，这种交际以保持适度的心理距离和言语交际距离为宜，既不宜"过近"——说些熟人之间的话语，如在一本中级汉语教材中，一位美国学生对她的中国朋友说"你像大姐一样关心我，帮助我，我真不知道怎么感谢才好"，再如"哥们儿，太感谢你了！""没的说！""那感情好了！""小子咳，咱们走着瞧！""可不嘛！""说得是""就这么着"等等，也不宜"过远"——说些一般情况下不大常用的话语，如"哪里，哪里，不敢当！""小赵：俗话说，'送君千里，终有一别'，同学们，再见了。罗兰：中国还有一句话，'青山不老，绿水长流'，后会有期。"又如"有何贵干？""久仰，久仰"，等等。如果汉语学习者说出这样一些"过近"和"过远"的话语，会让人产生"过俗"或"过酸"的感觉。例如，一次我的同事表扬一位短期班学生:"你进步很快,汉语说得很好。"那位日本男生闭上眼睛沉思几秒钟后,拿腔拿调地回答说:"哪儿的话啊,瞧你说的!"① 听后让人感觉很别扭。如果他用"谢谢老师,我还应该更努力"之类的答话就非常得体。

这些所谓"近话"或"远话",实在说都是地道的中国话,但是否都可以进入对外汉语教材,对学生来说是否实用是很值得探讨的。中国人说这类话语能用得恰到好处,他们知道在什么场合对什么人讲,而学汉语的外国人由于对这类话语的语感并不一定把握得很好,往往用起来很不得体。事实上,就是语调语体恰当也未必合适,因为中国人还是会把他当作外国人看待的,过于"套近乎",过于"中国腔",并不一定合适。我曾先后遇到过几个来自日本和西方的男女生,他们拿着地道的京腔跟我讲着流利而含混不清的北京话时(事实上他们完全可以说得很清楚,他们是在有意卷着舌头模仿老北京话),我感到特别不舒服,甚至有些反感。如果我的这种感觉有一定的代表性,那就说明在跨文化交际的过程中,目的语一方的交际者对使用这种语言的外国人是有心理距离和言语距离要求的,即要求外国人保持外国人的身份,说适合他们说的目的语,尤其不宜过于"亲近",过于模仿一些"皮毛",过于"拿腔拿调"。而他们说错了,说得不地道,说得不得体,说得不礼貌,反而能让人理解和谅解,因为他们是外国人。这种过于地道反而不能让人接受,不地道反而可以接受的现象,可能就是跨文化交际的特殊性所在。

因此,课文语言的实用性和真实性,并不一定是让外国人说

---

① 事后我们了解得知,这位同学做沉思状是在回想课文里的这句答话。

上述所谓"近话"和"远话"（或可说成俗言和雅言），而是让外国人说符合外国人身份和文化背景的中国话。现行的某些教材存在着"硬让外国人说些不该他说的中国话"（因为编进了教材，并且认真地、反复地教）的做法，并不一定是教材实用性和真实性的表现。从跨文化交际的角度来看，也许正相反。如上面例子中"你像大姐一样关心我，帮助我，我真不知道怎么感谢才好"，在我们看来就属于"硬让外国人说不该他说的中国话"，听起来让人"发酸"，甚至有些"幼稚"的味道。事实上，不仅西方学生不大会说出这样的"酸话"，日韩等东方学生也不一定习惯这种表达方式。果如此，那么教学生说这样的中国话实在没有什么实用价值。

三、教材实用性不强成因分析及对策

根据我们的教学实践和对现有教材的考察，我们认为，教材实用性不强表现在教材设计和编写的各个方面。下面我们就造成教材实用性不强的几个主要原因试做分析，并提出相应的改进意见。

1. 整部教材设计和编写没有体现或没有充分体现出第二语言教学的性质和特点，这是造成教材实用性不强的根源。这是少数教材迄今仍程度不同地存在的问题。毫无疑问，体现教材的实用性，最首要的条件是教材的设计和编写要充分体现第二语言教学的性质、特点和教学目的。就是说，教材语言知识（包括汉字）的选择和编排要有利于培养和提高学习者的目的语交际能力。这是一个不难理解但又往往被忽略的根本性问题，偏离了这一基本要求，教材的实用性自然不会很强。例如，近年编写的一部《中级汉语写作课本》（初稿）在不同的章节中对各种文体及书写格式分别进行说明，并附以范文。

  明信片是专门用于通信的一种卡片，通常的尺寸为，长145cm，宽100cm。据说，这种通信卡片起源于奥地利，19世纪70年代以后逐渐成为通行于世界各国的通信方式。用明信片写信，收、寄信人的地址和书信内容都写在卡片表面上，不必另外使用信封，所以它是一种公开书信。（第十一课）

  日记顾名思义就是自己每天生活的记录。

  也有人说日记是自己写给自己的书信，这种说法也不是没有道理的，因为日记的确是写给自己看的，写日记的目的是为了积累生活经验，帮助自己记住那些有意义的、值得永远牢记的事情。如果说书信是人与人之间真心实意的交流，那么日记的确可以说就是自己与自己的心灵交流。日记到底应该记录一些什么内容呢？我们说，凡是在一天中所做的和所遇到的、见到的、听到的、感受到的都可以写在日记里……（第十五课）

  仔细想想，这些内容对学习者来说有什么实际意义呢？对写作能力的提高又有多大帮助呢？退一步讲，有几个留学生没用过明信片呢？有谁不知道"用明信片写信，收、寄信人的地址和书信内容都写在卡片表面上，不必另外使用信封"？又有谁不知道日记是写些什么东西的呢？而练习中"证明信有几种？区别是什么？""明信片与一般书信的区别是什么？"之类的问题又有什么实用价值呢？能区分出证明信有几种吗？区分出来又有什么意义呢？这样的写作教材到底是教写作知识，还是培养写作技能？教这样的知识有什么实用价值呢？

　　一部教材无论是总体设计上还是局部细节上，如果不符合第二语言教学的路子，不能很好地培养学习者目的语交际能力，那么用之于教学就不可能实用。因此，实现和增强教材的实用性，要求教材设计和编写首先要体现外语教学的性质和特点，体现外语教学与母语教学的根本不同，否则不仅谈不上实用性，甚至能不能用都可能成问题。

　　2. 缺乏对学习者的需求分析，因而造成教材的目标定位不明确，甚至根本没有目标定位。由于教材的使用对象不够明确，或者说教学对象群体过于宽泛，国别针对性不强，特色不够突显，使得教材针对性不强，而针对性不强的教材其实用性自然也就大打折扣。这是许多现有教材不同程度存在的通病。因此，保证教材的实用性，最基本的途径是，编写教材前要认真进行需求分析，并据此进行教材目标的定位和整体设计。教材的内容跟学习者的学习目标越一致，其实用性就越强；偏离学习者的目标就缺乏实用性。偏离得越远，实用性就越差。所谓需求分析，就是了解学习者学习外语的目的、现有的外语水平、预期达到的水平、学习时限、学习方式以及学习者的年龄、母语背景、文化程度、对教材内容的选择倾向等信息。一方面，通过问卷调查、访谈、测试、观察记录等手段来获得学习者的有关信息；另一方面，根据编教者和教师的教学经验来获得学习者对教材实用性的各种要求。在综合分析所获得的相关信息的基础上，确定教学对象的群体范围、明确教材的教学目标、设定教材的容量和教学时限、优选最有利于实现教学目标的教学内容，并以此为基础进行教材设计。如此，则教材的实用性可以在相当的程度上得到保证。

3. 编教者的实用性意识不强，在教材设计和编写时缺乏实用性的考虑和安排，或者教材编写者自以为所编写或选择的内容是实用的，其实并不符合学习者的需求。因此，增强教材的实用性，最根本的要求是，教材设计和编写的每一个环节都要设身处地考量对学习者是否真正有实用价值，是否符合他们这个阶段乃至未来的真正需要。具体而言，要求教材设计和编写过程中充分考虑到教材的实际应用价值，课文内容的取向、词汇语法的选择、练习的内容和方式，情景设置和功能项目的安排等都要有利于满足学习者当前学习和生活的实际需要，有利于满足学习者未来对目的语使用目的和方式的需要[①]。

4. 教材编写过程中实用性措施不到位或措施错位。也就是说，编者在教材设计中注意到了实用性问题，但是在实施过程中或者没有采取相应的保证教材实用性的措施，或者相关的措施并没有得到很好的落实乃至错位。表现为：课文语言过于四平八稳，缺乏生活真实感，或有"幼稚化"和"教科书语言"的倾向；语料准备和筛选不充分；汉字、词汇和重要语言现象重现率低；课文语言"过俗"或"过雅"，不适合学习者当前学习、生活和未来对目的语的使用；练习题型单调、质量差、题量小；语境和场景不够明确；缺乏必要的对比分析，重点和难点不够突出；课文主要用于包容和诠释语法点，导致语言生硬枯燥，缺乏实际交际价值；过于注重语法的系统性，重点不够突出；语法解说没有针对性，

[①] 参见李泉《第二语言教材编写的通用原则》，载中国应用语言学会编《第三届全国语言文字应用学术研讨会论文集》，香港科技联合出版社，2004年。

其解说虽无错误，可也没有什么实际用途，等等。这些问题都是导致教材实用性差的重要原因。因此，我们不仅要在观念上重视教材的实用性，在理论上加强实用性的研究，还要注重在教材设计过程中明确各个方面和各个环节上所要采取的实用性措施，更重要的是在教材编写过程中要真正落实这些措施。需要强调的是，许多情况下并不是没有实用性的考虑和设计，而往往是实施不到位或实施错位。前者是指我们自以为所选择的内容、所做出的解释等对学习者是有用的，但实际上并非如此，学习者现在学的不是他现在想要的，对他今后进一步的学习也没有直接的、现实的用途；后者是指教材编写者编写或选择的内容以及做出的说明等并不符合学习者的目标需求，比如，大量选择书面语材料和表达方式来编写口语教材，对想学口语的学习者就是不实用的。因此，教材实用性的落实是关键，而关键的关键又是落实准确、体现充分。

5. 选文内容过于陈旧，缺乏时代气息，或由于过于强调中国传统文化的介绍，对当代中国社会实际状况反映不够。结果使课文过长，生词过多，词汇过于"陈旧"；所编教材难以体现由易到难、循序渐进的编写原则，等等。例如，在一本《高级汉语》里有一课是《临街的窗口》，内容是讲女主人公和丈夫没有经过恋爱，认识不到一个星期就结婚了，因为男方有援外任务，想在去赞比亚之前解决"个人问题"。这个故事是真实的，在20世纪70年代的中国有一定的代表性。但是，这样的内容选入对外汉语教材就未必合适，因为它不仅不能反映当代中国社会婚姻状况的实际，很可能还会使学习者对当代中国社会产生误解。课后的练习题还问道："从'我'身上你看到了中国人什么样的爱情婚姻观？"不知编者想让学生做何种回答，但不论是何种回答都不能反映当代中国社会家庭和婚姻的实际状况。可见，这样的课文不仅缺乏时代气息，对学习者了解中国社会婚姻状况也不够实用。

又如，一些中高级阶段的教材，编者选来选去，有意无意还是对半个多世纪以前的名家名篇情有独钟、难以割舍。而事实上，许多名家名篇所依托的历史和文化背景离现代社会，特别是离学汉语的外国人实在有些遥远，课堂上费时费力学到的一些词汇和语言现象，对绝大多数学习者来说"学则学矣"却"难得一用"；而在这样的课文里，学习者急于想学的——对于他们当前和将来有实际用途的词汇和语言现象——则是"难得一见"，甚至"千年等一回"（李泉，2004）。因此，中高级教材的内容要尽量避免有意无意地走向"文化化""文学化"或"历史化"的编选套路。

6. 教材整体设计和细节打磨不够，从而造成教材实用性不强。例如，整体设计上，有的初级汉语教材语法点越编越多，可谓巨细无遗，而不考虑是否都符合学习者的实际需求；或者过于简单，语法和注释成了可有可无的点缀。细节打磨不够的，如两年前出版的某初级汉语课本，第四十课六句对话中的第三句是"我房间飞进来一只小鸟"。从实用性的角度来看，"飞进来一只小鸟"不如改为"飞进来一只蚊子（或苍蝇）"更实用，也更真实。再如有本中级汉语教材在专名解释中把"多伦多"注上了汉语拼音，并解释为"加拿大一城市名"。如果这个词确实需要解释，那么同时给出多伦多的英文名字 Toronto，比之于仅仅给出中文解释，不是更必要、更实用吗？现行许多教材，诸如此类需要打磨的细节实在不少。显然，细节不够真实和实用，就会影响整部教材的实用性。因此，不仅应加强教材整体设计的实用性考量，更要注重课文语言、注释、练习等的细节打磨，以增强和提升教材的实用性。

此外，诸如短期强化、长期进修和专业学习教材区分不明显，缺乏学习者母语和目的语语言文化的对比，缺乏语言理论、语言习得理论和教学理论、教学经验的支持，缺乏教材编写大纲的指导或大纲内容陈旧等，都是造成教材实用性不强的原因。

四、余论

增强教材的实用性，还应该明确和树立如下几个观念。其一，教材实用性的实施是一个系统性的工作，涉及教材编写的方方面面，因此，从各个方面都可以提升和增强教材的实用性，如教材的体例设计、课文的编写和选样、例句的选择和编排、练习题型模式，等等。此外，加强教材的针对性、科学性和趣味性的设计和落实，无疑能够增强教材的实用性。其二，教材的实用性是可以创造和增强的，但实用性是一个相对的概念，是一个实用程度强弱的问题，是一个对多大范围的群体实用的问题。这是在教材设计和编写过程中要权衡考虑的问题。其三，实用性在实施上是一个优化优选的过程，评估上是采用什么标准的问题，定位上是看教材的内容是否符合外国人跨文化交际的真正需要。这些问题认识明确，措施得力，对教材实用性的设计、实施和提升将有着重要的指导意义。

避免教材实用性差，应摒弃造成教材实用性差的各种做法，如上文分析教材实用性不强提到的各方面的问题，并采取相应的改进措施。需要强调的是，初、中、高各级教材都要避免或减少"硬让学习者学习"中国人一般情况下不大使用或多数中国人根本就不使用的语言。例如,教初级汉语学习者说"哪里,哪里,不敢当!"就是不实用的体现。因为他们费时费力学了这样的话语套子,其实并没有多少机会使用,多数情况下学则学矣,但不得而用;而当他们真正使用这样的话语自谦的时候,中国人可能会觉得"不太舒服"。事实上,我们有没有必要教外国人学习使用这类自谦的说法,是一个很值得讨论的问题。我所知道的外国人,对待称赞都是以感谢的方式回应对方,现在的中国人(包括各种媒体)也越来越如此,那么我们为什么还去正儿八经地教学生这样的话语方式呢?即使确有必要教,也要全面地反映当代中国社会实际已经存在着"谦虚"和"感谢"两种回应称赞的话语方式,而不能简单地解释为:中国人在回答对方称赞时,要说"哪里,哪里,不敢当!""哪里,哪里,您过奖了!"以表示谦虚。

第三节　对外汉语教材的趣味性[①]

对外汉语教学界对教材趣味性问题一直非常关注。专门探讨趣味性的文章,近年来也时有所见[②]。不过,对趣味性及相关问

[①] 本节选自刘颂浩《关于对外汉语教材趣味性的几点认识》,《语言教学与研究》2008年第5期。

[②] 如李泉《论对外汉语教材的趣味性》,载《中国对外汉语教学学会第七次学术讨论会论文选》,人民教育出版社,2002年;刘颂浩《论阅读教材的趣味性》,《语言教学与研究》2000年第3期;刘颂浩《我们的汉语教材为什么缺乏趣味性》,载《〈乘风汉语〉教学设计与研究》,世界图书出版公司北京公司,2005年;孟国《趣味性原则在对外汉语教学中的作用和地位》,《语言教学与研究》2005年第6期。

题还有很不相同的认识。我们打算就趣味性的类别、特点及趣味性与其他原则的关系发表一点个人的看法,以就教于各位读者和专家。需要说明的是,语言教学中,趣味性表现在很多方面,这里只讨论跟语言教材有关的趣味性。

一、过程趣味性和产品趣味性

趣味性不是一个层次单一的概念。不过,关于趣味性的内部结构,尚无人进行全面论述。我们对趣味性的分类如图 2-1:

```
                            ┌ 印刷趣味性
              ┌ 产品趣味性 ┤              ┌ 课文趣味性
              │             └ 语言趣味性 ┤
语言教材趣味性┤                            └ 非课文趣味性
              │             ┌ 现实化趣味性
              └ 过程趣味性 ┤              ┌ 预设趣味性
                            └ 创造性趣味性┤
                                          └ 即时趣味性
```

图 2-1

我们把跟语言教材有关的趣味性分为"产品趣味性"和"过程趣味性"两种。产品趣味性是教材本身含有的趣味性,过程趣味性是教材在使用过程中呈现出的趣味性。产品趣味性中,有的和语言有关,称为"语言趣味性";有的和用纸、装帧、版面、插图等因素有关,称为"印刷趣味性"。语言趣味性分为"课文趣味性"和"非课文趣味性"两类。"课文趣味性"是我们讨论的重点。教材中的非课文因素包括词汇表、语法或文化注释、练习、翻译等。儿童语言教材在呈现词汇时,常常使用很多图片,以增加形象性和趣味性。成人语言教材很少这样做,除非是一些比较特别的词汇（比如"饺子、花轿"等）。教材中的翻译一般也没有趣味性问题。语法注释的趣味性表现在两个方面：一方面可以与学习者的母语联系起来，不同语言之间的对比有时会让人耳目一新；另一方面在选择例句时尽量增强趣味性。与语法注释相比，文化注释的趣味性更容易体现出来。学生常常对目的语文化表现出浓厚的兴趣，呈现目的语文化时，又很容易找到图片。精美的图片和文化内容相结合，使得文化注释往往成为语言教材中最吸引学生眼球的地方，无怪乎很多编者都把文化注释当作增强教材趣味性的突破口。练习当中的趣味性体现在两个方面：一方面，可以设立与教学内容相关并且学生感兴趣的课堂活动或者游戏；另一方面，练习趣味性也可以通过例句的选择体现出来。不过，单独对练习趣味性进行研究的文章还很少。这是一个很重要的研究领域，值得关注。

  过程趣味性可以是产品趣味性的现实化，即"现实化趣味性"。不言而喻，要将教材中含有的趣味性现实化，教师需要首先认可教材中的趣味点。教师的理解与教材编者一致的情况，应该是常见的现象。不过，在趣味性问题上存在着众口难调的现象。编者认为有趣的地方，教师可能并不认可。反过来，教师认为有趣的地方，也可能是编者始料未及的。这样，同一本教材，在不同教师手里，有可能表现出不同的趣味性。我们认为，教师只要能够借助教材提供的元素上出生动活泼的课，这就是成功。是不是与编者原来的意图一致，反而并不重要。过程趣味性也可能是教师对教材进行创造性运用的结果，即"创造性趣味性"。这有两种情况：第一，教师在备课时考虑到了学生的个体差异和具体情况，对课堂教学的细节（活动安排、所提问题、分组情况等）进行了有针对性的设计,并且在设计时考虑到了趣味性问题。这种情况下出现的趣味性,可称为"预设趣味性",类似于教材编写中出现的产品趣味性。只不过在课堂教学当中,教师对学习者的需求了解得更彻底,因此,设计出的趣味性针对性更强,效果更明显。设计这种趣味性所遵循的原则,是不是与设计产品趣味性需要遵循的原则一致,还需要进行研究。第二,教师根据课堂环境中临时出现的情况,灵机一动,对问题进行幽默处理,从而产生"即时趣味性"。陈满华提到了"即兴幽默"和"借错幽默"①,是同样的意思。总之,过程趣味性是在课堂教学过程中出现的,但是和教材也有一定的联系。

对趣味性的内部结构进行详细描述,具有重要的理论意义。

第一,教材编写和教材使用是两个问题。研究二者及其关系,是为了帮助教师更好地使用教材,帮助编者编出更好的教材,而不是厚此薄彼,或者抑此扬彼。教材本身具有趣味性,使用过程中也能产生趣味性,两种趣味性都是不可缺少的。在这方面,常见的是强调过程趣味性,轻视甚至否认产品趣味性。孟国曾指出:"趣味性主要体现在教师身上,或者说体现在教学过程中。所以我们很难说这本教材有趣味性或那个课型没有趣味性。这样看来,教材的趣味性原则并不像我们想象的那么重要,重要的是教师的主观能动性,即教师的知识水平、素质修养、教学方法、教学艺术、教学态度、敬业精神、性格禀性等,如果教师能把这些方面的良好状态成功地体现在教学过程中,必定会深深地吸引每一个学生,

---

① 参见陈满华《小议初级班教学的幽默语言策略》,《世界汉语教学》1995年第2期。

教学过程自然充满趣味性。"（孟国，2005）

如果这段话旨在强调教师的作用，本人完全赞同，但如果因此得出"很难说这本教材有趣味性或那个课型没有趣味性"的结论，就走向了极端。课型的问题跟本研究无关，暂不讨论。就教材而言，有没有趣味性，应该有客观的标准，正如一盘菜好不好吃有一定的标准一样。吃菜的时候，有人会巧妙地加上一些调料，让不怎么好吃的菜变得好吃起来。但是，也许没有人愿意相信，饭菜好吃与否，关键不在于厨师的技艺和饭菜本身，而在于吃的过程或者食客添加调料的手段。

第二，在教材编写研究中，重点是产品趣味性；在课堂教学研究中，重点是过程趣味性。

第三，语言教师的研究重点是语言趣味性，编辑的研究重点是印刷趣味性。语言教师当然可以就印刷问题提出自己的看法，甚至可以去研究它。但是，把这一工作交给专业编辑，并不意味着语言教师失职。正因为如此，我们下文也只讨论语言趣味性，特别是其中的课文趣味性。

第四，在趣味性方面，教师培训的最低要求是能够使产品趣味性现实化，最高要求是能够灵活地创造出符合语境的趣味性。

二、*趣味性的特点*

综观已有的关于教材趣味性的研究，我们发现，趣味性在以下三个方面还有进一步讨论和阐述的必要。

（一）趣味性和实用性

我们知道，第二语言学习是非常枯燥的，有趣的教材具有保护学习积极性、激发学习动机的作用。动机有很多种分类，常见的是分为外在动机和内在动机两种。外在动机是为了躲避惩罚或者获得奖赏，内在动机是为了从活动中获得乐趣。内在动机对学习的影响更为深远。趣味性之所以重要，是因为有趣的教材能够激发学习者的内在动机。内在动机和外在动机的区别在讨论趣味性问题时经常被忽略。比如，赵贤州认为，"语言材料的实用价值是教材趣味性的重要因素"[①]，刘珣的看法与此相同："教材的趣味性与教材的实用性、交际性紧密相关。尤其是在初级阶段，要紧密结合学生的生活与交际，使教材的内容正是学习者所需要的。需要的东西自然愿意学，课上学的东西课后马上就能在交际中运用，就会觉得有兴趣。反之，学习者认为没有用、不需要的东西，就不可能产生兴趣。"[②]

我们认为，这是把外在动机和趣味性搞混了。实用性引发的是外在动机，外在动机也有促进学习的作用，但并不等于内在动机，也不同于趣味性。举例来说，很多人上班需要坐公共汽车，因此，"坐公共汽车"具有无可否认的实用性。但是，有多少人对坐公共汽车感兴趣呢？再如，英语是中学生必须要学的科目，高考也要考英语，因此，"学习英语"无疑具有实用性。但是，有多少中学生对学习英语感兴趣呢？我们不能不坐公共汽车，中

[①] 参见赵贤州（执笔）《建国以来对外汉语教材研究报告》，载《第二届国际汉语教学讨论会论文选》，北京语言学院出版社，1988年。

[②] 参见刘珣《对外汉语教育学引论》，北京语言文化大学出版社，2000年，第316页。

学生不能不学英语,但是,这和兴趣无关。因此,实用性带来的,是外在动机。实用性如果能够带来趣味性,也是一种巧合,并没有必然性。

(二)趣味性和内容

就课文趣味性而言,它和内容有关,也和语言形式有关,是内容和形式综合作用的结果。明确认识到这一点,对于正确理解趣味性在教材编写中的地位具有重要的意义。在对外汉语教学研究中,经常有学者[①]对教材选择笑话、故事的做法提出批评,认为这些语料中的道理尽人皆知,没有什么启发性,选择这些语料低估了学习者的智力。这一批评之所以有问题,是因为它仅仅从内容的角度(道理尽人皆知)考虑问题,而没有意识到,趣味性是内容和形式的综合效果。在讨论这个问题时,我们经常举下面的例子:

(1)星期六下午,妻子对丈夫说:"我要去商店买东西,你照看一下孩子吧。"丈夫是一个有名的统计学家,从来没有照看过孩子,他很不愿意。两人争论了一会儿,统计学家勉强答应了。他们一共有4个孩子,大的5岁,小的只有2岁。当妻子从外面买完东西回来时,统计学家交给妻子一张纸条,上面写道:"擦眼泪11次;系鞋带15次;给每个孩子吹玩具气球各5次,每个气球的平均寿命10秒钟;警告孩子不

[①] 如赵贤州(执笔)《建国以来对外汉语教材研究报告》,载《第二届国际汉语教学讨论会论文选》,北京语言学院出版社,1988年;刘珣《新一代对外汉语教材的展望》,《世界汉语教学》1994年第1期;徐家祯《从海外使用者的角度评论大陆编写的初级汉语课本》,载《第五届国际汉语教学讨论会论文选》,北京大学出版社,1997年。

要过马路 26 次，孩子坚持一定要过马路 26 次；我想再过这样的星期天 0 次。"

据刘颂浩（2000），在涉及具体课文的两个调查中，例（1）都是最受欢迎的文章之一。这个故事描述的是职业对行为举止的影响，这不是什么高深的道理。学生爱读，足以说明：道理人人皆知，并不意味着故事一定不受欢迎。因此，问题还在于故事的表现方法和语言是否精巧神妙。如果去掉上述引文中的那些数字，把最后一句变为"我再也不想过这样的星期天了"，整个故事一下子就会变得索然寡味。另一方面，看孩子是生活中常见的现象，不需要对其细节进行精确的统计。正是在这样的背景下，我们才会觉得统计学家可笑、可爱。如果在其他领域（如商业活动、学术报告）这样运用数字，也许毫无幽默可言。总之，趣味性既和语言形式有关，又和内容有关，是形式和内容在课文中的统一。

（三）趣味性和语言风格

从本质上看，诙谐幽默可视为一种语言风格，"行文诙谐""风格幽默"是经常看到的评论。既然如此，也就意味着，并非所有的文本都具有趣味性。例（2）中，与"33 岁"相比，"23 岁零 120 个月"固然能够幽默地表现出女人对青春时光的珍惜和岁月易逝的无奈，但例（3）中的"降水概率 10%"却不可能改为"降水概率比男人生孩子的概率高一点点"以示诙谐。在"天气预报"这一领域，需要的是"实话实说"，完全不用考虑是否幽默的问题。

（2）法官问女证人："你的年龄？"女证人回答："23 岁零几个月。"法官追问："到底是零几个月？"女证人无可奈何地说："120个月。"

　　（3）今天白天，晴间多云，降水概率10%，北转南风二三级，最高气温24摄氏度。今天夜间，晴，降水概率零。南转北风一二级，最低气温9摄氏度。

　　总起来看，趣味性可视为一种语言风格。趣味效果的形成，既和内容有关，也和表达形式有关，是形式和内容互相作用的结果。趣味性强的教材能够引发内在动机，在语言学习中具有重要的作用。实用性引发的是外在动机，和趣味性没有必然的联系。

三、趣味性和其他原则的关系

　　在谈论趣味性和其他原则的关系时，首先遇到的问题是：趣味性是不是一个独立的原则？前面提到，有不少研究者认为，趣味性和实用性关系密切。这种思想进一步发展，就是：趣味性依附于实用性、交际性等，趣味性本身不是一个独立的原则；在教材编写中，只要高度重视实用性、交际性等就足够了（孟国，2005）。这种看法，可以称为"依附论"。根据上文的论述，"依附论"是站不住的。仅就课文而论，是否有趣是可以进行独立判断的。例（1）和例（2）两个文本，要比例（3）有趣。郭志良等在介绍自己编写的教材时，认为其中"勉强算是有点趣味性的"占课文总数的33.7%[①]。如果不能对趣味性进行独立判断，这一估计是无法完成的。我们认为，趣味性是课文的独立属性之一，

　　[①] 参见郭志良、杨惠元、高彦德《〈速成汉语初级教程·综合课本〉的总体构想及编写原则》，《世界汉语教学》1995年第4期。

也是教材编写中的一条独立的原则。

既然趣味性是一条独立的原则,那么,它和其他原则的关系如何?从理论上说,有三种可能:趣味性比其他原则重要,趣味性不及其他原则重要,趣味性与其他原则同样重要。明确主张趣味性比其他原则重要的文章,本人还没有看到。黎天睦关于"越可笑越好"的主张与此最接近,"教材内容应该有意思,而不要单调,这是很重要的。我前面为什么特别介绍了耶鲁大学的教材呢?不是因为它们的是最理想的,有一个原因就是它们的教材有很多故事、会话,比较有意思。他们编的故事当然是可笑的,可是学习外语越可笑越好,有的时候是这样。学生对课文感兴趣,因为他想知道这个故事有什么结果,虽然有点困难,还继续念,已经晚上十二点了还不愿意睡,要把这课念完。趣味性是很重要的"[①]。

不过,黎天睦在"越可笑越好"后头加了一句"有的时候是这样",似乎表明有的时候不是越可笑越好。从他多次只说"趣味性是很重要的"这一点来看,他并不认为"趣味性最重要"。

刘颂浩(2000)提出,趣味性的重要程度不及语言适度性和内容多样性。适度性是说课文的语言难度必须适合学习者的水平。既不能太容易,让学习者学无所得;也不能太难,让学习者不知所云。多样性是说在内容方面,不同的课文应该互相配合,不能只选某一方面的课文。我们还没看到(也许永远不可能看到)这样的教材,第一课讲万里长城,第二课讲万里长城,第三、第四课仍然讲万里长城。适度性处理的是课文本身的属性,多样性处

---

① 参见黎天睦《现代外语教学法:理论与实践》,北京语言学院出版社,1987年。

理的是课文之间的配合。这两条原则,是教材编写中不能违反的核心原则。趣味性是一种语言风格,教材中的语言风格也需要多样化。因此,教材的趣味性并不意味着每一课都意趣盎然,更何况也很难做到这一点。从语体的角度来看这一点,就再明白不过了。语体是从功能角度对风格进行的分类,不同的语体有不同的风格[①]。科学语体、政治语体、公文语体等,和趣味性的关系就很远。如果一篇社论,从头到尾都是俏皮话,那就很成问题。例(3)毫无趣味性可言,但在教材编写中,类似的课文却是必需的。

总之,趣味性并不是教材编写中的核心原则,没有趣味性的文章在教学中也是需要的。我们认为,趣味性和文化性、知识性等,是教材编写中的辅助原则,它们的重要性都不及核心原则(适度性和多样性)。这一看法,可以称为"辅助论"。

李泉(2002)持第三种看法,认为趣味性和其他原则一样重要:"理论上说,教材编写的针对性、实用性、科学性、趣味性等诸原则,既然同为'原则',其地位相同的属性也就明确了,按说不必也不应非给它们排个座次。它们不同的是,侧重点和管辖范围;相同的是,对教材编写来说,其重要程度是不分彼此的。要创造'精品'教材,忽视了哪一个'原则'都不行。这就是说,针对性、实用性、科学性、趣味性等,作为教材编写的原则和评价教材的依据,其重要地位是相同的。"这种看法可以称为"平等论"。

在讨论教材的针对性时,李泉(2004)又重申了上述看法:"事实上,这几项原则是一种互相联系又各有侧重、相互制约又相互支持、一损俱损一荣俱荣的关系,而不是相互对立、一重几

[①] 参见程祥徽、邓骏捷、张剑桦《语言风格学》,广西教育出版社,2000年。

轻或几重几轻的关系。因此，倒可以说，增强教材的科学性、实用性和趣味性，都有助于增强教材的针对性，反之亦然。"①

因为都是原则，所以地位当然相同。这一论据似乎没什么说服力。据此做出的推论"一损俱损，一荣俱荣"也难以成立。果真如此，怎么会出现李泉所说的"保了实用性丢了趣味性"的现象呢？不过，虽然竭力主张平等论，李泉也马上指出，这些不同的原则与教材编写者、教师和学生的"亲疏关系"是不同的。李泉（2002）认为，对于这三种人来说，"优先考虑顺序"是不同的：

教材编写者：针对性＞科学性＞实用性＞趣味性
教师：科学性＞针对性＞趣味性＞实用性
学生：趣味性＞实用性＞科学性＞针对性

这里有几个问题：第一，这三种顺序是如何得来的？第二，在这三种顺序当中，为什么教材编写者会把趣味性放在末位？为什么教师会那么不重视实用性？为什么学生认为针对性最无关紧要？第三，李泉（2004）说"教材的设计和内容的安排，要适合学习者的特点和需求"，既然如此，为什么学生将趣味性放在首位，而教材编写者则相反呢？第四，更为重要的是，既然这些原则对不同的人来说重要性不同（尽管李泉特意避开了"重要性"一词，而采用了"亲疏关系""优先考虑顺序"等说法），那么，理论上的平等又是如何得来的？在这些问题没有解决之前，"平等论"很难让人接受。事实上，李泉的很多论述都与他力主的"平等论"有冲突，比如他认为"在教材编写实践中，要把内容'有趣'和'有用'完美地结合起来，真是谈何容易！所以往往不得已出

---

① 参见李泉《论对外汉语教材的针对性》，《世界汉语教学》2004年第2期。

现顾此失彼的情况。至于在二者难以兼顾的情况下，以哪一个为主哪一个为辅，就得考虑所编教材使用对象的特点、教材的适用阶段和类型等因素。不过，即便如此也还会见仁见智"（李泉，2002）。

　　这是非常有见地的看法。如果把"有趣"理解成"趣味性"，"有用"理解成"实用性"，那么，这段话就是说，"趣味性"和"实用性"往往难以兼顾，具体处理时会有主辅之别，不同的人对主辅关系也有不同的认识。既然如此，原则之间的平等关系也就不攻自破了。

　　"平等论"在理论上很难成立，实践上也困难重重。这可以从对李泉《论对外汉语教材的趣味性》一文的不同解读中看出来。如上所述，我们把李泉的看法视为"平等论"，孟国（2005）则从李泉的文章中找到了"趣味性是教材成败的第一因素""内容有趣比内容有用更重要"等语句，并认为李泉夸大了趣味性的作用。也就是说，在孟国看来，李泉的主张和黎天睦更接近。

　　总起来看，"依附论"否认趣味性在教材编写中的独立地位，是不可取的；"依附论"的核心是"动机决定行为"，却把内在动机和外在动机混为一谈。"平等论"认为趣味性是一条独立的原则，和其他原则一样重要，但并没有给出理论上的说明，在操作上也难以贯彻，同样是站不住的。"辅助论"也认为趣味性是一条独立的原则，但是具有辅助性，不及核心原则重要。

　　在教材编写时，一方面要考虑趣味性与其他原则的关系，一方面还要考虑语料的取舍，这是两个相关但不完全相同的问题。决定语料取舍时，语料本身的属性（是否具有适度性、趣味性、知识性等），语料之间的关系（将待选语料组合在一起是否具有多样性），都会对选择产生影响。此时的指导思想是兼顾，能够兼顾各种属性是最理想的；不能兼顾时，则根据编者的理念和教材的定位进行取舍（刘颂浩，2005）。不能不承认，语言教学是极为"贪心"的一项活动，教师和学习者一样，都是殚精竭虑，力求使学习效果最大化。教材编写中，要求语料在内容和语言合适的同时，具备包括"趣味性"在内的其他属性（文化性、知识性等），同样是兼顾思想的体现。

第三章

教材编写的基础研究

第一节 初级汉语综合课教材选词考察[①]

近年来出版的国际汉语教材很多,但精品不多,国外适用的更少。教材已成为制约汉语国际教育快速发展的瓶颈之一。佟秉正指出:"在外语教学中,初级入门教材是最重要的。"[②] 中山大学国际汉语教材研发与培训基地的全球汉语教材库中,注明学习者汉语水平的教材共 6 245 册,其中初级教材 3 929 册,占 62.9%[③]。在初级教材中,选择什么词汇进行教学,非常重要。要编写精品教材,研发国内、国外适用的教材,须对现有教材词汇进行系统考察。为此,我们考察了近年出版的 8 部代表性初级综合课教材的课文词汇。

国内 4 部:

《汉语教程·一年级教材》1、2、3(杨寄洲,北京语言大学出版社,2006 年,简称《教程》)

[①] 本节选自周小兵、刘娅莉《初级汉语综合课教材选词考察》,《语言教学与研究》2012 年第 5 期。
[②] 参见佟秉正《初级汉语教材的编写问题》,《世界汉语教学》1991 年第 1 期。
[③] 该数据公布于"第六届孔子学院大会"建材展(2011.12.12–14,北京)。

《发展汉语·初级汉语》上、下（荣继华等，北京语言大学出版社，2006年，简称《发展》）

《阶梯汉语·初级读写》Ⅰ、Ⅱ（翟汛，华语教学出版社，2007年，简称《阶梯》）

《博雅汉语·初级起步篇》Ⅰ、Ⅱ（李晓琪，北京大学出版社，2005年，简称《博雅》）

国外4部：

《中文听说读写》LEVEL 1 PART 1、2（刘月华、姚道中，美国 Cheng & Tsui Company，2009年，简称《听说读写》）

《步步高中文》1、2（张新生，英国 Cypress Book Co.，2005年，简称《步步高》）

《意大利人学汉语》基础篇（Federico Masini 等，意大利 Ulrico Hoepli Editore，2010年，简称《意大利》）

《循序渐进汉语》（张慧晶等，哥伦比亚 Universidad de Los Andes，2009年，简称《循序》）

我们使用分词软件并结合人工干预，依据《现代汉语词典》（第5版）、《中文助教》[①]词表，对8部教材的课文进行分词，得到课文词汇；参考周小兵、干红梅的研究方法[②]，统计并分析了课文词汇的总词种和共选词；同时，借助《中文助教》软件，将课文词汇与《汉语水平词汇与汉字等级大纲》简称《词汇大纲》[③]4

[①] 储诚志《中文助教》（软件），北京语言大学出版社，2005年。
[②] 周小兵、干红梅《商务汉语教材选词考察与商务词汇大纲编写》，《世界汉语教学》2008年第1期。
[③] 国家对外汉语教学领导小组办公室《汉语水平词汇与汉字等级大纲》，北京语言学院出版社，1992年。

个等级的词汇进行比对[①]，又与母语者词汇使用情况进行了比较，发现了很多值得关注的问题。

一、教材总词种

（一）总词种数

总词种数，是指课文中所有不重复的词汇数。8部教材基本情况见表3-1。

表3-1　8部教材的总词种数（单位：个）

教材名称	国内				国外			
	教程	发展	阶梯	博雅	听说读写	步步高	意大利	循序
总词种数	2 997	2 292	2 084	1 514	777	512	452	331
平均值	2 222				518			
标准差	613				188			

从表3-1可见：

1. 总词种的数量，国内教材（平均2 222个）远高于国外教材（平均518个）。

2. 总词种数的离散程度，国外教材（标准差188）远低于国内教材（标准差613）。可见，国外教材对选词的数量有更加趋同的看法。

总词种数的极值差（最高值与最低值的差）也反映了离散程

[①] 《词汇大纲》比较科学，使用时间长，影响范围广，被引次数多，在汉语教材编写和汉语教学研究中起着重要的指导作用。本研究的重要工具——《中文助教》，使用的也是它的词表。故我们将其作为评估教材的一个重要依据。

度。国内教材中，总词种数最高的是《教程》（2 997 个），最低的是《博雅》（1 514 个），极值差高达 1 483 个。国外教材中，极值差仅 446 个。

（二）总词种在《词汇大纲》中的等级分布

先看国内教材的等级分布情况。

表 3-2　国内 4 部教材总词种等级

教材名称	甲级	乙级	丙级	丁级	超纲	专名
教程	880/29.4	819/27.3	333/11.1	230/7.7	633/21.1	102/3.4
发展	846/36.9	685/29.9	196/8.6	118/5.1	341/14.9	106/4.6
阶梯	771/37.0	548/26.3	187/9.0	125/6.0	355/17.0	98/4.7
博雅	794/52.4	343/22.7	101/6.7	53/3.5	188/12.4	35/2.3
平均值	823/37.0	599/27.0	204/9.2	132/5.9	379/17.1	85/3.8
标准差	49	203	96	73	185	34

注：（按总词种数排序；"/"前后分别为词数及其比例。下同）

从表 3-2 可见：

1.《博雅》词汇等级分布最合理。初级阶段主要学习的甲乙级词，《博雅》达 75.1%；应在中高级阶段学习的越级词（丙丁级词）和超纲词（《词汇大纲》未收录的词），《博雅》比例最低，分别是 10.2% 和 12.4%。

2.《教程》词汇等级难度偏高。甲乙级词仅 56.7%，越级词占 18.8%，超纲词达 21.1%。这些越级词、超纲词常用度较低，如：第一册的"气功（丁，16 394[①]）"，第二册的"白薯（超纲，简称'超'，27 914）、圆圈（超，12 655）、按摩（超，

[①] SVL 母语者词汇常用度序位。序位靠前（如1），常用度高；序位靠后（如8000），则常用度低。

7299)",第三册的"镯(超,29994)、飞碟(超,19622)、石膏(超,22781)、信物(超,26606)",等等。这些词不宜在初级阶段学习,其余三部国内教材未收录。另外两部教材词汇等级难度在《博雅》和《教程》之间。

3. 结合表 3-1 可见,词汇等级难度跟总词种数呈正相关。总词种数越高,词汇等级难度越高。

再看国外教材的情况。

表 3-3　国外 4 部教材总词种等级

教材名称	甲级	乙级	丙级	丁级	超纲	专名
听说读写	496/63.8	120/15.4	30/3.9	18/2.3	83/10.7	30/3.9
步步高	333/65.0	61/11.9	19/3.7	13/2.5	41/8.0	45/8.9
意大利	328/72.6	53/11.7	7/1.5	12/2.7	38/8.4	14/3.1
循序	244/73.7	24/7.3	7/2.1	3/0.9	15/4.5	38/11.5
平均值	350/67.4	65/12.5	16/3.1	12/2.3	44/8.5	32/6.2
标准差	105	40	11	6	28	13

从表 3-3 可见:

1. 甲乙级词比例最高的是《意大利》,达 84.3%;其次是《循序》,为 81%。越级词比例最低的是《循序》,仅 3%;其次是《意大利》,为 4.2%。超纲词比例最低的是《循序》,仅 4.5%。

2. 甲乙级词比例最低的是《步步高》,为 76.9%;其次是《听说读写》,为 79.2%。越级词比例,《步步高》和《听说读写》一样,都是 6.2%。超纲词比例,《听说读写》最高,达 10.7%。

3. 结合表 3-1 可见,词汇等级难度跟总词种数也有一定的正相关,尽管这种关系不像国内教材那样明显。

对比表 3-2 和表 3-3,不难看出,国内教材与国外教材在词汇等级分布上的不同。

1. 词汇等级分布，国外教材比国内教材合理。

从整体上看，初级阶段主要学习的甲乙级词汇，国外教材平均 79.9%，远高于国内教材的 64.0%。中高级阶段学习的越级词和超纲词，国外教材的平均值分别是 5.4% 和 8.5%，远低于国内教材的 15.1% 和 17.1%。

从个体上看，等级分布最合理的教材，国内不如国外。如国外的《循序》，甲乙级词 81%，越级词 3%，超纲词 4.5%；国内的《博雅》，甲乙级词 75.1%，越级词 10.2%，超纲词 12.4%。

2. 甲级词的数量，国内教材比较趋同；其余各等级词及超纲词的数量，则是国外教材比较趋同。

（三）从母语者词汇使用角度看教材总词种的常用度分布

第二语言词汇教学中，常用度高的词应先教[1]。本研究选取《中文助教》SVL 汉语常用度等级词表作为评估教材的依据。该词表建立在一个 8 000 多万字的现代汉语平衡语料库上，基本反映了汉语母语者的词汇使用情况[2]。本小节把 8 部教材总词种与 SVL 常用度等级词表进行比对，研究教材的课文词汇与母语者词汇使用情况的异同。为便于说明，我们把母语者使用的 1—1 000 词称为"高频词"，1 001—2 500 词称为"次高频词"，2 501—5 000 词称为"中频词"，5 001—8 000 词称为"次低频词"，

---

[1] 参见 N. C. Ellis. Frequency Effects in Language Processing: A Review with Implications for Theories of Implicit and Explicit Language Acquisition. *Studies in Second Language Acquisition* 24（2），2002：143-188；李如龙、吴茗《略论对外汉语词汇教学的两个原则》，《语言教学与研究》2005 年第 2 期；苏新春、杨尔弘《2005 年度汉语词汇统计的分析与思考》，《厦门大学学报》（哲学社会科学版）2006 年第 6 期。

[2] 参见王飙《编教软件〈中文助教〉评述——兼谈水平教材建设构想》，《国际汉语教学动态与研究》2006 年第 2 期。

8 001以上（8 001+）词称为"低频词"。

先看国内教材课文词汇的 SVL 常用度分布。

表 3–4　国内 4 部教材总词种 SVL 常用度分布

教材名称	1—1 000	1 001—2 500	2 501—5 000	5 001—8 000	8 001+
教程	759/25.3	633/21.1	530/17.7	329/11.0	746/24.9
发展	681/29.7	543/23.7	410/17.9	233/10.2	425/18.5
阶梯	650/31.2	469/22.5	341/16.4	196/9.4	428/20.5
博雅	566/37.4	336/22.2	251/16.6	121/8.0	240/15.8
平均值	664/29.9	495/22.3	383/17.2	220/9.9	460/20.7
标准差	80	126	118	86	210

从表 3–4 可见：

1. 课文词汇与母语者高频词重合率最高的是《博雅》，其余依次为《阶梯》《发展》《教程》。

2. 课文词汇与母语者低频词重合率最高的是《教程》，其余依次为《阶梯》《发展》《博雅》。

3. 结合表 3–2 可见，4 部国内教材的课文词汇，《博雅》不但与《词汇大纲》最接近，且与母语者高频词重合率最高；《教程》不但与《词汇大纲》距离最远，且与母语者高频词重合率最低。

再看国外教材课文词汇的 SVL 常用度分布。

表 3–5　国外 4 部教材总词种 SVL 常用度分布

教材名称	1—1 000	1 001—2 500	2 501—5 000	5 001—8 000	8 001+
听说读写	355/45.7	150/19.3	103/13.2	66/8.5	103/13.3
步步高	246/48.0	101/19.7	65/12.7	27/5.3	73/14.3
意大利	238/52.7	73/16.2	56/12.4	33/7.3	52/11.4
循序	164/49.5	51/15.4	41/12.4	24/7.3	51/15.4
平均值	251/48.4	94/18.1	66/12.7	38/7.3	70/13.5
标准差	79	43	26	19	24

从表 3-5 可见，课文词汇与母语者词汇常用度等级的重合率上，国外教材相差不大。跟高频词的重合率，最高的是《意大利》（52.7%），最低的是《听说读写》（45.7%），差距仅 7%。跟低频词的重合率，最高的是《循序》（15.4%），最低的是《意大利》（11.4%），差距仅 4%。

最令人深思的是表 3-4 和表 3-5 的对比。明显可以看出，国内、国外教材的总词种在常用度分布上呈现以下两个特点。

1. 各词频段词汇的百分比显示，国外教材比国内教材更接近母语者的使用频率。高频词所占百分比，国外教材平均 48.4%，国内教材平均仅 29.9%；低频词所占百分比，国外教材平均仅 13.5%，而国内教材平均高达 20.7%。

2. 各词频段词汇数量的标准差，国外教材均低于国内教材。这说明，对教材应收录的各词频段词汇的数量，国外教材有比较趋同的看法。

二、教材共选词

共选词指不同教材共同选用的词，它们体现出不同教材编写者对教材词汇选择的一致看法。这些词可视为教材的核心词，也应成为教材编写的首选词。

共选词可分为 2 部教材共选词、3 部教材共选词、4 部教材共选词等。共选词比例（简称"共选率"）指共选词数占总词种数的比例。如，国内 4 部教材的总词种数为 4 571 个，其中 817 个是 4 部教材共选词，共选率为 17.9%（817÷4 571）。共选率高，说明不同教材选词的重合度高，不同编写者的词汇选择比较接近；

共选率低，则相反。

（一）国内教材共选词情况

表 3-6　国内教材共选词情况

	甲级	乙级	丙级	丁级	超纲	专名	共选
4 部	629/13.8	135/3.0	14/0.3	5/0.1	29/0.6	5/0.1	817/17.9
3 部	167/3.7	220/4.8	43/0.9	23/0.5	48/1.1	23/0.5	524/11.5
2 部	122/2.7	351/7.7	126/2.8	57/1.2	147/3.2	33/0.7	836/18.3
总计	918/20.1	706/15.4	183/4.0	85/1.9	224/4.9	61/1.3	2 177/47.6

注：（"/"前后分别为词数及其比例。下同）

从表 3-6 可见：

1. 不同教材的词汇重合度不高。总词种（4 571 个）中，仅 47.6% 的词（2 177 个）被教材共选（包括 2 部、3 部、4 部），另有高达 52.4% 的词（2 394 个）只在一部教材中出现。这说明，不同编者对初级教材选词的共识程度不高，4 部教材一致认为应收的词相当少。

2. 结合表 3-2，我们发现，共选词的等级分布优于总词种的等级分布。

首先，共选词的甲乙级词比例高于总词种的甲乙级词比例。国内总词种中，甲乙级词 64%（见表 3-2）。表 3-6 显示，2 177 个共选词中，甲乙级词比例达 74.6%（（甲 918+ 乙 706）÷2 177）。

其次，共选词中越级词、超纲词比例低于总词种中越级词、超纲词的比例。国内总词种中，越级词 15.1%、超纲词 17.1%（见表 3-2）。表 3-6 显示，2177 个共选词中，越级词占 12.3%（（丙 183+ 丁 85）÷2 177），超纲词占 10.3%（224÷2 177）。

《词汇大纲》规定，初级词汇教学的主要任务是甲乙级词。不难看出，跟总词种相比，共选词更符合《词汇大纲》对初级教材的要求。

(二) 国外教材共选词情况

表 3-7　国外教材共选词情况

	甲级	乙级	丙级	丁级	超纲	专名	共选
4 部	138/12.3	2/0.2	1/0.1	0/0.0	1/0.1	2/0.2	144/12.8
3 部	127/11.3	12/1.1	1/0.1	3/0.3	7/0.6	5/0.4	155/13.8
2 部	137/12.2	35/3.1	6/0.5	4/0.4	16/1.4	7/0.6	205/18.3
总计	402/35.9	49/4.4	8/0.7	7/0.6	24/2.1	14/1.2	504/45.0

根据表 3-7，我们发现国外共选词呈现出与国内类似的特点。

1. 不同教材的词汇重合度同样不高。总词种（1 121 个）中，仅 45% 的词（504 个）被 2 部或 2 部以上的教材共选；另有 55% 的词（617 个）只收录在 1 部教材中。

2. 结合表 3-3，国外教材的情况同样是，共选词的等级分布优于总词种的等级分布。表 3-7 显示，国外 504 个共选词中，有 451 个甲乙级词、15 个越级词和 24 个超纲词。这三项在共选词中所占比例分别为 89.5%、3%、4.8%。而表 3-3 显示，国外教材的总词种中，这三项所占比例分别为 79.9%、5.4%、8.5%。这清楚显示，甲乙级词比例，共选词高于总词种；越级词、超纲词比例，共选词低于总词种。

(三) 国内、国外教材共选词对比

对比表 3-6 和表 3-7，我们发现国内、国外共选词有很大的不同。

1. 共选词的数量上，国内教材多，国外教材少。国内共选词（含 2 部、3 部、4 部）共计 2 177 个，国外共选词（含 2 部、3 部、4 部）仅 504 个，前者基本包括后者。

国内、国外均共选的词，共计 472 个，占国内共选词的 21.7%，占国外共选词的 93.7%。这些词体现了初级教材共同的选词取向。它们或为国内外一致认同的中国文化典型，如"太极拳（超，国内外 5 部共选，简称'5 部'）"；或为当今常见事物，如"电脑（丙，7 部）、地铁（丁，6 部）、手机（超，8 部）"；或涉及学生生活，如"周末（丙，6 部）、打工（超，6 部）、超市（超，5 部）"；或与汉语学习相关，如"发音（超，5 部）、生词（超，5 部）"。显然，这些词应成为初级汉语教材中的核心词。

国内共选而国外未选的词，有 1 705 个，占国内共选词的 78.3%。这些词大都与留学中国相关：反映留学及心情的如"出国（超，3 部）、习惯（动）（甲，4 部）、班主任（超，3 部）、想念（乙，4 部）、故乡（乙，3 部）"；反映中国社会及文化的如"包子（乙，3 部）、馒头（乙，3 部）、绿茶（丁，2 部）、面条（超，4 部）、民歌（超，3 部）、黄金周（超，2 部）"。

2. 共选词的分布上，国外教材相对集中，国内教材相对分散。国外共选词占总词种的 45%，其中甲级词高达 35.9%，乙级词 4.4%，其他 4.6%。国内共选词占总词种的 47.6%，其中甲级词 20.1%，乙级词 15.4%，其他 12.1%。

结合表 3-1 可知，共选词分布情况与总词种数有一定关联。国内教材总词种数多，共选词的分布相对分散；而国外教材总词种数少，共选词的分布相对集中。

3. 4 部共选的超纲词，国内教材有 29 个，国外仅 1 个。4 部共选词是 4 位编者一致认为初级阶段应学习的词，为何《词汇大纲》未收录？这可能与这些词的特点有关。

第一类，易推测词，如"白色、黑色、头疼、大学生"等。

这些词语义透明度高，可根据语素义推测到整词义。《词汇大纲》已收录了相关的"白（甲）、黑（甲）、色（乙）、头（甲）、疼（甲）、大（甲）、学生（甲）"，故未收录由这些成词语素组合而成的易推测词。

第二类，新词，如"手机、超市、上网"等。《词汇大纲》编写较早，未收录近年才普及的新词。

第三类，文化词和教学用词，如"太极拳、发音、听力"等。

三、讨论及建议

（一）国内与国外教材差异的形成原因

总词种数，国外教材比较趋同。词汇等级分布，国外教材比较接近《词汇大纲》和母语者词汇使用状况。共选词等级，国外教材明显集中在甲级词。造成上述差异的原因何在？我们认为，主要是国内、国外教材的使用环境、教学对象不同，造成教材容量不同。国内教材用于母语环境，主要面向全日制语言学习者，综合课周课时一般为10—12节；国外教材用于非母语环境，面向非全日制语言学习者，综合课一般每周只有3—6节。因此，国内教材容量大，收词多，不同编者之间难以达成共识；国外教材容量小，收词少，不同编者之间容易达成共识。

（二）关于《词汇大纲》《等级标准》《新词汇大纲》的讨论

1. 《词汇大纲》《等级标准》对国内教材的规范作用

本节将总词种与《词汇大纲》等级、汉语母语者词汇常用度所做的比对显示：教材选词越多，越级词和超纲词就越多，离《词汇大纲》对初级词汇教学任务的要求就越远；同时，与母语者高频词的重合率也就越低。这很清楚地说明，《词汇大纲》基本上以母语者词汇常用度作为选词依据[①]。

《汉语水平等级标准与语法等级大纲》（简称《等级标准》）[②]规定，初级教材（正规一年制）应编入不少于878个甲级词（具体词表见《词汇大纲》），占甲级次数的85%。我们的统计显示，国内初级教材平均编入823个甲级词（见表3-2），占甲级词数的80%。可见，国内各教材基本达到或接近《词汇大纲》《等级标准》的要求，编入了绝大部分甲级词。这可能是在甲级词数量上国内教材与国外教材相比趋同的原因。这说明，两个旧大纲起到了一定的规范作用。

2.《词汇大纲》的局限及《新词汇大纲》的改进

《词汇大纲》的编制距今已有20年。因社会发展，出现了不少新词，不少以往的低频词成了高频词，如"电脑（丙）、地铁（丁）、手机（超）、上网（超）"。2010年出版的《汉语国际教育用音节汉字词汇等级划分》（简称《新词汇大纲》）[③]已做了相应调整，将这些词定为"普及化等级词"，即初级阶段应学习的词。

3.国外教材与《词汇大纲》的关系

众所周知，国内、国外在语言环境、教学对象、授课时间、课程体系、配套教材上存在很大的差异，而《词汇大纲》最初是

---

① 参见刘英林、宋绍周《论汉语教学字词的统计与分级（代序）》，《汉语水平词汇与汉字等级大纲》，北京语言学院出版社，1992年。
② 刘英林《汉语水平等级标准与语法等级大纲》，高等教育出版社，1996年。
③ 国家汉办、教育部社科司《汉语国际教育用音节汉字词汇等级划分》，北京语言大学出版社，2010年。

针对国内教材研发和编制的。因此《词汇大纲》对国外教材（包括不同国别的教材）所起到的指导作用可能有限。然而，本节统计结果却显示，国外教材比较符合《词汇大纲》的要求。根据前文考察可推知，达成这种一致性的原因是，国外教材和《词汇大纲》所选词汇，均以母语者高频词为主。也就是说，国外教材与《词汇大纲》在选词理念上具有一致性。

（三）初级教材编写建议

前面对总词种的考察显示，对于初级该教多少词，不同编者（尤其是国内编者）之间存在分歧；对共选词的考察显示，对于初级该教哪些词，不同编者也存在分歧。然而语言教材不能无限膨胀，必须限制词汇数量[①]，初级教材更应如此。那么，在有限的篇幅内，编者应如何减少分歧、扩大共识呢？

第一，尽可能地参考《词汇大纲》和《新词汇大纲》。"初级教材的大部分生词应在大纲允许的词汇范围之内，不能有过多的超纲词"[②]。

第二，参考教材共选词。初级教材可以从现有教材共选词中适当选取越级词和超纲词，以满足交际需求，如"打工（6部，超）、发音（5部，超）、面条（4部，超）"。而那些非共选词中的越级词和超纲词，编者应当避免，如《教程》选用的"镯、信物"，《听说读写》选用的"味精、凉拌"。

第三，参考汉语母语者词汇常用度，把词频作为初级教材选

[①] 参见苏新春、杜晶晶、关俊红、郑淑花《教材语言的性质、特点及研究意义》，《语言文字应用》2007年第4期。

[②] 参见杨寄洲《编写初级汉语教材的几个问题》，《语言教学与研究》2003年第4期。

词的重要标准。

第二节　语块的呈现方式及其改进建议[①]

在汉语学习者的作业以及中介语语料库中[②]，我们发现这样的误例：

(1) *这［意味］在此制度下有人远比别人富有，从而使资本继续循环、经济发展永恒。（英）

(2) *这并不［意味］历史只在简单的重复自己并是在我们的控制之外。（英）

(3) *然而，全球化得紧密国际关系［意味了］有可能随时恶化经济危险。（英）

例（1）（2）中的"意味"漏掉了"着"，例（3）中的"了"应改为"着"。

在上述三个误例中，汉语学习者并不是对"意味"一词的语义理解有误，而是对"意味"的用法欠缺了解。"意味"一词做

---

① 本节选自李慧《对外汉语教材中语块的呈现方式及其改进建议》，《云南师范大学学报》（对外汉语教学与研究版）2013年第2期。

② 我们所使用的中介语语料包括三个部分。为示区别，目标词加【】的语例取自北京语言大学中介语语料库；目标词加［］的语例取自北京语言大学"不同母语背景的汉语学习者词语混淆分布特征及其成因研究"课题组自行采集的中介语语料；目标词加下划线的语例取自笔者在教授《桥梁》过程中自行采集的学习者的作业。语例后括弧内为汉语学习者的母语背景。

动词使用时一般与"着"搭配,其搭配具有唯一性,从而构成"意味着"这一限制性搭配。因此,我们认为"意味着"可以作为一个整体呈现给学习者,但是教材一般在生词表中只呈现"意味"一词,"意味着"未作为一个整体呈现,学习者很难感知这一整体性单位。

"意味着"这一成分并不是以往研究中所关注的单个的词,而是由词组成的具有整体性的而又不同于自由词组的成分,我们称之为语块。汉语学习者在语块的学习和使用中出现了偏误,那么教材对语块应当如何处理才有助于减少学习者使用语块时所出现的偏误?

本节拟以《桥梁——实用汉语中级教程》(陈灼主编,以下简称《桥梁》)为例[①],分析教材中语块的呈现方式,探讨教材中语块呈现方式存在的一些不足之处,最后将结合汉语各类语块的特点,尝试对对外汉语教材中语块的呈现方式提出一些改进建议。

一、《桥梁》中语块的呈现方式

语块是指在语言运用中作为一个整体储存、提取和使用的语言单位。李慧对汉语语块进行了大致的分类,构建了汉语语块分类体系。[②] 该体系是一个两层级的分类体系,首先根据结构将汉语语块分为短语、固定语句及框架三大类。

---

① 陈灼主编《桥梁——实用汉语中级教程》,北京语言大学出版社,2000年。
② 参见李慧《现代汉语"V 单 +NP"语块研究》,北京语言大学博士学位论文,2008年。

短语又可细分为成语（如：亡羊补牢）、惯用语（如：穿小鞋）、固定短语（如：不见得）、固定组合（如：一般来说）、限制性搭配（如：意味着）、高频搭配（如：历史悠久）；固定语句分为套语（如：你好）和谚语类（如：百闻不如一见）；框架可细分为短语框架（如：……长……短）和句子框架（如：既然……，就……）。

本节拟基于上述分类体系，对《桥梁》中各类语块呈现方式做一分析。《桥梁》"是为学习现代汉语专业二年级的留学生编写的"（《桥梁》编写说明），每课分为6个主要的板块，分别为：正课文、生词、词语搭配与扩展、语法例释、副课文及练习。我们只考察前4个板块中的语块，对副课文及练习中的语块不予考察。

语块的呈现方式是指语块在教材中是如何呈现出来的，教材是否突显了语块的整体性特征。观察教材对语块的呈现可以从两个方面进行：一是教材是否将语块独立展示，而不是在句中与其他语言成分混同在一起。二是观察教材中与语块同级的成分是什么，由此可判定，教材将语块看作为什么样的语言成分进行处理。

具体分析，各类汉语语块在《桥梁》中主要有以下两种呈现方式：

（一）直接呈现

直接呈现是教材有意识地突显与展示语块，是对语块有意识的收录，其同级单位一般为词，学习者看到这类语块会直接将其作为一个整体习得使用。

在《桥梁》的4大板块中，都出现了语块，但只有生词表、词语搭配与扩展中的重点词语及语法例释中的语块是教材有意识地呈现的，属于直接呈现的语块。《桥梁》上、下两册中直接呈现的各类语块的具体统计结果如表 3-8 所示：

表 3-8 《桥梁》中直接呈现的各类语块数量统计（单位：个）

语块类型	短语							固定语句		框架		总计
	成语	惯用语	歇后语	固定短语	固定组合	限制性搭配	高频搭配	套语	谚语类	短语框架	句子框架	
《桥梁》上	17	3	0	11	1	0	3	0	0	26	22	83
《桥梁》下	55	1	0	23	2	5	1	2	0	19	17	125
总计	72	4	0	34	3	5	4	2	0	45	39	208
比例（%）	34.6	1.9	0	16.4	1.4	2.4	1.9	1.0	0	21.6	18.8	100

由表 3-8 可知：在《桥梁》的生词、词语搭配与扩展、语法例释三大板块中，直接呈现的语块共 208 个。

从语块的三大类来看，直接呈现最多的为短语类语块，约占语块总数的 57%；其次为框架类语块，约占语块总数的 40%，这些语块主要见于"语法例释"中；固定语句直接呈现数量最少，仅有 2 个。

细分各小类语块，直接呈现最多的为成语，共有 72 个，约占语块总数的 1/3；其次为短语框架与句子框架，再次为固定短语。其余各类语块，如惯用语、固定组合、限制性搭配及高频搭配等直接呈现数量有限，仅有几个。在直接呈现的语块中，歇后语及谚语类语句均未出现。

相对于《桥梁》（上）而言，《桥梁》（下）所直接呈现的语块整体数量有所增加，而且语块的类型也有所增加，如限制性搭配、套语只出现在《桥梁》（下）中。

具体分析其直接呈现的方式，主要用于以下几种类型的语块：

1. 成语、惯用语

成语、惯用语等类语块一般直接呈现在生词列表中。成语如"乐极生悲（上，12）[①]、哭笑不得（上，12）、急中生智（下，17）"，惯用语如"开眼界（上，9）"等。由于这几类语块皆是整体性比较强的成分，一般将其看作是相当于词的单位，所以教材在处理时一般将其与词做相同处理，直接呈现在生词表中。

2. 固定短语、固定组合

固定短语、固定组合与成语、惯用语、歇后语的不同之处在于：前两者的结构形式不一致，参差不齐；后三者的结构一般具有一致性，比如成语一般为四字格结构，惯用语多为三字格结构，歇后语则由两部分构成。

固定短语一般是指具有整体意义关联的成分，《桥梁》中收录的固定短语较多，如："恨不得（下，27）、禁不住（下，17）、看不惯（下，21）、比得过（下，21）"等等，固定组合指具有语用关联的成分，在《桥梁》中直接呈现的数量较少，如"这样一来（下，16）、由此可见（下，28）"等。

3. 限制性搭配、高频搭配

某些词语只能与某一或有限的几个词搭配使用，从而构成限制性搭配。《桥梁》所收录的限制性搭配较少，如"取决于（下，

[①] 括弧中的"上""下"分别指《桥梁》上册、下册，数字指课文的序号。

28)、从属于（下，23）"，"取决、从属"一般都与"于"搭配使用，不能单独使用，从而构成限制性搭配。教材中直接呈现的限制性搭配较少。

有的词经常与某一词共现，共现频率较高，二者构成的搭配便是高频搭配。如"孤儿寡母（下，20）"，"寡母"在北京大学中国语言学研究中心现代汉语语料库（网络版，以下简称CCL语料库）中出现119例，其中108例都是与"孤儿"搭配使用。高频搭配是介于固定词组与自由词组之间的成分，与其他语块相比，其凝固度最低，因此，教材直接呈现的数量也较少。

4. 固定语句

固定语句包括套语和谚语类，是一个句子，而教材的生词表中呈现的单位一般是词。因此，教材中直接呈现的固定语句数量更少，仅出现2例，如"多乎哉？不多也"（下，29）。

5. 短语、句子框架

短语、句子框架主要呈现在"语法例释"这一板块中，如"因为……而……（上，1）、既然……就……（上，7）"，这类框架主要是汉语中的关联成分或固定结构，《桥梁》将其作为语法点置于语法例释中。

有的短语框架还呈现在"词语搭配与扩展"中，如"似……非……（上，4）"，但较为少见。

（二）间接呈现

间接呈现是指教材给予语块独立呈现的机会，但是其语块的身份并未得以完全显示，教材将其与其他自由词组混同在一起，间接呈现。在《桥梁》中主要体现于词语搭配与扩展这一板块中。如：

1. 惯用语

如：招呼（上，4）：〔动～〕听到～|忘了～|打～

"打招呼"为惯用语。《桥梁》在处理时将其作为自由组合看待，与其他自由组合一同出现在"动+招呼"这一搭配规则的语例中。

2. 高频搭配

如：感受（上，1）：〔动～〕有～|得到（一些）～|获得（新的）～|开始～到〔～宾〕～（到）变化|～（到）鼓舞〔状～〕强烈地～|突然～到……|逐渐～到……

我们在 CCL 语料库中随机抽取了 100 条"感受"的语例。其中"感受"的动词用法 52 例，与"到"一起使用多达 27 次，占总语例数的一半以上，因此，"感受到"可以看作高频搭配。教材在处理时并未直接呈现"感受到"，也未单独设立"感受+补语"这一搭配规则，而是隐含在"动词+感受""感受+宾语""状语+感受"等搭配规则的语例中，间接呈现。

又如：避（上，4）：〔～补〕～开|～不开|～得了|～了一会儿

"避"在作为动词单独使用时，经常与"开"搭配使用，是一个高频搭配。教材在处理时，将其作为"动词+补语"搭配规则的语例进行处理，与其他动补短语混同在一起，没有直接呈现其高频搭配的身份。

综上可知，教材对语块的呈现主要遵从以下原则：对于凝固度比较高的语块，如成语、惯用语，教材一般直接呈现，而对于凝固度没那么高的语块，如限制性搭配或高频搭配，教材一般较少呈现或不予以呈现。当然这也符合一般综合课教材的收录原则及其处理原则，因为教材不是词典，也不是专门的语块学习教材。

但通过对学习者语块使用情况的考察,我们发现学习者在使用语块时会出现错误,而教材对语块的呈现处理有助于减少错误的出现,因此,教材对语块的呈现还可做进一步的改进。

二、教材中语块呈现存在的问题及其改进建议

对于凝固度较高的语块,教材单列于生词列表中,汉语学习者在学习的过程中一般将其看作一个整体去记忆与使用。但是对于教材中身份未予以明晰的语块,学习者往往不能自己掌握,从而在使用中出现一些问题。

(一)语块呈现范围有限

从上文分析可以看出,教材对语块的呈现基本遵从语块凝固度高低的原则,成语、惯用语等固定成分以及短语框架、句子框架是教材直接呈现的主要对象,并且在教材中都赋予等同于词的身份与地位,这些成分的凝固度都较高。而凝固度次之的固定组合以及高频搭配、限制性搭配等语块类型在教材中呈现较少。凝固度固然是语块呈现的一个基本原则,但是语块的常用度也应当作为一个衡量标准,因为在实际的语言运用中,以往研究所关注的成语、歇后语、谚语等的使用频率并不高,如在 CCL 语料库中,成语"滥竽充数"仅出现 71 次,"自相矛盾"出现 486 次,而"历史"与"悠久"所组构而成的高频搭配则出现了 2 091 次。由此可见,与成语等成分相比,高频搭配等成分可能更为常用。因此,教材可以酌情呈现一些高频搭配或者限制性搭配以及具有语用含义的固定组合。

目前,在汉语教学中大家已经意识到这个问题,面向对外汉

语教学的词汇大纲呈现的语块类型及数量都已有所增加。《汉语国际教育用音节汉字词汇等级划分》就依据频率的原则呈现了一些语块,如"多方面、比如说、别提了"等等[①]。因此,作为汉语学习的教材,也应当酌情呈现一些常用语块,增加呈现语块的类型,扩大呈现语块的范围。

(二)语块呈现不明晰,学习者无法辨识语块的身份

对于语块的学习与使用,学习者必须要先有语块意识,将某一成分看作语块,进而才能去有意识地学习及使用语块。国外研究者发现二语学习者对所学目的语语块的感知与母语者存在一定的差距。[②]

汉语学习者作为非母语者,没有母语者特有的语感,不能自动识别汉语语块,这将对其使用造成一定的影响。如:

(4)*我想去旅行,特地是美国。(日)

(5)*在汉语学习上,我常常做错误。(韩)

"特地"作为副词,后面紧邻成分一般是动词或动词性短语,而与"是"搭配的一般为"特别",组构成"特别是";"错误"一般与"犯"搭配使用。"特别是""犯错误"这两个语块对汉语母语者而言,都是非常容易感知的,但是汉语学习者的汉语语块意识没有那么强,因而会出现上述的误例。

有的语块在教材中呈现,但语块身份并不明晰,这也有可能

[①] 参见中华人民共和国教育部、国家语言文字工作委员会发布《汉语国际教育用音节汉字词汇等级划分》,北京语言大学出版社,2010年。

[②] 参见〔白俄罗斯〕A. Siyanova & 〔美国〕N. Schmitt. L2 Learner Production and Processing of Collocation: A Multi-Study Perspective. *Canadian Modern Language Review*, 2008, 64 (3).

会导致学习者不能识别其语块的身份，将其当作自由组合看待，从而在使用过程中出现一些问题。如：

（6）*可是骑自行车的人好象后边也有眼、能【避】出租汽车。（日）

（7）*他们为了【避】错误经常作自己的最大的努力。（朝鲜）

"避开"是一个高频搭配，若教材中不将其语块身份明晰化，汉语学习者则不能感知，从而在使用时出现偏误。

有的语块只是出现在课文中，教材并未显示其语块的身份，如"意味着（上，9）"，教材在生词中呈现了"意味"这一生词，未呈现"意味着"这一限制性搭配，只在课文语句中出现。又如"上风（上，6）"，生词表中出现"上风"一词，课文中出现含有"占上风"的语句。还有一些惯用语、固定语句在课文中也出现了很多，但出于各种考虑，教材做了隐性处理。这样的处理方式让学习者无法感知目的语的语块，从而在使用中出现问题。

（三）语块呈现不完整

有的语块在教材中只呈现了一部分，不完整，如"……不得了（上，8）"。"……不得了"表示程度高时，前面必须加"得"，教材只是呈现了"不得了"，并未呈现"……得不得了"，因此，学习者在使用时就会出现问题。如：

（8）*有人说北京的冬天刮大风、尘土脏【不得了】。（日）

（9）*早上的天气美丽［的不得了］，外面的小鸟咕咕的唱歌，阳光在窗户上荡漾，我的家人都呼呼的睡着。（英）

（10）*是谁找出来一些破布，用它连合起来做帽子，

戴在雪人头上,看起来十分好看,女同学们做完雪人后都高兴[地不得了]。(蒙古)

学习者在使用"……得不得了"时有时会将"得"漏掉,或者将"得"写作"的"或"地",若教材将"……得不得了"作为一个整体呈现,可以增强学生对这一语块的整体意识,从而减少使用错误。

三、教材中语块呈现方式的改进建议

针对上述问题,我们提出以下几点建议,以期能为教材中语块的合理呈现提供参考。

(一)扩大呈现语块的范围

教材中对语块的呈现可遵循"大小兼顾"的原则,所谓"小"是指词级单位,"大"则指由这些词构成的语块。对于"小",教材一般都是直接呈现,但是对于"大",则存在呈现不足的问题。当然这里的"大"并不是无限制的"大",语义结构较为固定、较为常用且在课文中出现的大单位宜采取直接呈现的方式。"大小兼顾"原则执行的依据是语块的凝固度及常用度。目前教材中直接呈现的都是凝固度较高的语块,其他较为常用的限制性搭配及高频搭配呈现数量较少,因此可在考虑生词及语法点教授顺序的基础上兼顾语块的常用度,酌情收录一些较为常用的语块。

如"意识"一词,用作动词时,一般只能与"到"搭配使用,"意识到"是"意识"做动词时的常用搭配,且课文中也出现了"意识到"这一语块,因此,在生词列表中可以呈现"意识到"这一语块。但考虑到"意识"还有名词用法,故而可在"意识"这一生词下附列"有意识"这一语块。又如《桥梁》第 4 课生词中出现了"上风"一词,课文中出现语块"占上风",在实际运用中,"上风"单用的情况较少,"占上风"是更为常用的搭配,因此,"占上风"也应当直接呈现。

(二)语块呈现明晰化,培养学习者的语块意识

首先,间接呈现的语块其呈现方式不够明晰,可以进一步将其明晰化,这主要体现在词语搭配与扩展这一板块中。对于一些固定短语、高频搭配可以单列一类,彰显其语块的身份,而不是与其他自由组合混杂在一起。对于这一类别的名称可以不必强求细致分类,只做标示即可,如可将这一类统称为"固定搭配"。如"招呼"一词的搭配与扩展可改为:[动~]听到~|忘了~[~宾]~客人|~朋友|~大家……[固定搭配]打~

其次,对于教材做隐性处理的语块,如部分固定短语、固定组合以及短语框架、套语等,若不是生词或语法重点,可以酌情放在课文注释中。

《桥梁》第 10 课中出现这样一句话:"如果仅从经济上考虑,30 岁的他和有正常收入的父母住在一起,生活上是没有问题的。""从……上考虑"是一个较为常用的短语框架,但出于收录篇幅及语法出现顺序等的考虑,教材未将其作为一个语法点呈现。有的学习者在作业中写道:

(11)*从法律考虑来上,残疾人与一般的工作的权利一样。(英)

上述误例就是因为学习者对"从……上考虑"这个语块的整体性把握不好而造成的。教材可将其作为课文注释列于课文之后,进行简单解释，以便培养学习者的汉语语块意识，否则，仅靠教师稍加强调，学习者仍然不能掌握。

课文中也出现了一部分固定语句，如"不知怎么（上，1）"，意为"不知道为什么"，是一个常用的套语。又如俗语"年龄不饶人（上，5）""伸手不打笑脸人（下，24）"等等。这些都可以作为课文注释的一部分。

教材中语块呈现的明晰化将有助于学习者辨别语块，培养其语块意识，从而减少或避免学习者在使用语块时出现错误。

四、结语

汉语中语块的使用偏误可以折射出教材中语块呈现所存在的一些问题，为教材中语块呈现的改进及完善提供依据与参考。因此，关于对外汉语教材中语块呈现方式的探讨，必须建立在对汉语学习者语块偏误的研究之上，针对学习者的语块偏误，有针对性地改进教材对语块的呈现方式，从而逐步培养汉语学习者的语块意识，增强其目的语语感，提高其汉语使用的能力与水平。

第三节　汉字复现率的实验研究[①]

教材是留学生接触到的最主要的语言材料，教材的好坏直接关系到教师的教学效果和学生的学习效果。教材中字词的复现率，即某个字或词在学生所接触到的教材中重复出现的次数，是近年来在教材评价中备受关注的方面。有些语言教学专家呼吁教材编写中应注重字词的复现率[②]，也有人批评目前部分教材中词汇复现率低的问题[③]，还有研究者将复现率作为评价教材好坏的标准之一[④]。虽然这些看法都是经验性的，但是近年来也得到了一些实验研究的支持。柳燕梅和江新研究发现，汉语双字词在教材中是否复现过以及复现的次数，均会影响学生的词汇学习成绩[⑤]。

汉字是词汇学习的基础，因为一个汉字基本上对应一个语素，充当复合词的构词成分。现代汉语中，将近一半语素可以独立成词[⑥]，也能与其他语素组合成不同的词；也有部分语素不能独立

[①] 本节选自郝美玲、刘友谊《留学生教材汉字复现率的实验研究》，《语言文字应用》2007 年第 2 期。

[②] 例如邓恩明《编写对外汉语教材的心理学思考》，《语言文字应用》1998 年第 2 期；吴世雄《认知心理学的记忆原理对汉字教学的启迪》，《语言教学与研究》1998 年第 4 期。

[③] 例如任远《基础汉语教材纵横谈》，《语言教学与研究》1985 年第 2 期；赵金铭《论对外汉语教材评估》，《语言教学与研究》1998 年第 3 期。

[④] 例如刘珣《试谈基础汉语教科书的编写原则》，《语言教学与研究》1982 年第 4 期。

[⑤] 参见柳燕梅《生词重复率对欧美学生词汇学习影响的实验研究》，《语言教学与研究》2002 年第 5 期；江新《词的复现率和字的复现率对非汉字圈学生双字词学习的影响》，《世界汉语教学》2005 年第 4 期。

[⑥] 参见尹斌庸《汉语语素的定量研究》，《中国语文》1984 年第 5 期。

成词，只能与其他语素一起才能成词。根据语素的这种能否独立成词的特性，语言学界将语素划分为自由语素和黏着语素。几乎所有的汉字都能与其他汉字一起构成一定数量的复合词，我们称之为汉字的构词数。不同的汉字在构词数上存在较大差异。语素的这两个特性为单个汉字区别于双字词以及多字词的两个重要方面。前面提到双字词的复现率直接影响学生的学习效果，那么汉字的复现率对汉字的学习有何影响呢？

很显然，单个汉字的复现率会受到其构词数的影响，比如"书"在教材中只构成"书包"一个词，而"车"则构成"汽车""自行车""火车"和"车票"等多个复合词。一般来说，构词数多的汉字往往其复现率也高，构词数少的汉字其复现率较低。已有部分研究者比较了汉字的复现率和构词数对汉字学习效果的影响。比如江新等人的研究发现，与复现率相比，汉字的构词数是更为重要的影响因素[1]。赵果发现汉字的构词数与汉字学习成绩之间存在较为密切的关系[2]。但是，江新在控制汉字复现率的情况下没有观察到构词数的作用[3]。可以看到，仅有的这几个研究的结论是不一致的。究其原因：赵果的研究没有对汉字的复现率进行控制，江新等人的研究采用的是相关分析的方法，并不能直接比较二者对学习效果的作用大小。江新的研究只是考察了汉字复现率很高

---

[1] 参见江新、赵果、黄慧英、柳燕梅、王又民《外国学生汉语字词学习的影响因素——兼论〈汉语水平大纲〉字词的选择和分级》，《语言教学与研究》2006年第2期。

[2] 参见赵果《初级阶段欧美留学生识字量与字的构词数》，《语言文字应用》2003年第3期。

[3] 参见江新《汉字频率和构词数对非汉字圈学生汉字学习的影响》，《心理学报》2006年第4期。

的情况下构词数的作用（平均为 17 至 18 次），很有可能这种较高的复现率掩盖了构词数的作用。

本研究拟通过 2×2 的因素实验设计直接比较汉字的复现率和构词数对汉字学习效果的影响，其目的一是考察这两个因素对留学生汉字学习的影响，其目的二是考察这两个因素之间是否存在交互作用。我们假设：构词数少的汉字的学习效果受复现率的影响较大，构词数较多的汉字的学习效果受复现率的影响较小。

另外，作为自由语素的汉字可以独立成词，具有明确的意义；而作为黏着语素的汉字，由于不能单用，只能在与其他字组合构成的词中出现，在学习的初期如果没有教师或工具书的帮助，难以得到明确的意义，尤其是对于那些构词数较少的语素。研究表明，对于黏着语素，即使是熟练读者，也只有在构词数足够大的时候才能获得心理表征，而构词数较少的黏着语素在心理词典中很难建立起独立的表征[①]。鉴于这两种语素在语义以及心理表征方面的差异，我们进一步假设：在学习上要达到相同的学习效果，黏着语素需要复现的次数可能要比自由语素多，即复现次数的效应在黏着语素上会更加明显。本研究拟对此假设进行验证。

本研究拟通过两个实验来考察不同类型的汉字及其复现情况对汉字学习的影响，以期为教材合理引入字词提供一定的参考。

---

① 参见 K. I. Forster & T. Azuma. Masked Priming for Prefixed Words with Bound Stems: Does Submit Prime Permit? *Language and Cognitive Processes*, 2000 (15) : 539–561; M. Taft & X. Zhu. The Representation of Bound Morphemes in the Lexicon: A Chinese Study. In L. B. Feldman (Ed.) *Morphological Aspects of Language Processing*. Hillsdale, NJ: Erlbaum, 1995。

实验一考察构词数不同的两种汉字的复现情况对学习效果的影响，实验二考察代表两种不同语素类型的汉字复现情况对汉字学习效果的影响。两个实验采用了相同的实验材料，在考察构词数时匹配了语素类型的差异，而在考察语素类型时匹配了构词数的差异。共有 49 名留学生参加了实验。

一、实验研究

（一）被试

北京语言大学汉语进修学院的 49 名留学生参加了本实验，他们分别来自韩国、日本、美国、瑞士、俄罗斯等多个国家，学习汉语的时间为 5 个月。所用教材为《汉语教程》（杨寄洲主编），每周学习 20 学时。测试时学完了《汉语教程》前 45 课。

（二）设计与材料

实验一采用 2（构词数）×2（频率）两因素被试内设计；实验二采用 2（语素类型）×2（频率）两因素被试内设计。本研究中汉字的频率（也就是复现次数）、构词数和语素类型等属性都是就《汉语教程》前 45 课内容而言的，并不针对该教材所有的汉字或整个汉语词汇体系。构词数指某一汉字在前 45 课构成的全部复合词的个数，构词数在 2 个以上的界定为大家族，构词数为 1 的界定为小家族；频率指某一汉字在前 45 课中出现的次数，出现 5 次以上的界定为高频字，5 次以下的界定为低频字。语素类型根据是否在前 45 课中单独使用过来确定，作为单字词使用过的为自由语素；没有作为单字词使用过，仅在复合词中出现过的为黏着语素。例如"店"，虽然对母语者来说是自由语素，但前 45 课只在"商店"和"饭店"这两个复合词中出现过，因此对此时的留学生来说，它仍然被看作是一个黏着语素。

本研究匹配了各组材料的笔画数、结构类型、形声字与非形声字的比例等可能影响汉字学习成绩的因素。每种条件 20 个关键材料，全部实验材料为 80 个汉字。各组材料的属性如表 3-9 所示。

表 3-9　材料属性匹配情况

实验条件		构词数（个）	频率（次）	笔画数（画）
构词数多	高频	2.63	9.07	8.63
构词数少	低频	2.37	3.87	8.87
自由语素	高频	1	8.53	8.57
	低频	1	2.63	8.53
黏着语素	高频	1.93	9.23	8.47
	低频	1.57	3.40	8.87
	高频	1.70	8.37	8.73
	低频	1.63	3.03	8.53

（三）程序

将 80 个汉字随机排序后打印在 A4 纸上，要求被试给这些字注音并组一个词。集体施测，由任课教师在课堂上进行。

二、结果与分析

注音和组词分别计分，注音的计分比较宽松，声母和韵母正确即计 1 分，组对一个词也计 1 分，注音和组词满分都是 80 分。由于注音和组词的正确率的相关高达 0.94，且组词成绩的计分相对于注音成绩的计分来说更严谨，因此我们只选择组词成绩进行统计分析。

由于两名被试的正确率处于总体平均成绩的三个标准差之外,在统计分析之前被删除,因此实际参与分析的被试是 47 人。

(一) 实验一:构词数与频率

被试在四种条件下的组词情况见表 3-10。对留学生的组词正确率进行 2(构词数:多、少)×2(频率:高频、低频)两因素被试内方差分析(F_1 为被试分析,F_2 为项目分析)。结果发现,构词数的主效应显著,$F_1(1, 46) = 64.61$,$P < 0.01$;$F_2(1, 76) = 10.66$,$P < 0.01$,表明汉字的构词能力影响汉字的学习效果,构词能力强的汉字学习效果好;频率的主效应显著,$F_1(1, 46) = 83.34$,$P < 0.01$;$F_2(1, 76) = 14.77$,$P < 0.01$,表明在课本中出现次数多的汉字学习效果比出现次数少的好;构词数与频率的交互作用被试分析显著,$F_1(1, 46) = 26.65$,$P < 0.01$;项目分析边缘显著,$F_2(1, 76) = 3.18$,$0.05 < P < 0.10$。

表 3-10　47 名被试使用不同构词数、不同出现次数的汉字组词的正确率(标准差)

	高频	低频	效应量
构词数多	0.88 (0.13)	0.80 (0.16)	0.08
构词数少	0.82 (0.17)	0.62 (0.25)	0.20
效应量	0.06	0.18	

进一步简单效应分析发现,构词数在高频字上的效应被试分析显著,项目分析不显著〔效应量为 0.06,$F_1(1, 46) = 12.43$,$P < 0.01$;$F_2 < 1$〕;在低频字上的效应被试分析、项目分析均显著〔效应量为 0.18,$F_1(1, 46) = 70.56$,$P < 0.01$;$F_2(1, 77) = 10.81$,$P < 0.01$〕。表明对于高频字,构词数的影响较小,而对于低频字,构词数效应明显,构词数多的汉字的

学习效果明显优于构词数少的汉字。

在另外一个方向上,频率效应在构词多的汉字上被试分析显著,项目分析不显著〔效应量为 0.08,$F_1(1,46)=19.39$,$P<0.01$;$F_2(1,77)=1.88$,$P>0.10$〕;在构词少的汉字上被试分析、项目分析均显著〔效应量为 0.20,$F_1(1,46)=91.27$,$P<0.01$;$F_2(1,77)=14.06$,$P<0.01$〕。表明构词数多的汉字,出现次数的多少对其学习效果的影响较小,而对于构词数少的汉字,出现次数对其学习效果影响较大。

(二)实验二:语素类型与频率

被试在各条件下的组词情况见表 3-11。对留学生的组词正确率进行 2(语素类型:自由、黏着)×2(频率:高频、低频)两因素被试内方差分析,结果发现,语素类型的主效应被试分析显著,$F_1(1,46)=18.92$,$P<0.01$;项目分析不显著,$F_2(1,76)=1.91$,$P>0.1$,表明自由语素的正确率要高于黏着语素的正确率;频率的主效应显著,$F_1(1,46)=83.33$,$P<0.01$,$F_2(1,76)=13.11$,$P<0.01$,表明高频字的成绩高于低频字;二者的交互作用被试分析显著,$F_1(1,46)=10.36$,$P<0.01$,项目分析不显著,$F_2<1$。

表 3-11　47 名被试用不同语素类型、不同出现次数的汉字组词的正确率(标准差)

	高频	低频	效应量
自由语素	0.86(0.15)	0.75(0.19)	0.11
黏着语素	0.84(0.15)	0.67(0.22)	0.17
效应量	0.02	0.08	

进一步简单效应分析发现,语素类型的效应在高频字上不显著〔效应量为 0.02, F_1(1,46) = 1.99, $P > 0.1$〕;在低频字上显著〔效应量为 0.08, F_1(1,46) = 25.83, $P < 0.01$〕。结果表明,对于复现次数多的汉字,能否单独使用对学习效果的影响不大,而当复现次数较少时,自由语素的学习成绩明显好于黏着语素。

另一个方向上,频率效应在自由语素上显著〔效应量为 0.11, F_1(1,46) = 36.90, $P < 0.01$〕,在黏着语素上也显著〔效应量为 0.17, F_1(1,46) = 84.42, $P < 0.01$〕。但总的来看,黏着语素的学习效果受汉字复现次数的影响较大,而自由语素受复现次数的影响相对较弱。

三、综合讨论

生字生词的复现率问题,一直以来受到第二语言研究者、教材编写者以及语言教师的重视,但如何在教材编写中合理地安排生字的复现,迄今为止还未找到有效的解决办法,尤其缺乏实验证据的指导和支持。本研究首次采用因素设计的方法系统考察不同类型的汉字如何实现最佳复现的问题。结果表明,增加复现次数确实能提高汉字的学习效果,但是对于不同类型的汉字,其效果是存在差异的。对于构词数少的汉字来说,复现次数的作用明显,而对于构词数多的汉字来说,其学习效果受复现次数的影响较弱;对于代表黏着语素的汉字来说,复现次数对学习效果有较大影响,而对可以充当自由语素的汉字来说,复现次数的作用较弱。

汉字是记录汉语的书写符号,识字量也是衡量学生汉语水平高低的一个重要指标,因此汉字教学成为对外汉语教学的一个重要环节。要提高汉字的教学质量，除了改进教学方法外，在教材编写过程中有计划地安排所学生字的复现也是非常必要的，所谓"温故而知新"。要提高生字的复现率，最简单的办法是单纯增加生字生词的出现次数。事实上，在我们的研究以及前人的研究中，均发现了非常稳定的频率效应[①]。这表明，汉字在教材中的出现次数会影响留学生学习汉字的效果。因为同一个汉字接触次数越多，学习者对该汉字的熟悉性就会提高，在心理词典中的表征就更精确，识别记忆所需的时间就越短。

那么单纯增加汉字的复现次数是否就是最好的复现方式呢？回答是否定的。因为我们的研究还发现，构词能力不同的两组汉字，其频率效应的强弱是不同的：构词数较少的汉字，其频率效应较强，而构词数较多的汉字，其频率效应较弱。这说明对于构词能力较强的汉字，复现次数的多少对其学习效果的影响甚微。比如"信"和"路"都是构词数较多的汉字，"信"在前45课中出现了9次，而"路"仅出现了3次，结果"信"的组词正确率是88%，"路"的正确率是92%。而对于构词能力较弱的汉字，复现次数多的汉字比复现次数少的学习效果好。比如"惯"和"汇"都分别只能构成"习惯"和"词汇"，然而"习惯"在课文中出现了8次，"词汇"在课文中出现了3次，结果"惯"的组词正确率为90%，"汇"的组词正确率仅为36%。这充分说明，对于构词数多的汉字，并不需要提高其复现率，只需要增加包含该汉

[①] 参见 W. K. Sergent & M. E. Everson. The Effects of Frequency and Density on Character Recognition Speed and Accuracy by Elementary and Advanced L2 Readers of Chinese. *Journal of Chinese Language Teachers Association*, 1992(27): 29–44；江新《汉字频率和构词数对非汉字圈学生汉字学习的影响》，《心理学报》2006年第4期。

字的其他复合词的个数就能达到较好的学习效果；而对于构词数较少的汉字，要想让学生取得较好的学习效果，则需要增加该字或由该字组成的复合词的出现次数。

汉字的构词数对留学生的汉字学习效果产生如此大的影响，主要与构词数效应的作用机制以及语素在心理词典中的表征有关：当一个语素的构词数比较大时，由该语素组成的复合词和派生词形成一个语素家族，家族中的成员互相联结，共享一定的语义特征，同时该语素承载着家族成员共享的语义特征，在词典中有一定的表征。当加工其中任何一个词时，所有的家族成员都被激活了，共享的语义特征也被激活了，从而加强了目标词的进一步激活与识别[1]。因此对于熟练读者来说，构词数效应的存在表明，语素在心理词典中存在表征，而且同一语素家族的成员之间相互联结，在词语加工过程中会自动激活。

研究还发现，不熟练读者在向熟练读者过渡的过程中，随着所学语素家族成员的增多，也会逐渐产生构词数效应。Krott & Nicoladis 发现，首语素的构词数会影响 4 至 5 岁儿童对复合词的分析或解释[2]。对于语素构词数多的复合词，儿童倾向于利用语素来解释，而对于语素构词数少的复合词，儿童则往往采用其他策略，比如利用近义词来进行解释。这是因为，对于构词数较少的语素，儿童还没获得语素的意义，因此很难将复合词分解到语素；而对于构词数较多的语素，儿童较容易从众多家族成员中抽

---

[1] 参见 R. Schreuder & R. H. Baayen. How Complex Simplex Words can be. *Journal of Memory and Language*, 1997(37): 118-139。

[2] 参见 A. Krott & E. Nicoladis. Large Constituent Families Help Children Parse Compounds. *Journal of Child Language*, 2005(32): 139-158。

取出共同语素的意思来，所以能利用内部语素来解释复合词。对于不熟练读者来说，构词数效应的存在表明了语素表征的建立及语素意识的发展。

　　本研究及赵果、江新等人的研究均发现汉字的构词数与汉字学习效果之间存在非常密切的关系。这表明，在无教师指导的情况下，留学生可以自己发现汉语构词的特点，抽取出语素的含义。因为目前的对外汉语教学主要立足于词汇教学，每课书的生词部分仅列出该课出现的新词及其解释，未对其内部的语素及结构做进一步的解释，教师也仅就词汇的用法进行补充，很少涉及内部语素。而留学生构词数效应的存在表明其心理词典的表征质量逐渐提高，逐渐向熟练母语者的模式发展。因此在教材编写方面应尽可能多地引入由同一语素构成的复合词的个数，这样做的好处在于：

　　第一，符合汉语构词的特点，有利于将汉语词汇的特性系统地展现给学习者。第二语言习得的研究表明，语言输入会直接影响学习者对语言特点的观察和认识，从而进一步影响学习者对新语言材料的推理能力，这一特点在语素的获得上表现尤其明显[1]。汉语构词主要以复合为主，语素跟语素通过一定的语义关系组合成复合词。而且汉语语素的构词能力非常强，平均每个常

---

[1] 参见 E. Bates & J. C. Goodman. On the Inseparability of Grammar and the Lexicon: Evidence from Acquisition, Aphasia, and Real-Time Processing. *Language and Cognitive Processes*, 1997(12)：507–584; J. Bybee. Regular Morphology and the Lexicon. *Language and Cognitive Processes*, 1995(10): 425–455; N. Ellis. Frequency Effects in Language Processing: A Review with Implications for Theories of Implicit and Explicit Language Acquisition. *Studies in Second Language Acquisition*, 2002(24):143–188; R. L. Gomez. Variability and Detection of Invariant Structure. *Psychological Science*, 2002(13): 431–436。

用语素可构成 14 至 15 个复合词①。如果在教材中能够较早引入几组语素家族，有利于吸引留学生注意汉语复合构词的特点，尤其是对那些母语中构词主要以派生和屈折为主的学习者。

第二，有利于学习者语素意识的发展，进一步促进词汇学习。本研究及郝美玲、张伟（2006）②的研究均发现，学习汉语的留学生会逐渐发展出语素意识。第一语言和第二语言词汇发展的研究均表明，语素意识与学习者词汇量的发展存在非常直接的相互促进关系③，利用语素来分析生词的意思是学习者常用的一种词汇学习策略④。而语素家族的引入能促使学习者尽早发现汉语的构词特点，尽早获得语素的表征，从而在阅读中更有效地利用语素线索去推测生词的意思。

第三，有利于提高学习者心理词典的表征质量，促进阅读发展。Perfetti 认为，阅读获得的基本过程是获得词典表征，包括词典中词条数量的增加和词典表征质量的提高⑤。词条数量的增加主要靠学习个别词，而词典质量的提高是词典表征精确性和冗余

---

① 参见苑春法、黄昌宁《基于语素数据库的汉语语素及构词研究》，《语言文字应用》1998 年第 3 期。

② 郝美玲、张伟《语素意识在留学生汉字学习中的作用》，《汉语学习》2006 年第 1 期。

③ 参见 J. F. Carlisle & J. Fleming. Lexical Processing of Morphologically Complex Words in the Elementary Years. *Scientific Studies of Reading*, 2003(7): 239–253; R. Morin. Derivational Morphological Analysis as a Strategy for Vocabulary Acquisition in Spanish. *The Modern Language Journal*, 2003(87): 220–221。

④ 参见 Y. Moti. The Role of Context and Word Morphology in Learning New Kanji Words. *The Modern Language Journal*, 2003(87): 404–420。

⑤ 参见 C. A. Perfetti. The Representation Problem in Reading Acquisition. In P. B. Gough, L. C. Ehri & R. Treiman (Eds.) *Reading Acquisition*. Lawrence Erlbaum Associates Publishers, 1992.

性获得的结果。由同一语素构成的一系列复合词在语义上往往有较高的联系，容易在学习者的心理词典中建立起联结。语素家族成员的数量越多，词条之间的联结强度越大，表征就越精确，从而加速词汇识别与提取的速度。

第四，有利于增加教材中的词汇数量。词汇缺乏是第二语言学习者在写作和交际中面临的主要困难，造成学习者词汇缺乏的一个主要方面是教材中引入的词汇数量较少。由于汉字是一种较为复杂的书写系统，为了保证学生取得较好的学习效果，往往需要提高汉字的复现率，但是受教材容量和学习者接受能力的限制，出现的词汇数量相应地就减少了。而通过增加语素家族成员的数量，在教材容量同等的情况下，可以有效地增加教材的词汇量。

综上所述，通过增加同一语素的家族成员来实现复现率是行之有效的。这样不仅可以提高语素或汉字的复现率，而且能够将汉语的构词特点巧妙地呈现给学习者，有助于培养留学生的语素意识，从而进一步提高识字量和词汇量。

本研究还发现，代表自由语素的汉字学习效果显著好于代表黏着语素的汉字。更重要的是，在出现次数较少的情况下，语素类型的效应更显著。这表明要达到同等学习效果，这两类汉字所需的复现次数并不相同。据康艳红和董明的标准，复现次数达到6时才会使学习效果得以保持[①]，目前还没有实验证据来证明这一标准是合理的。但我们的研究进一步表明，在匹配了其他因素的影响后，自由语素所需的复现次数应该比黏着语素少。其原因可

---

① 参见康艳红、董明《初级对外汉语教材的词汇重现率研究》，《语言文字应用》2005年第4期。

能有以下两点：

其一，与上文所说的语素意识有关。两种汉字在语素意识的形成上是不同的，自由语素由于可以作为单字词在语言中自由使用，本身具有明确的意义，字义的获得不需要通过大量复合词的积累；而黏着语素由于教材未给出意义，需要通过积累大量的复合词或语境来抽取出合适的意义，因此需要更多的复现。这一点已在汉语儿童身上和有汉语背景的熟练读者身上得到证实[①]。

其二，常用的单字词中有些是动词或封闭类词，是一个句子必不可少的成分，因此在编写教材的时候，并不需要刻意考虑这部分词的复现率。例如学习结果补语的时候，自然而然就会出现"开、关、打、拉、合"等词，而教师在备课、上课的过程中，为了加深学生对所讲授语法的印象，会设计较多练习，例如"打开门、打开窗户、打开书包、打开……"考虑到课文容量和课时设置等方面对复现率的限制，可适当减少能充当特殊句法角色的单字词的复现率。

四、结论

本节考察了不同类型汉字的复现情况对汉字学习效果的影响，发现：（1）构词数多的汉字，其学习效果较少受复现次数的影

[①] 参见郝美玲《汉语儿童词素意识的发展》，北京师范大学博士学位论文，2003 年；M. Shimomura. Kanji Lexicality Effect in Partial Repetition Priming: The Relationship Between Kanji Word and Kanji Character Processing. *Brain and Language*, 1999(68): 82−88; M. Taft & X. Zhu. The Representation of Bound Morphemes in the Lexicon: A Chinese Study. In L. B. Feldman (Ed.) *Morphological Aspects of Language Processing*. Hillsdale, NJ: Erlbaum, 1995。

响，而构词数少的汉字的学习效果受复现次数的影响较大；（2）代表自由语素的汉字的学习效果较少受复现次数的影响，而代表黏着语素的汉字的学习效果受复现次数的影响较大。在实验研究的基础上，我们建议，在教材编写中要尽可能多地引入语素家族成员的个数，这样做不仅符合汉语构词的规律，还可以促进留学生语素意识的发展、扩充词汇量、提高心理词典的表征质量。代表黏着语素的汉字由于在获得语义表征上较难，因此不仅需要更多的复现次数，而且需要更多的家族成员来促进语素义的抽取。

第四节　语法教学示例的基本原则[①]

对外汉语教材中的语法教学离不开典范用句的示例。例句的选择应该注重典型性。所谓典型性，即所选取的例句具有代表性，最能体现所讲解的语法表达形式的语义、语法及语用特点，在三个平面上都经得起推敲。传统教材多在语义和语法方面强调例句的典型特点，而我们更强调典型例句选取的语用标准。因为相对而言，语用体现的是更为动态、细致的层面，更贴近对外汉语教学的需要。如果说语义解决的是"何时用"，那么语用解决的就是"何时必用、何时多用、何时少用"；如果说语法解决的是"如何用"，那么语用解决的则是"如何用得地道"。

[①] 本节选自郭晓麟《对外汉语教材语法教学示例的基本原则——以趋向结构为例》，《语言教学与研究》2010 年第 5 期。

当前初级汉语教材的语法部分存在很多非典型示例,究其原因,就是对语法结构的形式、意义关注过多,而对用法关注不够。例如,在讲解"量词重叠式表示周遍义"这个语法点时,出现了很多"个个姑娘都非常美丽/件件衣服都非常漂亮"[①]这种量词重叠式充当定语的例句。这种句子看起来没有什么问题,但在实际语料中,量词重叠式充当定语的非常少[②]。在我们所统计的443例含"个个"的句子中,"个个"充当定语只有5例,有415例充当的都是主谓谓语句的小主语,比如"革命军人个个要牢记,三大纪律八项注意"。上面这种教材示例忽视了语法结构的语用特点,造成典型度不够,属于非典型示例。

语法教学不是单纯为了让学生了解语法结构的形式和意义,而是希望学生能够说出或写出合适的句子。因此,不注重语用教学,"只将汉语处理为一种静态的语言知识的教学,而不是与现实语境、现实交际目的结合的动态的言语教学"[③],就会使语法教学偏离本来的目的。为了在语法教学中给语用以足够的重视,我们拟以趋向结构的教学为例,提出汉语教材语法教学示例的四项语用典型性原则。

我们调查了三部初级汉语综合教材和一部面向留学生的汉语语法参考书,对其中的趋向补语示例进行了梳理[④]。我们选取教

---

① 例句选自《速成汉语基础教程》第六册第一课,北京大学出版社,2007年。
② 张旺熹《汉语句法的认知结构研究》,北京大学出版社,2006年。
③ 卢福波《语法教学的基本原则与操作方法》,《语言教学与研究》2008年第2期。
④ 这些教材和参考书分别是:郭志良、杨惠元主编《速成汉语基础教程》,北京大学出版社,2007年;邓懿主编《汉语初级教程》,北京大学出版社,1987年;李晓琪主编《新汉语教程》,北京大学出版社,1999年;李德津、程美珍《外国人实用汉语语法》,华语教学出版社,1982年。

材的原则是：汉语综合教材与语法参考书兼顾，新旧兼顾。另外，还照顾到教材对语法点的讲解足够详细，以便我们能找到足量的例句进行分析。所选取的例句包括在课文中、语法讲解部分以及练习中出现的句子。

一、典型表达结构类型示例原则

在表达同样的概念时，人们往往会选取不同的结构形式表达，而不同的结构形式的选择也有概率上的不同。语法教学示例要体现结构类型选用比例的典型性。否则我们就会在学生的语言输出中听到很多合乎语法但不地道的句子，其实就是对某些不常用结构的泛化使用。

趋向结构包含很多结构形式。比如在表达"进入一个封闭空间"这个概念时，我们就有很多形式可供选择：A. 趋向动词+L（进房间）；B. 趋向动词+"来、去"（进来/去）；C. 趋向动词+L+"来、去"（进房间来/去）；D. 一般动词+简单趋向补语（非"来、去"）+L（跑进房间，送进房间）；E. 一般动词+复合趋向补语（跑进去/来，送进来/去）；F. 一般动词+复合趋向补语+L（跑进房间来/去，送进房间来/去）。这些结构中哪些形式使用比例高呢？

我们对老舍、王朔、海岩的作品进行了全面搜索，统计了表达"进入一个封闭空间"这个概念的所有语句，然后将他们使用六种结构形式的比例从高到低排列如下：

老舍：B＞E＞A＞D＞F＞C

王朔：B＞A＞E＞D＞F/C

海岩：D＞B＞A＞E＞F＞C

三人的作品中，F 和 C 两种结构都是使用最少的：350 万字的老舍作品中共 48 例，占所有趋向结构使用的 7%；280 万字的海岩作品中共 39 例，占 2.6%；72 万字的王朔作品中无一例。按说这两种结构形式共占了所有可能形式的 33%，但实际用例却是少之又少。

再来看这个排列的另一端，老舍和王朔作品用例最多的都是 B 类结构，各有 349 例和 133 例，分别占 53% 和 40%。海岩作品有所不同，用例最多的是 D 类结构，638 例，占 43%。这种不同可能跟作家的写作风格有关，老舍和王朔作品生活气息较浓，而海岩作品则多为警匪题材，所以多用强动作描写性的 D 类结构[①]。

那么汉语教材用例中这几种结构形式的比例又怎样呢？由于汉语教材中对趋向结构的讲解不包含 A 类结构，我们只统计了 B 至 F 五种结构。

表 3-12 教材各结构类型示例统计表

教材名称	E	B	F	C	D	共计
速成汉语基础教程	17	15	12	11	9	64
汉语初级教程	24	11	10	11	0	56
新汉语教程	9	9	4	4	0	26
外国人实用汉语语法	27	8	13	10	1	59

有意思的是，这四部教材各结构用例比例几乎是相同的，呈现的比例由高到低差不多都是 E＞B＞F＞C＞D。这里隐藏了两方面的问题：

[①] 有关 D 类结构的强动作描写性的论述见本节第四部分。

1. D 类结构用例过少,有两部教材中均无一例,还有一部教材只有一例。

2. F、C 两类结构用例过多。在四部教材中分别占全部用例的 36%、38%、44%、39%。

结构 D 语言输入比例过小,结构 F 或 C 语言输入比例过大。二者结合,特别是后者,造成的后果就是 F、C 两类结构的泛化使用。比如我们常在学生的作业中看到如下的问题句:

(1) ? 老师刚走进教室来就开始上课。

(2) ? 过了四十五分钟,李刚出公安局去了。

(3) * 我知道一走进学校去就一定要在校园里隔离。

(4) ? 上课了,我们快走进教室去吧!

二、典型功能示例原则

"一般动词+来、去"是教材中首先会涉及的趋向结构。此类结构在实际语料中句法位置比较固定,功能特点鲜明。如"一般动词+来"多用在关系从句,或"是……的"句中。

(5) 何况他手上那只花了八块冤枉钱【买来】的电子表,才一年多的工夫就傻呆呆地不肯往前走字了,他事事得跟别人问时间,自己不方便,人家也烦。(海岩《死于青春》)

(6) 家产拍卖一空,后代扫地出门,落得上无片瓦,下无立锥的境地,连罗保春自身的安葬之处,都是由女儿卖光个人物品【买来】的。(海岩《拿什么拯救你,我的爱人》)

两例中"买来"分别处于关系从句和"是……的"句中。这两个位置看起来毫无关联。但是细究其功能，两者却是相同的，即它们都用来追溯事物的来源："电子表"的来源是"花了八块冤枉钱买来的"，"罗保春自身的安葬之处"的来源是"女儿卖光个人物品买来的"。

在我们搜索到的含"一般动词+来"的 687 个句子中，处在这两个句法位置的共有 405 例，占 59%。可见，"追溯来源"是"一般动词+来"这种结构的主要功能。

"一般动词+去"也有自己偏爱的句法位置。多出现在"给、向、朝、往"等表示方向的介词短语中或另外一个表示目的的动词短语前。同时受事一般前置于动词或者只在前文语篇中出现，如例（7）受事"打火机"前置于动词"送"，例（8）的受事"这些钱"则出现在前文语篇中。

（7）景科长继续说道："那打火机我们已经托北京市局的人给你女朋友【送去】了。她叫季文竹对吧？她是你女朋友吗？她爱抽雪茄？"（海岩《阳光像花一样绽放》）

（8）母亲说："这些钱，是咱们辛辛苦苦攒下来的，是给他用的，他怎么能【拿去】给其他女孩子呢，这是咱们辛辛苦苦攒下来的钱。"（海岩《阳光像花一样绽放》）

例（7）"送去"出现在"给"引导的介词短语后，例（8）"给其他女孩子"表示"拿去"的目的。"送去、拿去"所处的这两种结构位置的功能也是相同的，即追究事物的去向："打火机"的去向是"送给了你女朋友"，"这些钱"的去向是"拿给其他女孩子了"。

在搜索到的全部 743 个含"一般动词 + 去"的句子中，处于这两个句法位置上的有 617 个，占 83%。可见，"追究去向"是这种结构的主要功能。

对这种结构，教材示例应该多考虑其鲜明的功能特点，选取能表现典型功能的例句。但在我们考察的几种教材中，却并非如此。教材中大量使用的都是功能含混的"施事 +V 来 / 去 + 受事"类例句（即便在"V 去"前有"给"引导的介词短语，也因为受事后置于动词而体现不出追究去向的意义）。表 3-13 是我们对几部教材中包含此类结构的例句进行的统计。

表 3-13　教材"一般动词 + 来、去"类结构示例统计表

教材名称	例句	比例
速成汉语基础教程	（女儿寄来了什么？）女儿寄来了一些书。	23/27
汉语初级教程	他带来了一个朋友。	2/2
外国人实用汉语语法	我给姐姐寄去了一套明信片。	5/10

在所统计的教材中，有三部出现了此类结构，例句数量分别是 27、2、10，其中分别有 23、2、5 例是"施事 +V+ 受事"句。

功能说明不明确，学生不明白新结构的功能，就不会在表达中自觉使用。在学习过并熟练掌握了"施事 +V+ 受事"这类句子后，学生很难理解为什么要用"来、去"表示动作的方向。如我们完全可以问"你给朋友寄什么了？"而不一定非要说"你给朋友寄去了什么？"

三、典型信息结构示例原则

"一般动词+来"和"一般动词+去"的功能是相通的,它们都体现对受事的关注。所关注的东西必然已存在于人们的注意范围以内,也就是说,是旧信息。这就决定了这种句子中受事一般不会做宾语,因为宾语常传达新信息。在语料中,受事的常见位置有三:被"一般动词+来、去"关系化的中心语位置,如例(5);动词前,如例(6)(7);前文语篇中,如例(8)。虽然如此,仍然有较少数量的受事宾语句存在。

我们扩大语料范围,对受事宾语句使用较多的"带来、拿来、寄去"句进行了搜索。共计294个句子中,受事充当宾语的情况有140个,占48%。表3-14是对受事宾语信息结构的分析。

表3-14 受事宾语信息结构统计表

	抽象或无指受事	有指受事		
		旧信息	新信息	
			偶现信息	首现信息
带来	70	13	19	10
拿来	0	2	8	3
寄去	2	8	5	1
共计	72	23	32	14
			46	

受事宾语有一个强大的功能:容纳抽象或无指名词。共有72例如此,特别是"带来"句:

(9)小虹是犯了大错误,很大的错误,给党和国家【带来】很坏的影响,我革命这么多年,还能袒护她吗?(海岩《便衣警察》)

（10）他等她过来找他，给他【带来】吃的东西，天冷时还【带来】暖和的铺盖，还【带来】赶走寂寞的笑声和唠叨。（海岩《拿什么拯救你，我的爱人》）

例（9）"很坏的影响"和例（10）"笑声和唠叨"是抽象受事。例（10）"吃的东西""铺盖"是无指受事。

有指受事的 69 例中，受事表达旧信息 23 例，新信息 46 例。旧信息的例子如：

（11）赵老师，我想您一定会为我高兴的。如果我的作文真能在报上出现，到时，我一定会给您【寄去】一张的！（《小学生作文》）

（12）优优也确实需要调理一下身体，她在知道胖胖死亡的噩耗之后，精神处于崩溃状态，一连三天水米未进。……周月来看优优，给优优【带来】了鲜花和水果，他注视着优优苍白虚弱的面庞微微含笑，而优优却禁不住两眼热泪奔流。（海岩《平淡生活》）

例（11）"一张"是对"登载'我的作文'的报纸"的异形回指，是旧信息。例（12）"鲜花和水果"虽然在前文中没有出现过，但也并非是全新的信息，而是"易推信息"（accessible information）[①]，看病人带鲜花和水果是常识，因而是可推知的，处于新旧之间。

46 例受事表达全新信息的例子中，32 例是首现信息，即第一次出现，有延续性，后文会有复现的信息。这 32 例中的受事

[①] 方梅《信息结构与句法结构》，2009 年暑期高级语言讲习班讲义。

多为后文的新话题；偶现信息，即在篇章中只出现一次，后文不再重提的只有 14 例。这 14 例无一例外，其前或其后会有平行的动作出现。

　　（13）她每天很早就来到医院，给信诚【带来】可口的早餐。早餐每天都换花样，豆浆油条、稀饭咸菜、馄饨包子，还有面包水果、奶酪和鸡蛋，均按信诚前一天晚上的想法，一一采买准备，然后用保温罐装好，一直送到床前。（海岩《平淡生活》）

　　（14）小珂的母亲在丈夫的连声督促下，拿完了烟糖又【拿来】一盒点心，直把刘川伺候得坐立不安，……（海岩《阳光像花一样绽放》）

　　例（13）"早餐"成为后文的新话题，例（14）"拿来一盒点心"前边有平行动作"拿烟糖"共现。

　　总之，"一般动词 + 来、去"结构的受事宾语句中：抽象或无指受事以及旧信息做宾语是无条件的；新信息做宾语都是有原因的，或为后文引出新话题，或为描写几个平行的动作。

　　考察所统计的四部汉语教材，在所有的 30 个受事宾语句中，宾语没有一例是抽象或无指名词。如《外国人实用汉语语法》所举的 5 例受事宾语句的宾语分别为"一张照片、一套明信片、一把椅子、一些朋友、一个本子"。这些受事宾语句都以单句形式出现，因为没有前文，这些受事只能理解成新信息。新信息做受事宾语，就要求后文有关于这个信息的说明语句，或出现另一个平行的动作。教材中的例句显然不符合这样的要求，因为作为单句，没有后文可以容纳这些信息，所以它们都属于非典型示例。

作为典型例句,应把例(15)改为例(15')(15")。

(15)他给我寄来了一张照片。(《外国人实用汉语语法》)
(15')他给我寄来了一张照片,照片上的他年轻又帅气。
(15")他给我寄来了一张照片,还寄来了一本书。

这种例句已经不限于句法层面,而进入了语段层面。这就又涉及了另外一个问题:语法教学的典型语篇示例原则。

四、典型语篇语体示例原则

(一)典型语篇示例原则

张旺熹提到主谓谓语句的教学问题,就曾经说:"从语段的角度看,在对外汉语教学中,单纯从单句结构来进行主谓谓语句的教学是有很大局限的,它不能准确解释主谓谓语结构的语义本质……我们可以在课堂语法教学中……进行语段层面的结构形式教学。"[①]

这种说法当时虽是针对主谓谓语结构提出的,但却具有普适性。

随着语法研究的推进,人们越来越发现语法结构依赖语段而不是单句存在。上文提到的 D 类结构,即"位移动词+简单趋向补语+L"就是这样一种结构。它常用于描述一连串的动作,而不是单独的动作,因而多出现在语段中。

(16)韩丁<u>离开</u>了罗晶晶,他独自【<u>走进</u>厨房】,在厨房里<u>喝</u>了一口水,然后又<u>走出来</u>,<u>穿过</u>走廊<u>走向</u>门口。(海

---

① 张旺熹《主谓谓语结构的语义模式》,《世界汉语教学》1993 年第 3 期。

岩《拿什么拯救你，我的爱人》）

(17)方方【走进盥洗室】,打开皮包,拿出两套警服换上,走出盥洗室,沿安全楼梯爬上去。（王朔《一半是海水一半是火焰》）

例（16）描写了一系列动作："离开——走进——喝水——走出来——穿过——走向"，"走进厨房"是其中一个环节。例（17）"走进盥洗室"也是"走进——打开——拿出——换衣服——走出——爬上去"系列动作之一。

海岩作品中的634例含"走进"的句子，描写连续动作的有485例，占76%。王朔作品的56例，也有39例用于连续动作的描写，占70%。可见这种结构具有强动作描写性。

我们对教材中此类结构例句进行了调查，见表3-15。

表3-15　教材D类结构示例统计表

教材名称	例　句	比　例
速成汉语基础教程	小王走进了那个楼。	9/9
外国人实用汉语语法	他走进了客厅。	1/1

所调查的四部教材中，只有两部出现了此种结构的示例。共10个例句，无一例外都以单句的形式出现，结构的语篇特点没有得到展示。

这种状况会使学生难以弄清"小王进了那个楼"和"小王走进了那个楼"这两个句子的区别所在。后一句的"走"在语义上是多余的，它存在的目的就是为增加动作性，所以更适于对一连串动作的描写（比如：小王停下车，打开车门，下了车，又打开后备厢,从里边拿出一个手提箱,走进了那座楼)。另外,"小王进了那个楼"可以作为对"小王呢?"的回答,用于对话体,但"小王走进了那个楼"不行。海岩和王朔作品中"走进"类句子无一例出现在对话中。可见语体也是汉语教材语法示例应该注意的一个重要方面。

(二)典型语体示例原则

含有处所宾语的复合趋向补语结构"一般动词+复合趋向补语+L",即上文所说的F类结构,是大多数汉语教材着力较多的结构。这种结构出现的典型语体是书面语。海岩作品中36例含"走进"的用句无一出现在对话中,老舍作品的29例也都如此。王朔作品风格比较接近口语,在他72万字的作品中,没有出现一例此类用句。这些都说明此结构偏爱典型的庄重的书面语。那么在汉语教材中例句选取的情况如何呢?

表3-16 教材F类结构示例统计表

教材名称	例 句	比例
速成汉语基础教程	(王老师呢?)王老师走上了楼去了。	8/12
汉语初级教程	(山本跑到哪儿去了?)他跑回宿舍去了。	8/10
新汉语教程	他走进厨房来了。	0/4
外国人实用汉语语法	孩子跑下楼来了。(说话人在楼下)	3/13

"比例"一项中斜线右边的数字是此类结构用例的总和,左边的数字是明确用于对话体或口头表达的例句总和。有两部教材使用的例句用于对话体的比例很高。《外国人实用汉语语法》中比例较低,《新汉语教程》中没有用于对话体的例子。但观察这些未用于对话体的例子,发现它们的语体是含混的,虽然没用于对话,但也没有任何典型书面语的特点。例如:

(18) 他跑上楼去了。（《新汉语教程》）

(19) 他走过马路来了。（《外国人实用汉语语法》）

(20) 他跑回家去了。（《外国人实用汉语语法》）

含混、非典型语体的例句会误导学生在对话中不恰当地使用此类结构。例如以下的对话：

(21) A：彼得呢？

B：？？他跑下楼去了。（留学生会话）

五、对趋向结构语法项目编排的建议

以上教材语法教学非典型示例总起来说就是：面目模糊，没有特点。这看起来单纯是例句选取问题，但究其根本，与语法项目编排的原则有关。

目前汉语综合教材以及语法参考书中对语法项目的选取多以系统性为原则。其中的语法项目摘出来，完全是一部现代汉语语法教材的简写本。面向中国学生的现代汉语教材要求系统性，可以帮助他们高屋建瓴，明了现代汉语语法的纲目。但面向留学生的语法讲解的目的是让他们学会如何表达。不同的目的要求编排语法项目的原则应有所不同。

系统性要求对语法项目的编排要全面，追求寻找同一范畴各语法形式的共同点。比如，动作的方向性是趋向结构各形式的共同点。正是这一点将它们归拢在趋向补语这个语法范畴之内。而这种对共同点的追求恰恰限制了对不同结构形式用例特点的表达。

我们来看两部教材对趋向补语的详细定义。

表 3-17　教材趋向补语定义

教材名称	新汉语教程	外国人实用汉语语法
趋向补语		在谓语动词后边补充说明动作趋向的词和词组叫趋向补语。
趋向补语"来、去"	"来"和"去"可以跟在动词后补充、说明动作的<u>方向</u>。……如果动作朝着说话人进行,用"来",反之用"去"。	趋向补语"来""去"表示的方向是对说话人讲的。……不是表示动作的实际趋向,而是表示动作与说话人的<u>方向</u>关系。
复合趋向补语	动词"上、下、进、出"等后边加上"来/去"以后,也可以放在动词后边补充说明动作的<u>方向</u>,叫作复合趋向补语。	复合趋向补语做动词谓语的补语时,表示双重的<u>趋向</u>。

在这些关于趋向补语的定义中,反复强调的都是动作的"方向、趋向"。对中国学生来说,强调表达同一语法范畴的各种形式间的共性也许是重要的,但对留学生来说,各种形式个性的学习远比共性的学习更为重要。

为了顾及各种句法形式的个性,有必要牺牲一些系统性。因为既照顾共性又照顾个性的系统会变得过于庞大,使人望而生畏,给留学生的学习平添很大的障碍。

在降低系统性方面,对趋向结构的教学,我们的建议有二:

1. 有些结构可以不必强调方向性,例如"一般动词＋来、去"。可以将"追究来源和去向"而不是"与说话人的方向关系"交代给学生。

课文的例句应以对话体为主,以便学生了解这种功能。

例如：

（22）这些巧克力是哪儿来的？——这是小王从美国带来的。

（23）你的电脑呢？——山本拿去玩游戏了。

2. 上文提到的 B 至 F 五类趋向结构可以不必集中讲解，可以分散到不同的阶段进行。

B 类结构，是口语最常用的，可以在初级阶段交代给学生。因为初级阶段的学生最重要的是生存需求，所学的东西以口语对话为主。

D、E 类结构偏重书面语，是对动作的描写，适宜在中级阶段引入。此阶段的学生会逐渐有书面表达的需求。

F 和 C 类结构是否应该引入，是值得商榷的。在表达"进入一个封闭空间"这个概念时，F 类结构使用比例在老舍作品中是 4.4%，海岩作品中是 2.5%，而在王朔作品中没有一例；C 类结构使用比例在老舍作品中是 2.9%，海岩作品中不到 0.1%，王朔作品中仍不见一例。这两类结构是不是在消亡过程中，是有待观察的。

降低语法教学的系统性，可以减轻学生学习的压力，也可以使教材编写者有从容的心态细致对待每一个句法结构，找到它们的特点，以选取典型的语用示例，而典型语用示例的输入才能帮助学习者输出规范的语言。

这是教材针对性的体现。

第五节　口语教材中会话对答结构类型的表现分析[①]

我们在教学实践中发现，很多已经进入高级阶段、较好地掌握了汉语知识的学习者，仍然在某些日常口语方面表达困难，比如做出较为复杂的应答、适时并恰当地转换话题、得体地结束会话等等。会话理论告诉我们，要成功地进行交际，只靠语音、语法和词汇的知识是远远不够的[②]。吴宗杰也曾指出："娴熟的话轮替换是交际能力之一，……没有这种能力，一个外语学习者即使具备良好的遣词造句能力，也无法有效地用外语进行自然会话。"[③]

造成目前学习者这一能力缺失的原因是多方面的，而已有教材的编写方式可能是其中一个重要原因。口语交际的特点要求会话双方在遵循合作原则的基础上，根据不同的语境选择适当的引发语和应答语，不断进行协调，以确保交际能够顺利进行。对答结构作为会话的重要组成部分，关涉会话进程的诸多方面，是影响会话交际成效的关键因素之一。口语教材尤其是中高级口语教材如果要比较真实地体现口语交际的特点，就必须对汉语对答结构有合理的反映。

基于上述问题及启示，本节借鉴会话分析理论，运用实证研究的方法，对汉语口语教材中的会话对答结构类型进行了统计分

[①] 本节选自王文龙《汉语口语教材中会话对答结构类型的表现分析》，《华文教学与研究》2013年第4期。

[②] 参见苗兴伟《话轮转换及其对外语会话教学的启示》，《外语教学》1995年第3期。

[③] 参见吴宗杰《外语课堂话轮类型析》，《外语教学与研究》1994年第2期。

析，详陈得失，在此基础上对口语教材的编写进行反思，并提出切实可行的建议。

一、汉语中的会话对答结构类型

目前汉语中的会话对答结构类型的相关探讨和研究成果还非常有限。其中，刘虹对汉语会话中的对答结构进行了多层面的探讨，是目前最为全面、深入的研究[①]。其在归纳和区分对答类型时，主要依据以下原则：

1. 当一种引发语和另一种引发语功能相近时，则考察它们是否具有相同的应答语选择范围。如果应答语选择范围不同，那就分属两类不同的对答结构。

如"祝愿"和"祝贺"，二者功能相似，但"祝愿"可以用"没事儿，别担心""放心吧"等"宽慰"类话语来应答，而"祝贺"不能；反过来，"谦虚"类话语，如"不好意思""承蒙各位抬爱""这点成绩实在算不了什么"等，可以做"祝贺"的应答语，却不能做"祝愿"的应答语。所以应分属两种不同的对答类型。

2. 如果一种引发语与另一种引发语功能相近，而且应答语的范围也无本质区别，那么就将它们归为一种对答结构。

比如"抱怨"与"批评"，两者功能相近，而且应答语也都可归纳为"接受/借口/否认/争辩/挑衅"等类型，范围基本一致，所以"抱怨"和"批评"可以归为一类，即"指责"类。同理，"邀请"和"提供"可归并为"提供"类；"请求"和"命令"可归并为"要

[①] 参见刘虹《会话结构分析》，北京大学出版社，2004年。

求"类;"陈述"和"评论"可归并为"陈述"类。

刘虹(2004)根据上述归类原则,在前人研究的基础上,将汉语会话中的对答类型归纳出 15 种,内含 46 个小类(具体类型可参见表 3-18)。

15 种对答类型中,有 4 种类型只有一个对答小类,即只有一种应答语,而其余 11 种类型的应答语均在两种以上。比如"介绍"类有两种,"建议"类有 4 种,"要求"类有 5 种,"指责"类有 6 种,最多的是"陈述类",多达 7 种应答语。

在实际会话中,应答语的种类或许更为丰富,对答小类也可以划分得更为细致。实际上,刘虹也强调了其归纳的 15 类只是主要类型,并不涵盖所有类型。比如,"道歉"类在刘虹(2004)的分类中包含两个小类:"道歉—宽慰"和"道歉—责备",但在言语交际过程中,也有可能出现其他的应答。如下面的例子:

  A:这件事的确是我做错了,请你原谅!
  B:a. 嗯,知道错了就好,下不为例!
    b. 这话你应该去对刘明说,而不是对我。
    c. 对不起,除非你做出书面道歉,否则我不能接受。
    d. 道歉的应该是我,是我没处理好。

B 的几种应答归入"宽慰"或"责备"似乎都不合适。a 以一种高高在上的姿态明确接受了 A 的道歉,是一种"接受";b 转移了应答对象,而 c 则做出了进一步要求,提出了接受的条件,其实这两种应答都没有接受 A 的道歉,并且不同程度地表现出某种不友好、不合作,都可以归为对道歉的"拒绝";d 则是反过来以"道歉"类话语作答。

其他对答类型几乎都可以做类似的细分。我们当然可以把上例中的应答作为新的对答小类放入"道歉"类对答类型中，但考虑到这些应答语或者基本可归入其他小类，以一种类型来统摄，或者其使用需要非常特殊的语境，属于比较极端的用例，即便在实际言语交际中也很少出现，因此可以作为特例处理，而不作为会话的一种常规对答类型，教材中不必刻意表现。

另外，有些对答类型也许可以做更为细致的划分，比如包含 7 个对答小类的"陈述"类对答。"陈述—陈述"中陈述性的应答可以是进行"描述"，可以是做出"评价"，也可以是提出"建议"等，相对应的也就可以进一步划分为"陈述—描述""陈述—评价""陈述—建议"等对答小类。同样，"陈述—否定"中的应答可以是一般性的否定，也可以是提出"异议"或"批评"等。"建议"类、"指责"类、"要求"类和"提供"类等对答类型几乎都可以做类似的细分。但也正如上述所言，这些细分出来的小类基本都可归入其他小类，以一种类型来统摄，而且通过前期的预研究发现，由于教材中出现的对答类型有限，现有的 15 大类 46 个小类对我们分析教材绰绰有余，并不妨碍我们对教材的考察及最终结论的得出，故这里不再细化，仍沿用刘虹（2004）的这一分类。

二、汉语教材中对答类型的表现分析

（一）研究方法

西方学者和教师很早就将话语分析理论应用于语言教学领域[①]，

---

① 参见 M. McCarthy. *Discourse Analysis for Language Teachers*. Cambridge University Press, 1991: 5—7。

第五节　口语教材中会话对答结构类型的表现分析

更有研究者将会话分析理论应用于教材编写的评估之中。目前国内一些研究已经注意到了对答结构在口语教学及教材中的重要性及不足①，而将对答结构与汉语教学相结合的研究，近年来也逐渐进入人们的视野。其中，刘元满（2008）和关颖（2006）②的探讨比较有代表性。但总体来说，关于汉语对答结构在教材中表现的研究还只是刚刚起步，研究方法和研究范围有限，缺乏相对系统的研究和具体的指导性建议，尤其需要实证性、应用性的研究。

我们运用会话分析理论，采用统计分析和对比分析的方法，对各部教材中所要考察的内容进行统计，得出数据；同时对各部教材进行了横向对比分析；另外还对各项目在教材中的共现情况进行比较，并在此基础上深入分析，得出相关结论，提出了具体的、具有可操作性的建议。

所选取的教材为（共4套8册）：《汉语高级口语教程》（以下简称《教程》）《发展汉语·中级汉语口语》（以下简称《发展》）《汉语会话课本》（以下简称《课本》）《高级汉语口语》（以下简称《高口》）③

选取标准如下：

---

① 参见刘虹《会话结构分析》，北京大学出版社，2004年；刘元满《高级口语教材的话题、情景和话轮》，《北京师范大学学报》（社会科学版）2008年第5期。

② 参见关颖《从陌生人之间会话的开头语看对外汉语教材会话的编写》，《暨南大学华文学院学报》2006年第3期。

③ 刘元满、任雪梅、金舒年《高级汉语口语》（1册），北京大学出版社，2004年；王改改《发展汉语中级汉语口语》（上、下册），北京语言学院出版社，2005年；杨寄洲、贾永芬《汉语高级口语教程》（上、下册）北京大学出版社，2007年；赵永清《汉语会话课本》（二年级下册），中国社会科学出版社，2007年。

1. 教材的课文以会话为主或每课课文中均含有会话内容，便于运用会话分析理论。

2. 都是中高级教材，编选会话时较少受语言要素等限制，有利于减少其他因素干扰，分析结果更为可靠。

3. 使用量较大，有一定权威性和代表性，研究结论更有说服力。

4. 出版年代相近，社会背景相似，语言教学研究的大环境一致，具有较强的可比性。

（二）教材中对答类型的使用情况

我们对4部汉语教材中对答类型的使用情况进行考察统计，相关数据见表3-18。

表3-18 教材中对答类型的使用情况

对答类型		使用数量 / 比例				
引发语	应答语	《教程》657	《发展》377	《课本》379	《高口》451	
致意	致意				5/1.1%	
告别	告别				1/0.2%	
呼唤	回答					
询问	回答	242/36.8%	113/30.0%	146/38.5%	87/19.3%	
道歉	宽慰		1/0.3%	1/0.3%	2/0.4%	3/0.6%
	责备				1/0.2%	
祝愿	感谢	1/0.2%	1/0.2%		1/0.2%	2/0.4%
	祝愿				1/0.2%	
	宽慰					
介绍	致意			2/0.5%	2/0.5%	1/0.2%
	介绍				1/0.2%	

第五节　口语教材中会话对答结构类型的表现分析

（续表）

对答类型		使用数量 / 比例							
引发语	应答语	《教程》657		《发展》377		《课本》379		《高口》451	
建议	同意	5/0.8%	10/1.6%	3/0.8%	18/4.8%	3/0.8%	6/1.6%	7/1.6%	20/4.5%
	搪塞			3/0.8%				6/1.3%	
	反对	5/0.8%		9/2.4%		2/0.5%		4/0.9%	
	质疑			3/0.80		1/0.3%		3/0.7%	
陈述	陈述	137/20.9%	372/56.7%	69/18.3%	212/56.2%	101/26.6%	201/53%	99/22.0%	260/57.6%
	补充	3/0.5%		12/3.2%		14/3.7%		15/3.3%	
	肯定	81/12.3%		46/12.2%		34/9%		49/10.9%	
	质疑	19/2.9%		16/4.2%		7/1.8%		19/4.2%	
	确认	8/1.2%		8/2.1%				6/1.3%	
	提问	77/11.7%		29/7.7%		29/7.7%		25/5.5%	
	否定	47/7.2%		32/8.5%		16/4.2%		47/10.4%	
感谢	谦虚	4/0.6%	4/0.6%					1/0.2%	1/0.2%
	感谢								
提供	接受		1/0.2%	1/0.3%	3/0.8%	1/0.3%	1/0.3%	7/1.6%	10/2.2%
	谢绝			2/0.5%				2/0.4%	
	搪塞							1/0.2%	
	质疑	1/0.2%							
指责	道歉		9/1.5%		13/3.5%		1/0.3%		16/3.6%
	否认	1/0.2%		2/0.5%				3/0.7%	
	借口	1/0.2%		1/0.3%				4/0.9%	
	承认			1/0.3%				1/0.2%	
	争辩	7/1.1%		8/2.1%		1/0.3%		7/1.6%	
	挑衅			1/0.3%				1/0.2%	
赞扬	谦虚	4/0.6%	6/0.9%			2/0.5%	4/1.0%	16/3.5%	23/5.0%
	感谢								
	赞同	2/0.3%				2/0.5%		5/1.1%	
	赞扬							2/0.4%	

（续表）

对答类型		使用数量 / 比例			
引发语	应答语	《教程》657	《发展》377	《课本》379	《高口》451
要求	接受	12/1.8%	7/1.9%	14/3.7%	16/3.5%
	推迟	12/1.8%		16/4.3%	18/4.8%	22/4.8%
	搪塞		1/0.3%	3/0.8%	3/0.7%
	拒绝		5/1.3%	1/0.3%	2/0.4%
	质问		3/0.8%		1/0.2%
祝贺	感谢			1/0.3%	
	谦虚		1/0.3%		
	祝贺				

（三）4部教材对比分析

在15种对答结构中，《教程》使用了9种，《发展》和《课本》使用了8种，《高口》则使用了13种。具体到46个对答小类，《教程》出现了19个，《课本》出现了18个，覆盖率只有40%左右；《发展》相对多一些，出现了25个小类，覆盖率也仅约54%；《高口》出现了35个对答小类，覆盖率约为76%。《高口》没有出现的11个小类，包括祝贺类的3个小类和"要求—推迟""赞扬—感谢""指责—道歉""提供—质疑""感谢—感谢""介绍—介绍""祝愿—宽慰""呼唤—回答"等。根据表3-18中的统计数据，对比4部教材，在对答类型的表现上主要有以下问题：

首先，各大类在教材中的表现严重失衡。总体来看，陈述类和询问类对答在几部教材中都是最主要的两种类型。陈述类的比例都超过了50%，而询问类在前3部教材中也都在30%到40%

第五节　口语教材中会话对答结构类型的表现分析

之间。这两类相加在前 3 部教材中的比例都接近或超过了 90%，《高口》中也超过了 70%。其他对答类型的使用情况，整体而言不太理想。如建议类、要求类、提供类、赞扬类、指责类等，在汉语会话交际中都是比较常见的对答类型，而在上述教材中虽有不同程度的体现，但总的来说数量有限，比例较低，并没有得到充分的展示。比如，《课本》全书共出现了询问类、介绍类、建议类、陈述类、提供类、指责类、赞扬类、要求类 8 种对答结构，而其他 7 种对答结构均未出现。陈述类和询问类是比例最高的两类，分别为 53% 和 38.5%，两类合计 91.5%。《教程》两册共使用了询问、祝愿、建议、陈述、感谢、提供、指责、赞扬、要求类 9 种对答类型。其中，仅陈述类和询问类两类所占比例就高达93.5%，其余 7 类全部相加也仅占 6.5%[①]。

4 部教材的情况也有较大差异。比如，提供类在《发展》中只有 3 例，而在《教程》和《课本》则仅有 1 例；指责类在《课本》中也只有 1 例。《发展》的表现相对多一些，建议类、要求类和指责类等对答类型都有一定的使用量，而《高口》中的表现也相对比较丰富，赞扬类、要求类、建议类、指责类、提供类等都有一定量的用例。但即使如此，其整体比例仍然偏低。

其次，包含多个小类的对答类型，其内部分布也很不均衡。比如在《教程》和《课本》中，包含 4 个对答小类的提供类只出现了一个小类，指责类中的 6 个小类在《课本》中也只有一个小类出现。即便是使用最多的陈述类对答，其 7 个小类的分布也有较大差异。《教程》中，"陈述—陈述"类对答类型的使用频率

---

① 表 3–18 中分项计算的比例由于四舍五入的原因存在一定的误差。

也远高于其他 6 个小类以及其他对答小类,在全部对答类型中高达 20.9%,"陈述—肯定"类的比例为 12.3%,这两个小类相加在陈述类对答中占了将近 6 成。另外,否定、拒绝、争辩、质疑等不合意应答总体比例偏低。

在此,我们以《课本》(下册)为例,进一步分析教材在对答类型表现上所存在的问题。在《课本》(下册)中只出现了 4 种对答类型,分别是要求类、陈述类、建议类和询问类。其中,陈述类比例为 49.6%,询问类比例为 45%,二者相加高达 94.6%,而在陈述类内部,仅"陈述—陈述"小类一项就占了近六成。另外两个大类,要求类只有 6 例,比例为 4%,包括 5 例"要求—接受"类和 1 例"要求—搪塞"类;建议类只有 2 例,"建议—同意"和"建议—质疑"各有 1 例,比例仅为 1.4%。也就是说,整本教材的会话部分几乎全部是由陈述类和询问类对答构成的,甚至可以说主要是由"陈述—陈述"小类和询问类对答完成。那么,这样的"会话"在多大程度上能够体现出会话的性质,口语表达的交际性在多大程度上得以表现,恐怕是值得怀疑的。至于为何会出现这种情况,我们将在下文中详细分析。

《教程》(上)在课文中曾借学生之口表达了在与中国人告别时遇到的困难,抱怨课本上仅有的一句"再见"无法满足表达的需要,希望了解更多的表达方式。而我们的教材本身在对答类型的编排和选取上却恰恰忽视了这一点。

(四)教材中对答类型的共现情况

我们对 46 个对答小类在 4 部教材中的共现情况进行了统计,如表 3–18。

46 个对答小类中,在 3 部教材共现和 4 部教材共现的类型只有 20 类，还不足一半；只在一部教材和两部教材中出现的类型共有 17 类，占比近 40%；而有 9 类对答结构在 4 部教材中都没有出现，几乎是总数的 1/4，详见表 3-19。一方面，这从另一个角度说明了目前汉语教材在对答类型表现上的严重失衡；另一方面，也反映了口语教材的会话编写缺乏系统性和一致性的参考标准，从而导致同样是中高级口语教材，在对答类型上却存在诸多差异。

以上这些问题，都不能不使我们重新对汉语口语教材的编写进行审视和思考。

表 3-19　教材中对答类型的共现情况

共现情况	对答类型
四部教材共现（11 类）	询问—回答，建议—同意，建议—反对，陈述—陈述，陈述—补充，陈述—肯定，陈述—质疑，陈述—提问，陈述—否定，指责—争辩，要求—接受
三部教材共现（9 类）	建议—质疑，陈述—确认，提供—接受，指责—否认，指责—借口，赞扬—谦虚，赞扬—赞同，要求—搪塞，要求—拒绝
二部教材共现（9 类）	道歉—宽慰，祝愿—感谢，介绍—致意，建议—搪塞，感谢—谦虚，提供—谢绝，指责—承认，指责—挑衅，要求—质问
一部教材出现（8 类）	致意—致意，告别—告别，道歉—责备，祝愿—祝愿，提供—搪塞，提供—质疑，赞扬—赞扬，祝贺—谦虚
四部教材均未出现（9 类）	呼唤—回答，祝愿—宽慰，介绍—介绍，感谢—感谢，指责—道歉，赞扬—感谢，要求—推迟，祝贺—感谢，祝贺—祝贺

三、对教材编写的反思及建议

(一) 对汉语口语教材的反思：会话的多样性特征

《高等学校外国留学生汉语言专业教学大纲》（附件二）规定"汉语高级口语"课程的教学目的是"培养学生运用汉语进行高层次口头交际的能力，在未来的工作如洽谈、翻译、公关等实际交际中熟练、灵活地运用汉语口语。注重提高表达的多样性、适应性及得体性"，并提出教学中应确保在课堂上让学生进行"真正的交际活动"[①]。

那么实际的教学效果如何呢？正如我们开篇所提到的，很多高级阶段的学习者在日常会话中依然存在诸多问题。刘元满（2008）对高级阶段学生在交际活动中的问题总结了以下几点：参与静态的话题讨论比较容易，在动态的场景活动中，对身份不同的人物难以得体应对；在与对方谈论一致的话题以及表达相近的评价态度时比较自如，而在表达不同态度或者复杂情感时比较被动；在谈话过程中，应答对方时比较顺畅，而在引导话题、控制谈话权方面难度较大。造成这些问题的原因，也许可以归结为教学中并没有实现大纲中所提出的"真正的交际活动"。而具体到教材方面，恐怕目前的汉语教材在对汉语会话特点和规律的反映上还存在诸多不足。

通过我们的考察分析，不难看出4部教材在对答结构类型表现方面的异同及问题。我们对4部教材中的会话内容进行了细致

---

① 国家对外汉语教学领导小组办公室《高等学校外国留学生汉语言专业教学大纲（二）》，北京语言文化大学出版社，2002年，第212页。

的考察，发现如果从情景设置、人物关系和会话形式等角度分析，也许可以帮助我们一窥个中缘由。下面以《教程》和《课本》为例进行分析说明。

《教程》上下两册共32课，其中有10课都是师生课堂对话，即模拟真实的课堂情景，师生之间围绕某一话题展开问答或讨论。如下册的第十课是老师给学生讲中国的诗歌，第十一课讲对联等等，完全是模拟课堂教学的形式，编者在情景说明中也直接写明"这是老师和学生在课堂上的一段对话"。这种会话的特点：一是问答较多，或是老师问问题，学生回答，或是学生就老师的一段陈述（解释、介绍、描述等）进行提问，然后老师回答；二是陈述性话语较多，经常是大家就某一话题分别做一番陈述。这就决定了会话中的对答结构必然是以陈述类和询问类为主，而陈述类中又必然以"陈述—陈述""陈述—肯定""陈述—提问"居多，所以我们就在《教程》中看到了大段大段类似个人独白的陈述性话语。表3-18中的统计数据也充分说明了这一点，《教程》中这几类对答结构的比例都居前列，尤为突出的是"陈述—提问"类的比重远高于其他三部教材。这类会话中也会出现少量建议类和要求类对答，比如老师向学生提出要求，学生向老师提出建议、请求等，但由于师生关系和课堂环境这些特殊因素的存在，就决定了其应答语一般都是同意或接受，极少会出现不合意应答。所以，我们在《教程》中看到的建议类和要求类对答基本都是合意应答。我们常常听到学生抱怨：为什么在课堂上跟老师和同学交流很顺畅，但一走出教室和学校就变得不知所措了？很重要的一个原因就是我们没能为学习者提供足够的交际情景以及得体的对答模式。留学生平时接触最多的会话对象就是老师和同学，最熟悉的会话场景就是教室、课堂，所以我们在编写教材时应该尽可能多地提供一些师生之外的人物关系和课堂外的会话场景，全面充分展示对答的多样性，提高学生应对不同情景的交际能力。

《课本》上下两册共 31 课，上册 16 课，其中有 6 课是师生对话，其余课文除个别外也基本都是同学间的对话，所以在这方面存在与《教程》类似的问题。下册 15 篇课文中有 10 课的"会话"都是以采访或访谈形式出现的。采访和访谈的特点是以问答的方式推动展开，被访对象多大段描述经历、表达想法等，所以其对答主要是陈述类和询问类，很难出现其他类型的对答结构。这些访谈式"会话"有的是来源于电视访谈节目，更多的则是由报纸杂志上的文章改编而来，更像是笔谈，而非面对面的会话，形式上也都是引出话题后，不同的人各自发表看法，人物之间几乎没有互动，很难说有真正的对答。正是由于选材和编排设计上的这些特点，导致该教材尤其是下册在对答结构上出现不平衡现象。

实际上，包括《发展》和《高口》在内的其他教材也都不同程度地存在这方面的问题，限于篇幅，不再赘述。

很多学者强调口语教材应注意语体的多样性和话题的多样性[①]。这也可以说是教材研究的一个普遍共识。不仅大纲中对此有明确说明，而且也常被各种教材作为一项编写原则，并作为教材特色和优点被反复提及。这一点毋庸置疑，但是否仅通过扩展及丰富话题内容就可以满足中高级学习者的表达需求，提高他们的实际会话能力呢？我们认为大纲中所提到的"表达的多样性、适应性及得体性"，并不能仅仅被理解为话题的多样性和对不同

---

① 参见王若江《对汉语口语课的反思》，《汉语学习》1999 年第 2 期。

话题的适应性等，还应当包括谈论某一话题时或无主题谈话中语言表达的多样性、适应性和得体性，比如通过多种言语方式表达自己丰富的态度和情感、对某一言语行为做出得体的回应、较快地适应话题的转换等。这些能力的提高都无法仅靠话题的扩充来实现，而必须从如何真实反映汉语会话特点的角度加以考虑。我们的考察分析结果也证明了这一点，4部教材的会话内容都比较丰富、充实，涉及了社会生活的方方面面，话题的编排都有相当的覆盖面，但是在对答结构的表现上依然存在很大的差异。

（二）对汉语口语教材编写的建议：对答类型的选择与表现

会话分析的研究显示，会话的开始、结束以及会话过程中的话轮交接都存在着一定的结构，并且遵循一定的规则，且是可以重复的（刘虹，2004）。这也就意味着我们可以在教材中反映会话的结构和规则，为学习者提供会话的模式，进而帮助学习者提高会话的能力。可以说，"话语分析理论的兴起，为口语教材的编写提供了新的理论基础"（刘元满，2008）。

基于上述对教材的场景、人物、话题的分析，我们认为在教材编写中应该科学、系统、有效地反映对答结构，编排课文时应兼顾以下一些因素：

1. 话题、情景和人物关系的设计。

情景和人物关系在口语教材中的重要性已经不言而喻。刘虹（2004：119）也指出："在言语交际过程中，语境常常会限制对答类型的选择。就是说，在这种场合只能选择这种对答，而在另一种场合则只能选择另一种对答。"中高级口语教材在编写会话时，不仅要考虑话题的选择编排，也要考虑情景、人物关系等的设计安排，后者在一定程度上显得更为重要。

学习者在使用汉语进行言语交际的过程中，交际场景是丰富多样、不断变换的，同时三教九流、各色人等也都有可能成为其交际的对象，虽然我们不可能也没必要不加区分地全部展现，但对那些常见的、主要的交际情景和人物关系有针对性地加以体现并尽可能提供丰富的场景和人物则是非常必要的，并应该重点进行构思，尤其是要走出单一的课堂、校园环境，突破简单的师生、生生的人物关系。惟有如此，汉语会话的对答结构才有可能得到较为准确、全面的展示，汉语会话的真实面貌才有可能呈现在学习者面前，进而有效帮助学习者解决实际交际中的难题，切实提高他们实际交际的会话能力。

2. 合意应答与不合意应答协调兼顾。

在教材中，我们往往有意无意地倾向于给出肯定性的或者说合意的应答，而对那些诸如拒绝、反对、搪塞、推迟、争辩、质疑等否定性的或者说不合意的应答表现不足，从而使口语教材在会话对答结构类型上产生偏差。比如"要求类"对答类型，教材中共有68条用例，但其中多数是"要求—接受"类对答（共49条），"要求—推迟""要求—搪塞""要求—拒绝"和"要求—质问"类则十分有限，"要求—推迟"类甚至没有一条用例。王文龙专门就教材中的不合意应答进行了研究，指出"教材中不合意应答的使用比例总体偏低，且用例相对集中，各类之间分布失衡，未能很好地反映出汉语会话中不合意应答的整体面貌"[①]。

因此，在编写汉语口语教材时，应当根据汉语交际中的实际

---

① 参见王文龙《中高级汉语口语教材中的不合意应答》，《云南师范大学学报》（对外汉语教学与研究版）2012年第2期。

第五节 口语教材中会话对答结构类型的表现分析

情况，兼顾合意应答与不合意应答，有意识地选择一些常用的不合意应答，适当增加不合意应答的类型和比例，使教材更好地反映出汉语会话对答结构的特点。

3. 具体对答类型项目的选择。

对答类型数量众多，在编写教材时应如何进行取舍并适当表现呢？我们将尝试给出一个供教材编写时参考的对答类型项目列表。

对于 4 部教材共现的对答类型，我们认为是教材编写时必须加以表现的内容。因为这些对答类型在汉语会话中大量存在且不可避免，如果要使会话顺利流畅地展开，就无法避开对这些对答类型的使用。所以，教材中不但必须要反映它们，而且还应保持足够的数量才能充分地展现和示范。这也同样适用于在 3 部教材中共现的绝大多数对答结构。但对这些对答结构也不能不加甄别地采取"一刀切"式的处理，对那些在实际会话中并不常用或属于特殊用法的、不影响汉语学习者交际的对答结构，编写教材时就可以根据情况灵活处理。比如"赞扬—赞同"类，中国人一般在得到别人赞扬时常以"推出"的谦虚姿态作答，但朋友熟人间却并非完全如此，一味自谦反而生疏别扭，因此有时也以"吃进"[①]的态度对待别人的赞扬，以认可或自夸作答，常带有一种开玩笑的性质，所以"赞扬—赞同"用的也不少。但总的来说，正常情况下，"赞扬—谦虚"和"赞扬—感谢"还是优先选择，尤其对于汉语学习者来说，只须对"赞扬—赞同"类做一般了解，而不

[①] "推出"和"吃进"是刘元满教授在与笔者讨论时，针对文中的相关论述提出的两个概念，笔者认为这种提法简洁精当，故在此借用，谨致谢忱。

必要求掌握并应用。

我们应该注意共现率比较低的那些类型。既有两部教材共现的，也有只在一部教材中出现，还有教材中没有出现的类型。我们认为这可能有两个方面的原因：一个是因为对答形式本身的原因，如有些形式比较简单，已经在前期学习中得到过较为充分的表现，比如"呼唤—回答""介绍—介绍"等；有的则是因为在实际会话中使用率比较低，而无须做过多展示，如"赞扬—感谢""道歉—责备""提供—质疑"等。另一个原因是教材编写存在问题，应该加以反映的却未能反映。所以，对这些对答类型需要甄别取舍。我们从这26类对答中最终选取了11类作为教材中必须出现的类型。比如，"致意—致意""告别—告别"等对答类型在初级阶段就学过了，中高级教材中似乎不必再重复。而实际上，在日常会话中，这些对答类型其实并不像教材中所展现的那样简单。

比如"致意—致意"，在初级教材的第一课可能就学了"你好！—你好！"之类的对答形式，但在日常交际中，除了比较正式的场合或陌生人之间，中国人并不常用这种简单刻板的对答，而是有很多不同的致意方式，具体可参见曲卫国等有关招呼语的研究[①]。教材中出现的用例也很好地说明了这一点：

　　铃木：伯母，您好！
　　林母：噢，你就是雅子吧！我们早就盼你来了。快请进，快请进。

---

① 参见曲卫国、陈流芳《汉语招呼分析》，《华东师范大学学报》（哲学社会科学版）2001年第3期。

铃木：伯父好！

林父：快请坐，快请坐。（《高口》（1册）：2）

在这个例子中，"林母"和"林父"的应答当然也是一种致意，但这种"致意"是作为长辈对晚辈表达关心和亲切，以及作为主人对客人表达热情和亲近的一种"致意"方式。同辈之间的致意方式也不是唯一的，比如下面的例子。

艾兰：郝先生，你好！听大卫说起过你，见到你很高兴。

郝阳：我也一样。（《高口》（1册）：12）

这两个人虽然是第一次见面，但是有一个与他们关系都很密切的共同的朋友，所以兼顾礼节的同时也显得比一般的陌生人亲切自然，如果换成简单的"你好—你好"，就生硬拘谨了很多，不利于后面进一步交谈的顺畅展开。此外，对于比较熟识亲密的朋友之间，致意的方式就更加灵活多样。如下例：

华胜：林姐、郝大哥，真是你们！我以为看花了眼呢！

林雪：啊，你们二位也到这边来了，这么巧！（《高口》（2册）：1）

"告别—告别"等也是同样。所以，在中高级口语教材中，不仅不能忽视这些貌似简单的对答类型，反而应当格外注意对一些常见、常用的灵活多样的对答形式进行有效的展现，切实提高学习者的口语交际水平。

综上所述，我们将46个对答小类分为"应选类型"和"可选类型"两组。"应选类型"是指那些应该在中高级口语教材中得到较为充分展现的对答类型，而"可选类型"则是指那些可以根据需要有选择地在教材中加以反映的对答类型。具体分类如表 3-20：

表 3-20　汉语口语教材编写对答类型参考项目

必选类型 （30 类）	询问—回答，致意—致意，告别—告别，建议—同意，建议—反对，建议—搪塞，建议—质疑，陈述—陈述，陈述—补充，陈述—肯定，陈述—确认，陈述—提问，陈述—质疑，陈述—否定，要求—接受，要求—搪塞，要求—推迟，要求—拒绝，要求—质问，提供—接受，提供—搪塞，提供—谢绝，指责—争辩，指责—否认，指责—借口，指责—承认，赞扬—谦虚，赞扬—赞扬，祝贺—谦虚，祝愿—宽慰
可选类型 （16 类）	介绍—致意，介绍—介绍，呼唤—回答，感谢—谦虚，感谢—感谢，道歉—宽慰，道歉—责备，提供—质疑，指责—道歉，指责—挑衅，赞扬—赞同，赞扬—感谢，祝愿—感谢，祝愿—祝愿，祝贺—感谢，祝贺—祝贺

四、结语

通过对 4 部教材的考察分析，我们发现目前汉语教材整体而言在对答结构的呈现上类型还比较单一，覆盖面不够，且使用的对答类型之间及内部小类之间严重失衡，很多重要的对答类型没有得到充分有效的展示，有的甚至没有出现。

基于对教材的分析和反思，我们认为在教材编写中应该科学、系统、有效地反映对答结构。一方面，应兼顾话题、情景和人物关系的设计；另一方面，我们根据统计信息和实际使用情况将 46 种对答类型初步分为必选类型（30 类）和可选类型（16 类），可以作为口语教材编写的参考材料之一。必须指出，我们的研究还只是初步尝试，必然存在一些可商榷之处，但"致千里"总要从"积跬步"始，我们期待能够引起更多人对这一课题的关注以及更为深入的探讨。

第六节　练习题的有效性研究 ①

　　练习题是教材的重要组成部分，目前相关研究主要集中在练习的编排原则、练习目的、练习方法、题型与数量等方面②。鉴于在一些对外汉语教材中存在不少粗制滥造的低效甚至无效的练习题，练习题的有效性也日益得到关注。有效性是衡量练习题质量优劣的最重要的指标，有人称之为练习效果。如果练习题的有效性差，那么题量充足、题型丰富就失去了意义，练习目的也无

---

　　① 本节选自杨翼《对外汉语教材练习题的有效性研究》，《语言教学与研究》2010年第1期。
　　② 参见李杨《练习编排的基本原则》，载《对外汉语教学中高级课程习题集》，北京大学出版社，1994年；杨惠元《论〈速成汉语初级教程〉的练习设计》，《语言教学与研究》1997年第3期；胡明扬《对外汉语教学基础教材的编写问题》，载中国对外汉语教学学会编《中国对外汉语教学学会第六次学术讨论会论文选》，华语教学出版社，1999年；李泉、杨瑞《〈汉语文化双向教程〉的设计与实施》，载中国对外汉语教学学会编《中国对外汉语教学学会第六次学术讨论会论文选》，华语教学出版社，1999年；郑蕊《对外汉语教材练习编写的偏差与应遵循的原则》，载国家对外汉语教学领导小组办公室教学业务处编《对外汉语教学与教材研究论文集》，华语教学出版社，2001年；李绍林《对外汉语教材练习编写的思考》，《云南师范大学学报》（对外汉语教学与研究版）2003年第3期；周健、唐玲《对汉语教材练习设计的考察与思考》，《语言教学与研究》2004年第4期；刘颂浩《对外汉语教学中练习的目的、方法和编写原则》，《世界汉语教学》2009年第1期。

法实现。因此,有学者指出,编写练习要尽力避免盲目、低效和无效[1],还有学者认为,练习应该有效,无效的练习不能达到目的,练了也是白练[2]。更有学者强调,我们要着力研究如何设计出能实现课程目标的最有效的练习形式[3]。由此可见,练习题的效果问题非常值得重视,对练习题的有效性研究亟待加强。遗憾的是,迄今为止,在对外汉语教学界,我们还未见到这方面的研究报告。这里我们将定义练习题有效性的概念,分析有效性的研究内容,讨论有效性的研究方法。希望能引发更多同行参与对练习题有效性的研究,从而改善汉语教材练习题的质量,使汉语教材的练习题能够更好地服务于教学目标。

一、有效性的定义

练习题的有效性是指练习题在多大程度上练到了它想要练的东西,在多大程度上达到了它想要达到的目的。由此可见,练习题的有效性不仅跟练习目的和内容有关,还跟练习题传达给学生的信息有关,因为学生要依靠这些信息做出反应,从而达到练习目的。

练习题有效性的定义实际上包含四层含义:一是有效性是相对于一定的练习目的而言的;二是练习题应该是"想要练的东西"

---

[1] 参见杨惠元《论〈速成汉语初级教程〉的练习设计》,《语言教学与研究》1997年第3期。

[2] 参见刘颂浩《对外汉语教学中练习的目的、方法和编写原则》,《世界汉语教学》2009年第1期。

[3] 参见周健、唐玲《对汉语教材练习设计的考察与思考》,《语言教学与研究》2004年第4期。

的代表性抽样,"想要练的东西"跟"实际练的东西"之间可能存在着差异;三是练习题的练习目的是通过它传达给学生的信息来实现的;四是学生通过练习题实际获得的信息跟题目编制者预期传达的信息之间可能存在着差异。上述情况说明,练习题的有效性是一个比较复杂的问题,它是多种因素综合作用的结果。

需要指出的是,某一练习用于某一目的是有效的,而用于另一目的则不一定有效。以"把"字句为例,它是个公认的教学难点,外国学生不知道什么时候用,往往该用"把"时不用,不该用"把"时乱用。《速成汉语初级教程》[①] 设计了有关"把"字句的"改句"练习,目的是培养学生使用"把"字句的意识,并让学生注意"把"字句和跟它有变换关系的句子不同。例如:

把下列句子改成"把"字句,并体会两个句子有什么不同。

(1)写字台搬到窗户旁边去了。(答案:把写字台搬到窗户旁边去。)

(2)那块牌子挂到门上去了。(答案:把那块牌子挂到门上去。)

这一练习传达给学生的信息是:某些句子表示的意思也可以变换成"把"字句来表示。如果上述练习达到了预期的练习目的,学生便具有了使用"把"字句的意识,并通过练习获取了"把"字句与其变换句之间关系的信息,那么这一练习就是有效的。但是,当"改句"练习用于解决何时用"把"字句的问题时,却不一定同样有效,这主要是因为练习目的发生了变化。《速成汉语

---

① 郭志良主编《速成汉语初级教程》(2)综合课本,北京语言文化大学出版社,1996年,第391页。

初级教程》的解决办法是，突出语用，设计出一定的上下文语境，让学生"模仿填空"，通过练习体会何时用"把"字句。例如（郭志良主编，1996：395）：

（3）a. 那个孩子呢？　　b. 我把他送回家去了。

（4）a. 那个病人呢？　　b. 我把他送进病房去了。

（5）a. 那个 _____ 呢？ b. 我把他送 _____ 去了。

这一练习传达给学生的信息是："把"字句的作用之一是"强调施事对受事的有意识的处置及处置结果"。如果上述练习确实使学生体会到了"表示处置"时要用"把"字句，那么这一练习就达到了预期目的，可以说这一练习是有效的。但是，它对于解决"何时不用""用与不用的区别何在"之类的问题是否同样有效呢？刘颂浩、汪燕认为[①]，上述练习题缺乏显示用"把"与不用"把"差异的语境，所以在帮助学生区别何时用"把"字句、何时不用"把"字句方面是不成功的。因此，他们设计了下列选择练习题：

（6）_____，不用给我准备吃的了。

　　A. 我"把"饭吃了　B. 我吃了饭了

　　_____，对不起，你只好去食堂吃了。

　　A. 我"把"饭吃完了　B. 我吃完饭了

（7）他"把"地上挖了一个大坑，_____。

　　A. 没法走汽车了　B. 又种了一棵树

---

① 参见刘颂浩、汪燕《"把"字句练习设计中的语境问题》，《汉语学习》2003 年第 4 期。

他在地上挖了一个大坑，_____。

A. 没法走汽车了　B. 又种了一棵树

这些练习传达给学生的信息是：用与不用"把"字句的作用是不同的。"把"字句的作用之一是"使语义重心转移，将视点放在'把'后的宾语上"[①]。

（8）爷爷喜欢唱歌，总是拿着歌本在那里哼歌。有时候还_____，听听自己唱得好不好。

A. 录下来唱的歌　B."把"唱的歌录下来

（9）一个朋友知道我喜欢动物，就送给了我一只乌龟作为新年礼物。_____，放在盆里。

A. 我"把"它带回家 B. 我带着它回家 C. 它被我带回了家

（10）几天过去了，小兔只是静静地趴在屋里。_____，洗干净喂它，它连看也不看。

A. 我"把"菜买来　B. 我买来菜　C. 菜买回来了

这些练习传达给学生的信息是：当后续句与前接句的宾语同指时，后续句倾向于使用"把"[②]。

练习题（6）至（10）传达给学生的信息，在用于帮助学生区别何时用"把"字句、何时不用"把"字句以及用与不用的差别何在等练习目的上是有效的。

[①] 参见刘一之《"把"字句的语用、语法限制及语义解释》，载《语法研究和探索》（十），商务印书馆，2000年。

[②] 参见金立鑫《"把"字句的句法、语义、语境特征》，《中国语文》1997年第6期。

二、有效性的研究内容

尽管一些思维敏锐的学者早就注意到了练习题的有效性问题，但关于有效性的研究内容认识却很模糊。笔者认为，练习题的有效性研究可从三个方面入手：练习题内在的有效性、练习题外在的有效性和练习题使用的有效性。这三个方面集中反映了练习题有效性研究的基本内容，也反映了练习题有效性研究的主客观参照、多角度验证的特点。

（一）练习题内在的有效性

练习题内在的有效性包括练习题内容的有效性和构念[①]的有效性。这是从练习题编制者的角度来考察练习题的有效性，因为内容有效性和构念有效性主要取决于他们的主观意识。

1. 练习题内容的有效性。

练习题内容的有效性是指练习题是否练了教学大纲所规定要掌握的内容。它的实质在于练习题练习的内容要和教学大纲规定要掌握的内容相匹配。

"教学大纲规定要掌握的内容"实际上包含两种理解：一种是广度上的理解，指内容的覆盖范围。以"把"字句为例，教学大纲[②]在"一年级语法项目表"中提到"把"字句结构、意义上用"把"的句式、必须使用"把"字句或多用"把"字句的情况。如果我们编制的练习题在范围广度上覆盖了这些内容，那么就可以说练习题练习的内容和教学大纲规定要掌握的内容是匹配的，因而是

[①] 构念有效性指练习题是以有效的语言运用观和语言学习观为依据的。
[②] 国家对外汉语教学领导小组办公室编《高等学校外国留学生汉语言专业教学大纲》长期进修附件二，北京语言文化大学出版社，2002年，第26页。

有效的。显然,这种广度上的理解是明示的,它有大纲的文字说明作为依据,通过比较也容易发现。另一种是深度上的理解,指内容的层次维度。同样以"把"字句为例,第一层次是结构,第二层次是语义,第三层次是语用。各层次的内部还可以进一步分类。比如,"把"字句的语用层次可以分为"何时用'把'字句、何时不用'把'字句、用与不用的差别何在"。上述层次和分类也可以视为"教学大纲规定要掌握的内容",只不过它在大纲中是隐含的,没有明示的文字说明。这种内容上的层次维度,在练习中是一个逐步深入的过程。如果编制的练习题在层次深度上涉及了这些维度,那么就可以说练习题练习的内容和教学大纲规定要掌握的内容是匹配的,因而是有效的。那么,提高练习题内容的有效性就要使练习题练习的内容既从广度上又从深度上与教学大纲所规定的内容相匹配,而练习深度问题在多数汉语教材的练习题编制中还没有得到很好的解决。

目前对外汉语教材的练习题设计在内容覆盖的广度和深度方面如何?是否与"教学大纲规定要掌握的内容"相匹配?如何才能很好地与之匹配?在设计练习题时,如何保证可以由已编制好的该类练习题推论教学大纲规定要掌握的该项内容?一类练习题常常是由若干个具体的练习题目组成的,那么,如何保证每个练习题都是教学大纲规定要掌握内容的有效抽样?对上述问题的考察和探讨可以起到改善练习题内容有效性的作用。

2. 练习题构念的有效性。

练习题构念的有效性是指练习题是否以有效的语言观和语言

学习观①为依据。构念的有效性可以保证练习题的练习方向是正确的，练习性质是可靠的，练习的结果便于在长时记忆中储存和提取。对汉语作为第二语言的练习来说，有两个方面的理论最重要，一个是关于语言运用的，另一个是关于语言学习的。前者决定了练习什么（内容），后者决定了如何练习（方法）。只有那些能够在较大程度上反映语言运用和语言学习规律的理论，才能很好地指导练习题的设计和编制，并增强练习题的有效性。因此，所谓"有效"的语言观和语言学习观是指能在较大程度上反映语言运用和语言学习规律的理论及其观念。

从练习题构念的有效性角度来设计和编制练习题，我们就会考虑练习题是否符合语法规则？可否运用于真实的交际之中？在特定情境中是否得体？得体的程度如何？能否达到一定的交际目的？通过练习题传达给学生的信息是否便于理解、记忆和使用？等等。练完以后，我们还会验证练习题所练的这些东西是否与有效的语言观和学习观对交际能力的要求相符。如果不符，那么练习题本身的有效性就值得怀疑。

从练习题构念的有效性角度进行研究，我们需要考察教材的练习题是否以有效的语言观和语言学习观为依据？如果是，具体表现在哪些方面？练习题是否全面涉及了语言交际能力的不同层次（如语法、语义、语用等）？有无只限于某个单一层次的现象？练习题是否提供了必要的语境？练习题的材料是否真实有趣？能否激发练习者的参与热情？练习题能否为师生提供反馈和鼓励信

---

① 这里指的是直接作用于第二语言练习的语言运用观和语言学习观。

息？练习题的编排顺序①以及关联和综合程度是否符合练习者的认知特点？

（二）练习题外在的有效性

练习题外在的有效性主要指利用练习题以外的标准（如测试）验证而得到证实的有效性。比如，要证实"把"字句习题是否有效，可在课堂"讲、练"后让学生做练习题，然后观察他们在测试中有关"把"字句的表现情况，正确率越高，那么"把"字句练习题的有效性就越高，反之，则越低。这好比吃药治病，你的药有没有效，既可以考察分析药本身的成分（内在的有效性），也可以看吃药后的病人身体表现如何。

练习题外在的有效性是从外在标准（如测试表现）的角度来考察练习题的有效性，相对于内在有效性的考察来说，它具有更大的客观性，是一条比较好的验证途径。当然，前提是测试本身是可靠的。

（三）练习题使用的有效性

练习题使用的有效性是从练习者的角度考察练习题的有效性，不但依赖练习者自身的直觉体验，而且也需要考察练习者做题时的实际反应。包括：练习者使用习题时对练习形式和内容的感觉，是否觉得该练习有效；练习者做题时是否按设计要求做出反应。

1. 学生对练习形式和内容的感觉。

练习题的练习目的是通过它传达给学生的信息来实现的。在学生因素不变的情况下，练习目的能否实现，实际上取决于练习

---

① 参见吕文华《对外汉语教材语法项目排序的原则及策略》，《世界汉语教学》2002年第4期。

题如何传达信息（练习方式），传达的是什么样的信息（练习内容）。我们调查发现①，如果学生认为某练习题传达的信息与练习目的一致，传达信息的方式又是易懂易记的，那么他们会觉得该练习有效。同样以"改句"和"模仿填空"习题为例，如果它传达给学生的信息是：其一，某些其他句子表示的意思也可以变换成"把"字句来表示；其二，"把"字句的作用之一是"表示处置"。而练习目的却是帮助学生区别何时用"把"字句、何时不用"把"字句、用与不用的差别何在，那么练习题传达的信息与练习目的是不一致的，练习的有效性就会很低。刘颂浩、汪燕（2003）的选择练习题传达给学生的信息是：其一，用"把"字句与不用"把"字句，其作用是不同的；其二，"把"字句的作用之一是使语义重心转移，将视点放在"把"后的宾语上；其三，当后续句与前接句的宾语同指时，后续句倾向于使用"把"。练习目的也是帮助学生区别何时用"把"字句、何时不用"把"字句、用与不用的差别何在。因此，练习题传达的信息与练习目的是一致的，学生在对比与选择中能自然领悟到何时用"把"字句、何时不用"把"字句、用与不用的差别。当"把"字句的作用和特点通过系列练习题渗透到学生的思维动程中时，练习目的就达到了。因此，通过调查学生对练习形式和内容的感觉可从某个角度检验练习题的有效性。

2. 按练习设计的要求做出反应。

设计练习题时，不但应对练习者要练习哪方面的汉语技能有个预期，而且也应对练习者在该方面的反应行为有个预期。当然，

---

① 关于练习题有效性的调查，将另文发表。

设计者所预期的反应是练习者正确运用汉语。如果练习者做题时是按照设计的预期要求做出反应的，那就从一个角度证明该练习题是有效的。练习者按照预期要求反应的关键在于：其一，练习题给出了哪些信息？以何种方式给出的？其二，练习者使用了哪些信息？以何种方式使用的（练习策略）？上述问题需要着力研究。

三、有效性的研究方法

针对上述练习题有效性研究的三方面内容，需要使用不同的研究方法。

（一）内在有效性的研究（包括内容的有效性和构念的有效性）

研究练习题内容的有效性主要是依据教学大纲对教材练习题进行覆盖分析，看教学大纲规定要掌握的东西，练习题是否都练到了；练习题作为代表性样本，它在多大程度上代表了应该练习的东西。但可能有人会说，教学大纲的要求合理吗？它有无遗漏或错误呢？回答是：练习题内容的有效性只管练习是否反映了教学大纲的要求，而不管教学大纲本身的要求是否合理。教学大纲本身的问题需要另案专门研究。

研究练习题构念的有效性主要采取调查法（问卷和访谈）、因素分析法等。因为练习题构念有效性的高低取决于练习结果能在多大程度上解释练习者的目的语语言能力及其语用能力。如果练习的方法与有效的语言学习观相吻合，练习的结果与有效的语言观（特别是语言运用观）相吻合，那么该练习题的构念就是有效的。

（二）外在有效性的研究

研究练习题的外在有效性主要采取测试法，当然，这个测试要可靠。这是利用练习题以外的测试作为标准，对练习题进行验证而得到证实的有效性。

（三）使用有效性的研究

研究练习题的使用有效性可以从两个方面着手：

一是调查练习者使用某套练习题后的感觉，可以从练习使用者那里获得最直接的第一手资料。比如，他们对该套练习题的练习效果的总印象如何？具体哪些练习题的效果好？哪些练习题的效果不好？为什么？他们认为该练习题的内容有用吗？他们认为该练习题的目的是什么？他们从该练习题得到了什么信息？他们得到的信息是否可以帮助他们实现练习目的？为什么？练习题传达信息的方式是否易懂易记？这种调查可以使用问卷与访谈相结合的方式，既可以通过问卷搜集带有统计意义的来自群体的感觉，又可以通过访谈获得具有典型意义的深层原因解释。这种调查广度与深度的结合，特别有利于发现和解决练习题设计和编制中具有规律性和普遍性的问题。

二是考察练习者做题时是否按练习题的设计要求做出反应。比如，汉语教材中常见的"连句成段"练习题，要求把打乱顺序的若干语句，按一定顺序组合成一个衔接自然、语义连贯的语段①。该练习题实际上练的是语段理解和表达能力。这里的成段表达能力是通过整合其语序来体现的。完成这种练习题，特别需要用到三个层次的信息：其一，复句的分句间信息；其二，语段

---

① 指大于复句小于篇章的语言片段。

内的单、复句间信息；其三，超语段信息①。该练习设计要求练习者能够理解、识别来自这三个层次的信息及其连贯衔接手段，能辨析语段的语义中心，整合其语序。因此，我们可以通过分析练习者实际的答题练习行为来判断他们是否按练习题的设计要求做出了反应。在操作性定义和预期的排序练习行为描述完毕后，我们再使用"内省法"②（introspection）确定练习者的实际排序练习行为和认知加工策略③，最后对其实际排序练习行为与预期的排序练习行为进行一致性分析，以此检验"连句成段"练习题是否真正练习了学生的语段理解和表达能力。在这方面，"内省法"是一个很好的研究手段。

四、结束语

以上我们定义了汉语教材练习题的有效性概念，分析了练习题有效性的研究内容，讨论了练习题有效性研究的几种方法。需要指出的是，练习题的有效性研究是一个主客观参照、多角度验证、长期搜集证据的过程。虽然对外汉语教学界对练习题有效性的重要意义早已有所认识，但是目前关于有效性的研究还处于起步阶段，有许多问题需要我们进一步探讨。然而，这种起步却意味着对外汉语教材练习题研究正在经历从形式到内容、从数量到

---

① 练习题中没有提供做题所需要的汉语背景信息。
② 它是早期心理学研究常常采用的一种方法。由被试报告自己在实验中的思维过程，从而得到口述录音和笔录材料作为研究的素材。
③ 认知加工策略是练习者所采用的帮助自己完成排序任务的检索和储存信息的认知步骤。

质量的研究转化过程，转化的核心和关键就在于对练习效果的关注。如果离开了练习效果来研究练习题就好比是"舍本求末"，从这种意义上来说，练习题的有效性是当今对外汉语教材和教学研究领域的一项重要的研究课题。

第四章

分类教材研究

第一节 从任务型语言教学反思对外汉语口语教材的编写[①]

一、问题的提出

高彦德等对外国人使用汉语技能（听、说、读、写、译）的需求情况做了调查，在1 178名调查对象中，共有825人选择了"说"，占总人数的70.1%。他们在《外国人学习与使用汉语情况调查研究报告》中指出，这说明，对大多数学习与使用汉语的外国人来说，口头交际是他们工作与学习的第一需要，用汉语说话是他们使用最多的言语技能[②]。

照理说学生应该非常喜欢上口语课，可事实上，许多学生反映，与精读课相比，上口语课没有多少收获，并没有提高多少口语能力。甚至出现精读课满座，口语课寥寥无几的情况。学习与使用的需要与对口语课没有兴趣就形成了悖论。

[①] 本节选自吴勇毅《从任务型语言教学反思对外汉语口语教材的编写》，载《第八届国际汉语教学讨论会论文选》，高等教育出版社，2007年。

[②] 参见高彦德等《外国人学习与使用汉语情况调查研究报告》，北京语言学院出版社，1993年。

从教师的角度看，有些教师不愿意上口语课，认为难上，自己没的讲，不像上阅读课那样可以大大地发挥；有的教师则认为口语课好上（好混），把生词过一遍，再领读一两遍，接着让学生分角色朗读，随便做两个练习就完了，教材进度走得飞快；还有的教师把口语课尤其是高级口语课当成阅读课或精读课上，自己大讲特讲，学生全无说话的机会。

这些问题不仅跟教师有关，跟教学方法有关，而且跟教材编写的模式和课堂教学模式有很大的关系。本节想从任务型语言教学的角度反思一下对外汉语口语教材的编写模式，至于课堂教学模式将在另文讨论。

二、目前口语教材的编写模式

（一）口语教材的编写模式

我们暂不讨论口语教材是以什么为"纲"（结构型、功能型、情景型或各种结合型等）编写的，只看大多教材的编写模式和组成内容。

迄今为止，大多数的对外汉语口语教材每一课的内容主要由以下几个部分组成：1. 课文；2. 词语/生词；3. 注释；4. 表达式/语句理解（或有或无）；5. 练习；6. 补充材料/副课文/你知道吗……（或有或无）。

在编写模式上，有的教材把课文放在第一部分，词语/生词摆在第二部分；有的则把词语/生词放在第一部分，课文位于第二部分；还有的把词语/生词按课的顺序排列置于全书之末，每课正文中没有词语/生词表。课文通常都是对话，几段不等，长短不一，一般根据学习阶段和语言水平逐渐加长，有的高级口语教材，最长的对话可以达到16开本的四五页。也有的教材到了高级阶段，课文不是对话而是各种记叙文等。教材每课的词语/生词从十几二十个到四五十个不等。有的教材课文部分有拼音对照，有的没有；如果是系列教材，有的会考虑到学生的语言程度，从有拼音对照到没有拼音，但在汉字上标出声调，再到只出现汉字。还有的教材在书的最后附有对话的外语翻译。

注释部分的内容各种教材不尽相同。有的"对一些学生理解起来有困难的词语、熟语等进行了注释、举例"；有的"对每课重点词语的意义和用法做了简要说明，并给出例句"；有的是"对课文中的语言点和文化点的说明"；还有的"对一些俗语、惯用语和文化色彩较浓的词语用'注释'的形式加以解释"。总的说来，注释主要包括三方面的内容：词语（包括重点、难点词语，成语、俗语、惯用语等），语句（包括表达方式、句式等），文化。如果教材把语句方面的内容独立出来（即形成4），则注释主要是关于词语方面的。

练习部分每本教材必有，但大部分教材量少、质粗、随意（关于练习，下面有专门讨论）。

补充材料/副课文/你知道吗等内容，教材或有或无，如有，或每课都有，或几课才有不等，或以单元形式出现。

在教材的六个部分中，1、2、3、5是必有的，4、6是可有可无的。

仔细阅读和分析一下口语教材，我们有这样几点看法：

其一，这样一个口语教材的编写模式跟综合课/精读课教材的编写模式几乎没有什么差别。

其二，教材编写的中心和重心主要都放在课文及其注释上。尽管有的教材在练习上用了不少心思，但大部分口语教材的练习部分很随意，且量少质粗。

把教材编写的中心和重心只放在课文及其注释上，这是口语教材也是其他类教材编写的一个误区。我们认为，第二语言／外语教材，尤其是技能类教材（编写）的中心和重心应该放在"练习"上，至少是双中心的。

其三，从任务型语言教学（Task-Based Language Teaching）的角度看，目前的口语教材并不能有效地培养学生在真实世界里运用语言的能力，特别是"练习"部分。

（二）口语教材的练习（Exercises）

对外汉语口语教材常见的练习有这样一些类型：

1. 语音语调练习：例如"发音练习""朗读下列词组""用正确的语调读下面的句子""用正常语速读下列各对话，注意掌握停顿、重读、强调和语气及轻声、儿化韵"等。

2. 替换练习：例如"替换练习""替换下面句子中画线部分的词语""替换下面句子中画线部分的词语，各说一句完整的话""替换画线部分，并将句子补充完整"等。被替换的成分可以是词、词组、小句等；一句话中，可以替换一个成分，也可以替换两个、三个，甚至更多的成分。

3. 填空练习：例如"在下列空白处填上一个适当的动词，并注意'着'的用法""把'麻烦'填入下列空白处，并记住它的用法""选择'有（一）点儿'和'一点儿'填空（注意它们的区别）""请快速说出空白中的量词""填上适当的量词""在括号里填上适当的动词，组成词组并说一句完整的话""读下面一段话，用所给的词语填空"等。

4. 完成句子练习：例如"完成下列句子""用括号里的词语完成下列句子""完成'劳驾'后面的内容""补出后面的内容"等。

5. 改说句子练习：例如"用'要不是'改说下面的句子"等。

6. 造句练习：例如"造句""模仿造句"等。

7. 改错练习：例如"在错误的地方画'×'并加以改正"等。

8. 根据课文回答问题：例如"根据课文（内容）回答问题""根据课文的内容用自己的话回答问题""根据课文内容和你的经历回答下面的问题"等。

9. 快速说话练习：例如"请你用汉语快速说出下列年、月、日、星期、时，并对每一组提出一个问题""用汉语快速说出下列一段时间，并对每组提出一个问题""请快速说出空白中的量词""快速回答"等。

10. 理解（意义、内容、用法）练习：例如"体会下边的'点'的不同含义""体会左右两组词语的不同的用法，并分别用它们说一句话""理解下面各词组或句子的含义""说一说下面的几个句子中'东西'的意思""理解下面动词的含义，填上适当的宾语后再组成一个完整的句子""理解加点的词语在例句中的意思，并用加点词语完成对话""根据课文内容判断下面的句子内容是否正确，为什么？""听一听，哪个句子符合课文原意？""听一听，说一说，下边各句是否符合课文原意？"等。理解练习包括理解词、词组、句子的意义，词语的用法和课文的内容。有的是纯理解练习，有的还要求造句或完成对话。但"听后判断"不是真正的"听"，因为句子都列在下面了，可以看后判断。

11. 完成对话练习：例如"用括号里的词语完成对话""用

指定的词语完成下列对话""用'真倒霉……'完成下列对话""读例句,用加点的词语完成对话""给下列句子配上相应的对话""(给上句配下句,给下句配上句)""完成(下列)对话""回答下列对话""选择'可不是'或'可也是'对话""(填空)对话(注意量词的用法和钱的计算法)"等。

12. 模仿对话/说话练习:例如"模仿例子对话""(体会加点短语的意思)模仿例子进行对话""仿照例句,用加点的词语对话""仿照下面这段话说话,注意加点的词语的用法"等。

13. 对话练习:例如"对话练习""根据下列题目对话""根据下列五个题目对话,注意问不同对象,用不同的称呼(所谓题目如'去百货大楼买鞋''你父母来中国看你,你打电话了解飞机到达时间''假如你是餐厅服务员,如何向客人介绍酒店的饭菜?'等)""根据情景设计对话(如'为朋友送别:在告别晚会上、在飞机场')"。

14. 看图对话/说话练习:例如"看下面的图,根据提示组织对话""根据图示,用所给的词组织一段对话""根据图中提供的情况,两个人一组,通过问答了解图中的人""看下面有关交通的图示,说一说有关的交通规则""画图说话(如'我最喜欢的发型(男、女都可以)')"等。

15. 模拟表演:例如"对话表演""模拟表演(课文)第一段对话""仔细读课文中的第一段对话,表演小张和小李下班回家以后吵架以及'妻子'劝他们的情况。自己组织对话""分组表演'去医院看望病人'""看图,根据图示的要求,模拟表演'在理发店理发'""分组表演'在商店里发生的事',具体内容由各组商量决定,然后一起评判"等。

第一节 从任务型语言教学反思对外汉语口语教材的编写

16. 复述练习：例如"用提示的词语复述课文中的会话""用自己的话说一说课文中北京交通台的新闻内容""请不看课文复述王平是怎么过这个寒假的""复述杰夫的话，介绍一家你认为不错的饭馆""复述课文中山下关于'三高'和'三爱'的内容，并谈一谈你的看法"等。

17. 成段表达练习：介绍、叙述，例如"'我的饮食习惯'（各种题目）""用汉语介绍一下你们国家的气候""根据课文内容，介绍一下儿中国人结婚时的一些风俗习惯""请向同学们介绍一本你看过的小说的内容，或给你的同学推荐一本书""请谈谈你在学习上的收获""实践：在毕业联欢会上说一段话""说一说：你去过中国哪些地方？最喜欢哪儿？为什么？""给大家介绍一幅风景画，并加以评论""用下面的词语说一段故事""根据提示的话题，用所给的词语说一段话：你学习汉语的经历、困难、感受等"等。

18. 成段表达练习：观点、看法、演讲，例如"谈一谈：你认为家务事应该谁来做？""看图，用所给的词谈一谈，你认为下面这些事物在一幅图画里怎么分布最好看？""谈看法：（1）打牌（2）唱卡拉OK（3）逛民族公园（4）晒太阳（5）老人活动中心""理解下面几句话，并谈一谈你的看法，可分组进行讨论：'换季降价'""演讲：'我对流行歌曲的看法'"等。

19. 讨论、辩论：例如"讨论：……""（小）辩论：（正方）干得好不如嫁得好，（反方）嫁得好不如干得好/养动物的好处与坏处"等。

20. 活动：例如"设计一个飞机不能按时降落的通知，广播给机场的候机人听""小实践：给自己设计一份简历材料，由同学做考官,进行招聘面试。要求:(1)介绍自己(2)自己的特长(3)回答考官的问题""读下面的几则征婚广告,说说你从中看出什么特点?与你们国家的比较一下""每个人描述一位大家都熟悉的人长什么样儿,然后请别人猜猜被描述的人是谁。要求描述:年龄 脸型 皮肤 五官 口音 个子 穿着(衣服) 发型""(招聘会演讲)假如你现在应聘一家饭馆的经理,你打算怎样经营你的饭馆?同学们可以向应聘的人提出各种问题,最后推选出一名理想的经理。"

21."噱头":例如"说笑话""猜谜""学说绕口令""学一学,唱一唱"等。

仔细分析一下这些"练习",我们可以发现它们有以下一些特点:

其一,大部分练习的目的是"语言的"或者是为了检查课文内容及知识的掌握情况,而不是完成交际任务,不是用语言"做事"(做类似真实世界的事情)或"解决问题"。语言形式操练、复习巩固语言知识等练习的目的都是"语言的","根据课文回答问题""复述练习""听一听,哪个句子符合课文原意?"等则是为了检查学习者对课文的掌握情况。

其二,不少练习是纯形式(focus on forms)的操练,如"语音语调练习""替换练习""改说句子练习"等。

其三,有些练习的内容和结果是既定的、已知的,没有信息差(information gap)。如果是对话,有些"模拟表演",如"对话表演""分角色扮演/朗读""模拟表演(课文)第一段对话",其对话是练习中给出的或课文里的,既没有信息交换,也无需意义协商(meaning negotiation)。

其四，技能训练往往是单一的，就是"说"；练习常常是单项的，只涉及一个项目。很少通过综合技能训练的方式来提高口语能力，或者说"帮助/辅助"口语能力的提高。比如说，"听一听，说一说，下边各句是否符合课文原意？"这样一个练习，如果是听的材料在录音里，或文本在全书的后面，那学习者就首先要听懂理解，再经过大脑的判断说出来。如果把听的材料（文本）就直接放在练习下方，学习者一眼就能看到，听就形同虚设了。

其五，许多练习只需要学习者自己一个人就能完成，很少需要"集体合作"来完成，包括"完成对话"等练习，教师的责任是检查答案，改正错误。练习较少是为"团队"设计的。

其六，不少练习不关注语境或对语境的要求较低，最多只考虑上下文语境。

其七，不注重完成的"过程"，比如"对话练习""说一说"等大都是只给个题目就算了，教师只等"成品"。

其八，练习的结果大都是语言形式的，如完成一个句子、编成一个对话，很少有非语言形式的，比如根据说的内容做出一个决定、做成一个表格/图表或解决一个问题等。

其九，活动类练习的设计理念比较接近目前流行的任务型语言教学。

三、任务型教材的编写模式

（一）任务与非任务

Long（1985）指出，所谓任务就是为自己或者为他人，无偿地或者有偿地做一件事儿。例如，给围栏刷油漆、给孩子穿衣服、填写表格、买双鞋、预定机票、在图书馆借书、考驾照、打封信、给病人称体重、分发信件、预定宾馆、开支票、问路、帮人过马路等。换句话说，任务就是人们在日常生活、工作和娱乐中所做的各种事情①。Long（1985）的任务被称为"目标任务"（target tasks）或"真实世界的任务"（real-world tasks）。Skehan（1989）指出，任务是具有下列要素的活动②：

——（表达）意义是首要的（meaning is primary）；

——有某个交际问题要解决（there is some communication problem to solve）；

——与真实世界的类似活动有着某种联系（there is some sort of relationship to comparable real-world activities）；

——完成任务是优先的／最重要的（task completion has some priority）；

——对任务的评价是以结果／成果为依据的（the assessment of the task is in terms of outcome）（即按照结果来评价任务的完成情况，看任务的完成有没有一个结果）。

程晓堂（2004）认为，Skehan（1989）归纳的几个要素已经发展成为设计任务的几条原则③。Skehan（1989）还从反面对任务不应该是怎么样的进行了解释：

——不是让学习者刻板重复（依葫芦画瓢）别人说过的意思和

---

① 参见 M. A. Long. Role for Instruction in Second Language Acquisition: Task-Based Language Teaching. In K. Hyltenstam & M. Pienemann (Eds). *Modeling and Assessing Second Language Acquisition*. Clevedon: Multilingual Matters, 1985。

② 参见 P. Skehan. *A Cognitive Approach to Language Learning*. Oxford University Press, 1989。

③ 参见程晓堂《任务型语言教学》，高等教育出版社，2004年。

话（do not give learners other people's meanings to regurgitate）；

——不是为了展示学习者自己的语言（are not concerned with language display）；

——不要求什么都是一致的（are not conformity-oriented），比如完成任务的方式、过程、语言和结果等；

——不是以操练语言形式为导向／目的的（are nor practice-oriented）；

——不要刻意把语言项目藏入／嵌入材料，变成以某些特别结构为中心的（do not embed language into materials so that specific structures can be focused upon）。

他还举例说像"完成转换练习""大部分与教师的问答练习""归纳性的学习活动，其中事先选择好的材料是用以帮助（学习者）生成语言规则的"等课堂活动不是任务。

笔者无意专门讨论"任务"的定义，以及"任务"是否应该包括"学习型／教学性任务"（pedagogic tasks）等争论较多的问题，只想通过引用 Long（1985）和 Skehan（1989）的观点让读者比较和体会"任务"与"练习"的差别，进而反思目前的对外汉语口语教材和口语教学。

任务型语言教学强调在"做中学"（learning by doing），在"用中学"，就是说在做事情、在完成任务的过程中接触语言、学习语言，在运用语言（做事情）的过程中学习语言。这跟以往把语言作为目标的学习是不同的。任务型语言教学认为，人们使用／运用语言是用来做事情，完成各种各样的任务的。语言教学应该是真实的，无论是输入的材料、任务本身、任务环境还是完成任务的过程都应该具有真实性。我们在日常生活中运用语言行事，意义的表达和沟通是首要的，形式是为意义服务的，语言教学亦应如此。（任务型教学并不排斥语言形式的训练，无论是在 Willis（1996）的模式①，还是在 Ellis（2003）的模式中②，语言形式的训练都占有一定的地位，只是重点跟以往的语言教学不同了）人们各自的背景不同，在社会中所处的地位不同，工作学习不同，人们所持有的信息不同，对待人和事物的态度、情感、想法不同，思想不同，这样人与人之间就会产生信息差（information gap）、意见差（opinion-gap）和推理差（reasoning-gap），因此人与人之间就需要交际和沟通。"任务型"活动应该体现这些特点，"明知故问"不具有交际的真实性。交际是互动的，是通过意义协商（meaning negotiation）来达到相互了解和理解的，例如，警察问犯罪嫌疑人：

  警察：你是不是常去他家？

  嫌疑人：不常去，偶尔去一次。

  警察："偶尔"是什么意思？

  嫌疑人：（无可奈何地承认）就是一个星期去一次。

  在完成任务的过程中，人们经常需要进行这样的意义协商。任务可以是一个人完成的，但更多的是集体合作完成的。在任务型教学中，任务更多地是依靠集体/小组合作完成的。在这个过程中，学习者不仅需要运用语言知识和语言技能，还要依靠人的其他方面的知识和技能的综合运用。个人的生活经历、工作和学

---

① 参见 J. Willis. *A Framework of Task-Based Learning*. London: Longman, 1996.

② 参见 R. Ellis. *Task-Based Language Learning and Teaching*. Oxford University Press, 2003.

习的经验都是完成任务的重要资源,并且任务的完成使得课堂的语言学习和课外的语言活动结合起来,许多任务需要课后去做,比如去图书馆或上网查资料,做某种社会调查等。任务的这种"延伸"性与以往做家庭作业是不同的。

(二)任务型口语教材的一种编写模式

教材的编写要依据教学大纲,任务型语言教学所依据的大纲既不是语言的结构,也不是语言的情景和功能,而是经过需求分析后得出的任务,语言项目只是一根暗藏的线,这跟以往的教学大纲很不相同。

以任务为纲的教材有许多不同的编写模式,笔者尝试的是跟以往教材完全不同的一种编写模式。它不再有课文和练习两大板块之分,而是以任务统领全课,"课文"已不再是传统意义上的"样板"(model),而是任务链中的一环。"学生在执行或完成这些任务的过程中接触语言、学习语言和使用语言。"(程晓堂,2004)

下面是一个例子:

主题:招聘(财务类)
目标:聘用一位公司会计(做出一个决定)
语言输入:9封报纸上刊登的求职个人自荐——求职信(见下)
语言现象的处理:(略)
完成任务的形式:小组活动为主(组成类似各个公司的人事部)
任务(各种"子任务"构成"任务链",形成总任务):
(1)讨论确定公司的招聘要求。
(2)阅读求职信。
(3)讨论分析比较求职人员的情况,再对照公司的招聘要求,从9人中挑选3—4位进行面试。

（4）打电话通知他们在何时来公司面试，如人不在，电话留言。
（5）举行面试，招聘双方自我介绍与互相提问。
（6）汇总面试情况，讨论决定聘还是不聘，聘的话，哪一位是最佳人选。聘与不聘都要说出理由。如有意见分歧，要尽量说服他人，形成一个决议。
（7）由一二人汇总小组的意见，写出一份报告。
（8）各小组代表向全班口头报告各自的招聘决定，并申述理由（类似向总经理或董事长汇报），可提问和解释说明。
（9）电话通知本人。
延伸任务：根据自己的志向，写一封类似求职短信（可出一个墙报）。

XM113791
女，37岁，本科，会计相关证书全。从事各行业会计15年，敬业且责任心强。熟悉中小私营企业全套会计记账纳税申报工作，擅税务策划和财务分析；电脑熟英语好气质佳。诚觅中小私营企业兼职会计，薪低。13601613722

XM113792
女，52岁，退休。从事会计工作近20年，任主办会计多年，能独当一面，独立完成全套财务处理，懂电脑。会网上申报、电脑开票等。觅私企（带征、查账制企业）专兼职企业会计。拒保险推销。13918106466

XM113793
女，38岁，英语、日语流利，本科注册会计师，熟悉外企、代表处及进出口贸易会计，准确领会外国投资者对会计报告的需要，诚觅外资公司、代表处、进出口公司兼职会计和财务顾问。13501966333、62408551

第一节 从任务型语言教学反思对外汉语口语教材的编写

XM113794

女，45岁，内退，持相关证书，从事会计工作10年，能独立完成整套财务处理、报表编制、纳税申报，电脑开票。觅专兼职财务工作。住漕河泾地区。免四金。13816489551、34220403

XM113795

女，26岁，沪籍，未婚。财大本科，英语六级，会计师。胜任进出口会计主管，熟税金减免、私营、外企、进出口会计等税务申报，熟人事政策，会电脑，可代办四金缴纳。觅兼职会计和人事。电56985891、13122497282

XM113796

男，34岁，本科会计师。长期为各类企业提供全盘财务处理、纳税申报、成本分析、税收策划服务。精最新财税政策法规，与工商税务有良好沟通协调能力。薪300元起。拒保险。13386094810、13381568155

XM113797

男，33岁，本科助会。十余年工商财务经验，熟整套财务处理、各类报表及纳税申报。熟内控制度及成本核算，熟财务、办公软件。熟税收法规及财务分析，能出差，觅相关职位。常驻外地亦可。13917673274

XM113798

女，51岁，退休。历任会计主管，财务总监。通晓税务法规，精全套财务，熟电脑操作，自有用友软件，财务经验丰富，能合理避税。诚信敬业。觅商贸企业专兼职会计或财务顾问。浦东新区尤佳，拒保险。电13917397829

> XM113799
> 女，46岁，协保，助理会计，从事财务工作二十余年，经验丰富。熟相关财务法规，精通整套会计账务处理。能会计电算，证件齐。诚信敬业，品貌端正，善沟通。觅专、兼职会计。电 52040380 或 13795282018

这个任务类似真实世界的活动，是学生离开学校进入社会很可能要做的事（或是作为求职应聘者，或是作为招聘录用单位），材料也完全是真实的，来自报纸。有多种语言技能的参与，但主要是口头交际和表达。它以集体/小组活动为主，也可以有个人独立完成的事情。活动中包含着信息差（information gap）、意见差（opinion-gap）和推理差（reasoning-gap），任务完成后有一个结果（outcome），即要做出一个录用决定。

四、结语

以上我们讨论了目前对外汉语口语教材与任务型语言教材的不同编写模式，目的是寻求教材编写和课堂教学模式的突破，也是对目前对外汉语口语教学的一种挑战。语言教师和教材编写者不一定就要走任务型教学的路子，因为不同的语言观和语言学习观对语言和语言学习的指向是不同的，在不同的语言观和语言学习观指导下的语言教学模式和教材编写模式也是不同的。任务型语言教学的理论基础主要是语言习得理论（认知理论）、建构主义理论、互动理论等。选择什么样的路子在于个人，但任务型语言教学的路子的确可以引起我们对目前口语教材的编写及其教学的反思。

第二节　中高级阅读教材编写理念评析[①]

我们知道，阅读就是一个人看并理解所写文字的过程。然而，我们给留学生"看什么"（阅读的内容）"为什么看"（阅读原因）"如何看"（阅读方式），却是阅读教材编写者、教学界一直探讨的三个问题。尤其是到了留学生的中高级阶段，他们需要阅读大量的中国报纸杂志、实用文体，故而呈现何种阅读语料、如何训练提高阅读能力、如何编写针对性教材等问题便愈发突现出来。

本节对最近 15 年，也是对外汉语教学高速发展的 15 年出版的使用范围较广、影响较大的中高级阶段阅读教材进行回顾，梳理出目前我国对外汉语阅读教材的主要编写理念、训练重点、主要教学方法，并对近 15 年的阅读观念、阅读教学进行分析与评述以期得到一个较为宏观的阅读教学轮廓，为今后教材编写、中高级阅读教学、研究等提供参照的基础。

笔者所要研究评述的教材见表 4-1：

表 4-1　教材编写情况表

序号	教材名称	编者	编者学校	时间	出版社
1	汉语阅读技能训练教程	吴晓露	南京师范大学	1992	北京语言学院
2	中级汉语阅读	刘颂浩	北京大学	1997	北京语言文化大学
3	中级汉语阅读教程	周小兵等	中山大学	1999	北京大学

[①] 本节选自田然《近十五年对外汉语中高级阅读教材编写理念评析》，《云南师范大学学报》（对外汉语教学与研究版）2008 年第 4 期。

(续表)

序号	教材名称	编者	编者学校	时间	出版社
4	汉语系列阅读	沈兰	西安外语学院	1999	北京语言文化大学
5	报刊阅读教程	彭瑞情等	北京语言大学	1999	北京语言文化大学
6	新编汉语报刊阅读教程	吴丽君	北京外国语大学	2000	北京大学
7	汉语阅读教程	陈田顺等	北京语言大学	2003	北京语言大学
8	汉语阅读教程（中级本）	傅亿芳等	复旦大学	2004	北京语言大学
9	发展汉语系列·高级汉语阅读	罗青松	中国人民大学	2005	北京语言大学
10	汉语阶梯快速阅读（中级）	幺书君	中国人民大学	2005	北京语言大学

在此我们汇集了近15年中国对外汉语教学界最有影响的10套（本）中高级阅读教材，编者范围涵盖全国从事对外汉语教学的主要高校，我们兼顾了纵向的时间轴（15年），以及横向的地域轴（从北京到广州），两者都能够代表我国对外开放以来的阅读教材编写主流观念，从而使得本研究更全面更具典型意义。

一、从课文编写看阅读教材编写理念

课文材料的选择，即前面提到的"看什么"（阅读的内容）问题，能清晰地体现出编者的阅读教学理念；阅读量的控制、题材体裁的选择，可反映编写者的阅读目的，即"为什么看"（阅读原因）。

在此我们先对教材编写的上述两方面情况列出表 4-2 后面再逐一讨论。

表 4-2　课文编写情况表

序号	教材名称	课文阅读量	练习阅读量	体裁划分	题材选择
1	汉语阅读技能训练教程	2 000 字左右	2 500 字左右	说明文、广告、小说	科教文卫
2	中级汉语阅读	2 000 字		记叙、议论、说明	政经、文史、心理、社会
3	中级汉语阅读教程	2 000 多字		散文、论文、说明文、广告、地图等	科教文卫
4	汉语系列阅读	不分细快读，近 2 000 字	2 000 字	散文、故事	社科文卫
5	新编汉语报刊阅读教程	2 000 字		新闻报道、特写、通讯、时评	政经、军事、外交、贸易等
6	汉语阅读教程	细读近 1 500 字；快读 3000 字		说明文、故事、评论等	体育、政经、社会
7	汉语阅读教程（中级本）	约 2 500 字		杂文、故事、新闻报道	政经、文化、科学
8	发展汉语系列·高级汉语阅读	约 3 000 字		散文、杂文、海报、新闻报道	政经、法律、医疗、社会
9	汉语阶梯快速阅读（中级）	3 000 字	1 500 字	散文、说明文、访谈	家庭、社会、心理、文化
10	报刊阅读教程	约 2 000 字		新闻报道、社论	国家、政策、法规、社会

（一）阅读量与阅读方式

阅读量在此是指每次课（以一次课共两学时 100 分钟计）学

生阅读相应水平语料的字数。各教材的平均字数在2 000字左右，由两篇短文构成，可以看出这是中高级阶段已达成共识的"阅读量"。值得一提的是，《汉语阅读技能训练教程》练习量达2 500字左右，超过了课文的阅读量，是题量比例较大的一本教材。编者努力通过练习设计来促进阅读学习，练习形式新颖，富有创新。上面未标注练习字数的，题量相对较小，不具备典型意义。

阅读方式上，有的教材区分了细读与快读，如《汉语阅读教程》。细读（intensive reading）部分要求学生字、词、句、段均要理解；略读（skimming）部分是大意理解；查阅（scanning）部分是寻找自己所要求的有效信息，如地点，时间等。该教材训练目的明确，三种阅读方式穿插其中，丰富了阅读课堂教学，是阅读手段上变化较为丰富的一本书。

（二）编写视角与文体

1. 语料的视角主体。

视角主体即阅读内容是从哪种角度去审视与筛选的，是以编者认为"该学的"为中心还是以"学生需要"为中心，这两者便构成了编者视角与学生视角。从编者视角出发，有的教材选用了部分名家名篇，有的编排了新闻报道，《新编汉语报刊阅读教程》《报刊阅读教程》等课文主要取材于《人民日报》，风格严谨，文章层次清晰，逻辑性强，其范围涉及政治、经济、外交等领域。这些无疑对学生了解中国的社会政治经济状况和新闻体例都有极大的帮助。

以学生视角出发便会重视阅读文章的实用功能，《中级汉语阅读教程》不但有介绍目前中国现状的文章，还包括了广告（租房子、看演出）、地图（去某地旅行）、菜单等。这是对留学生最为实用的一本阅读教材,编者主旨鲜明,充分体现了"学以致用"的实用性原则。

无论是从哪种视角出发,许多教材都关注到了"易读性"(readability),即阅读材料是否引人入胜、易于理解的问题。《汉语系列阅读》《中级汉语阅读教程》等教材题材多样,知识性、趣味性都很强,更具阅读吸引力。

2.语料的体裁划分。

无论是以哪种视角为主体,大部分教材都注意到了文章体裁的区分,最为突出的是《中级汉语阅读教程》。从散文、议论文、说明文,到广告、地图等,编写者试图尽力囊括汉语的各文体,使留学生对汉语文体先有一个宏观认识,体现了教材编写的广泛性原则。

但同时也出现了两个问题:第一,课文难度等级难以逐课提升。在综合、口语教材中可逐课提升课文难度,第一课与第二十课难度是不同的,但在阅读中却因为顾及体裁、题材的全面,一课与另一课间难度上出现了平行性,甚至线性下降,难以体现对外汉语教材"螺旋式上升"的原则。我们认为可以通过题材、体裁常见与否的编排体例来解决这个问题。第二,词汇的非重复性问题。题材体裁不同,课文内容迥异,词汇很难重复,词频效应难以应用,如何解决这些问题仍需要进一步探讨。

(三)编写依据

各教材主要是依据《汉语水平词汇与汉字等级大纲》或《汉语语法等级大纲》来编写的,但对中级水平的词汇标准定义不一致。有的教材定义为面向已掌握2 000词的,有的面向已掌握3 000词的,故而出现了同为中级却难度不等的现象,这些迫切需要尽早规范统一。

二、从练习设计看阅读教学理念

练习的设计形式可以反映出编者对阅读教学的训练重点、主旨，也就是要通过练习传递出阅读三要素中的"如何看"（阅读方式）的问题。下面我们先对这10本教材的练习方式进行汇总（见表4-3），然后再深入讨论。

（一）练习设计的共性

从题型上看，选择答案（占有率为100%）、判断正误（90%）、回答问题（80%）是各家最钟爱的练习方式，也可认为是目前阅读教学中共同的、几乎必备的题型，偏重于阅读后的整体理解情况。但编者在出题时，需要考虑到题目的信度、效度、区分度与干扰项等因素，尤其是推论性问题，更应严密周全，否则难以最大限度地考查学生的阅读理解力以及不同阅读者的水平差异。

（二）练习设计的个性化处理

《汉语阅读技能训练教程》在阅读教材中颇具开创性，不仅将教师需掌握的教学知识、教授方法写到了教材中，而且十分注重技能训练，练习中更注重单项阅读技巧的掌握，如根据偏旁猜测汉字基本义、根据语境词语互释、词语猜测等，能让学生摆脱"见生词必查词典"的习惯，更能树立学生的篇章概念。作者借鉴了国外的篇章教学理念[1]，以自己的相关研究为基础，在1992年便

---

[1] 参见吴晓露《阅读技能训练——对外汉语泛读教材的一种模式》，《语言教学与研究》1991年第1期。

出版了涉及篇章理论的阅读教材，在篇章理论仍然方兴未艾的今天，作者当初的创新委实颇具前瞻性。

《中级汉语阅读教程》在课文编排体例上较上面教材有所改进，更利于教师的课堂操作，而且，将技能训练、阅读技巧的把握进一步加深了。如利用上下文（context）进行词语猜测；引导学生进行主题句（topic sentence）的抓取，同时分析支持句（supporting sentence），即进一步解释说明论证主题句的句子；更关注篇章结构和长句理解。练习目的明确、清晰，是目前强调阅读技能训练教材中最全面、最值得称道的一部（参看表 4-3 的题型），笔者认为这也是今后阅读教材的一个编写方向。

表 4-3　练习题型表

序号	教材名称	选词填空	完成句子	画线连词	判断正误	选择词语解释	句子理解	回答问题	选择答案	据偏旁猜字义	词语猜测	抽取句子主干	词语互译	句子排序
1	汉语阅读技能训练教程				√	√		√	√	√	√	√		
2	中级汉语阅读	√		√	√			√						
3	中级汉语阅读教程				√			√	√	√		√		
4	汉语系列阅读	√			√			√						
5	新编汉语报刊阅读教程	√	√	√	√	√								
6	汉语阅读教程	√	√	√	√	√	√							
7	汉语阅读教程（中级本）	√	√	√	√				√					
8	发展汉语系列·高级汉语阅读				√	√		√						√

(续表)

序号	教材名称	选词填空	完成句子	画线连词	判断正误	选择词语解释	句子理解	回答问题	选择答案	据偏旁猜字义	词语猜测	抽取句子主干	词语互译	句子排序
9	汉语阶梯快速阅读（中级）								√					
10	报刊阅读教程	√		√		√	√	√						√

（三）练习折射的阅读主旨

1. 重视词语理解。

有的教材如《新编汉语报刊阅读教程》中有较多的词语练习，从画线连词（常为动宾搭配）到词语填空、完成句子，编者关注词语的准确掌握与使用，对某些未开设精读课的学生，无疑可增进其词语理解，扩大词汇量，体现了编者"通过阅读学习新词扩大词汇量"的阅读思想。

2. 重视技能与篇章概念。

《汉语阅读技能训练教程》《中级汉语阅读教程》，不仅让学生扩大词汇量，学习新词语，更突出阅读技能训练，并切入了篇章视角，是两本独具特色的、阅读特点突出的教材，体现了编者"通过掌握阅读技能来提高阅读理解力"的主旨思想。这种理论在中高级阶段具有突出意义。

3. 重视整体理解并贴近 HSK 考试。

《汉语阶梯快速阅读》（中级）练习题型为选择题，不突出词语也不突出技能，而是重视文章的全面理解，既是阅读教材，更是为学生备考 HSK 使用，是一本"备战标准化阅读考试"的教材。

三、目前的问题与思考

（一）阅读理论应用欠缺

1. 图式理论（schema theory）的应用问题。

图式理论最重要的应用就是对文章的阅读预期。阅读者的背景知识与对语料的熟悉度，都会对阅读理解产生影响，这些应该反映到教材编写中。如《怎样运动更健康》（《汉语系列阅读》）一文，"运动""健康"是一些常见话题，留学生已形成自己的知识图式，对"剧烈运动"和"适度运动"有基本了解与认同，因而文章的"适度运动有益健康"结论在读者意料之中，读起来可以行云流水。然而编排于该课之前的《山西大院》一文，尽管字数少得多，但由于涉及晋商、中国传统建筑等文化背景，学生缺乏相应的"知识图式"，也就缺乏对下文的"预期"，阅读理解难度大增。因此，对这类需要背景图式的文章，可考虑在其他方面，如词汇难度、句子长度、文化点的阐释等方面适度削减，以弥补学生"知识图式"的不足，从而总体上保持阅读语料的难度相当。

对于典型的新闻报道，如外交访问、外贸出口等，可以在阅读后简单归纳该文体的基本图式，如包含"访问者、邀请者、谈话内容、结果及常用句式"的外交访谈图式，包含"贸易顺差、逆差、进出口、贸易方式、以……速度增长"等的基本贸易图式。这些在练习中有所反映后，学生再阅读相关文章，其"图式背景"便会助其迅速提升速度，加强预期，从而达到事半功倍之效。

2. 语篇理论的应用问题。

语篇理论应用于阅读教学，宏观方面应包括语篇模式、语篇理解的方式等。① 语篇模式指语篇内部间较为固定的结构框架和建构方式，如议论类语篇，其基本模式为：提出问题——分析问题——解决问题，也即论点——论证——结论"三段式"。语篇理解方式包括语篇中心义的理解——是体现在题目中还是在句头抑或句尾，命题（macroproposition，一个语段中几个句子所表达的同样的主题）如何选取。也包括语篇组织方式的理解——作者是以时间还是空间抑或逻辑顺序来组织语篇的。凡此种种，都需要我们在教材选材、练习设计中予以考虑重视。

微观方面主要包括句际间的衔接与连贯等——句子是如何进行省略、省略如何恢复、词汇如何重复、反义近义如何关联、指称回指如何应用等，这些方式，将一个个句子网络般构筑成了一体；不理解上下句之间的省略、替代、回指等衔接方式，就很难说真正理解了句子间的语义关系②。

无论是宏观还是微观的应用，目前的教材做得还很少，有的教材甚至根本不涉及。究其原因，是目前语篇理论在对外汉语教学中的应用研究还不够深入，更多地还停留在词法、句法、句子上，较少升级到语篇层面。《中级汉语阅读教程》是目前在语篇上做得较好的一本。

（二）阅读特点不够鲜明

由于阅读理论的缺乏，导致了实践中阅读特点的不够突出。有的教材选词填空、造句、完成句子成了练习设计的主体。既然是阅读教材，而且是中高级阶段的阅读教材，词语的准确理解与

---

① 参见周小兵《对外汉语阅读教学研究》，北京大学出版社，2005 年。
② 参见田然《语篇中词语的组织方式与语篇难度及词语教学的关系》，《云南师范大学学报》（对外汉语教学与研究版）2004 年第 4 期。

运用，应放在精读课中去解决，否则教学界强调的"课型特点"便难以突出。

从阅读教学的阶段特点来说，中高级阶段不同于初级阶段的积累阅读（积累汉字词汇语法知识），它更是一种理解性、鉴赏性阅读，它固然要弄清词语、句子的含义，但它更要理解句际间的结构逻辑关系、句子的言外之意、段落的核心思想、作者的写作意图等。这是一种更高级的阅读，因此在中高级阶段要摒弃"词语运用中心""句子生成中心"等观念，大力突出中高级阅读的特点。

（三）教材的难度控制问题

美国教学法专家克拉申（Stephen Krashen）的一个著名观点是：语言材料要稍高于学生的语言理解水平——这已成为语言学者的共识。但目前的阅读教材基本是依照《汉语水平词汇与汉字等级大纲》或《汉语语法等级大纲》来编写的，编者注意到了词语难度、语法难度，有些教材也考虑到了题材难度、体裁难度，但注意篇章结构难度的教材不多。比如同样词汇量的一篇叙事体文章，严格按照时间顺序写作与倒叙、穿插回忆性结构安排的写作，哪个更难于理解是不言而喻的。还有，主谓宾语俱全的几个句子与存在大量省略的几个句子（词语相同）相比较，留学生阅读起来，理解难度也是不同的。举这两个例子，主要是希望大家关注教材中的语篇结构难度。目前我们的"大纲"设计还停留在汉字、词语、语法等三级，句子以上部分——篇章难度也迫切需要难度标准和等级。如何将四者而非三者结合起来，是今后教材编写需要考虑的问题。

（四）语料选择要考虑到可操作性

有些教材中的材料，选取时比较随意，篇章特点不突出，段落切分也不很明确，未充分考虑教师教学中的可操作性。教师难以提取段义句，难以进行层次分析，难以抓取作者的主要观点句，甚至通篇也未出现一个精彩的、给教师施展能力提升教学的段落，让所谓的"阅读特点教学""技巧教学"很难实施。

有的文章就注意到了这个问题，如：

> 摔跤也是各民族喜爱的运动项目。蒙族人民多在祭祀典礼之日举行摔跤比赛。藏族人民平时三三两两以摔跤为游戏，各村各县都有一定的会期。哈萨克人还有一种摔跤是把自己双腿套在麻袋里，然后用绳子把麻袋口扎在腰间。比赛的选手只能用上肢较量，两条腿只能用来保持身体的平衡。这种比赛妙趣横生。朝鲜族人民在丰收喜庆的节日里，常穿上盛装，载歌载舞举行摔跤活动。维吾尔族人举行婚礼时，也常以摔跤助兴。（《汉语阅读教程》第十三单元"竞技体育"一课节选）

本段教学中教师首先可以引导学生提取段义句，然后按照"民族"切分出5个层次，最后逐一分析各层次的含义，条理清晰，教师能在宏观上操控全局，提纲挈领。

四、结语

最近15年对外汉语教学突飞猛进，我们今天所评论的教材，许多是开创性的，因为20世纪七八十年代从未出现过如此大的教学规模、如此复杂的教学等级、如此纷繁的学习目的、如此多样的课型设置。这些中高级阅读教材支持我们走过了这 15 年的教学，可谓功不可没。在汉语国际推广事业蓬勃发展的今天，我们也应看到，教材的建设依然刻不容缓，只有不断汲取前人的成果并运用最新的理论，才能锻造出精品阅读教材来，才能适应汉语学习的国际大潮。

第三节 "精视精读"教学模式与教材编写①

一、视听教学的发展催生了精视精读教材

从来源来看，用于对外汉语视听教学的视频材料可以分为两类：第一类为受限视频材料，是专门为汉语教学拍摄制作的，情节简单，语速较慢，台词经过难度控制和教学设计，教学目的性和针对性都很明确；第二类为非受限视频材料，是选用给中国人观看的影视作品作为视听材料，优点是内容丰富深刻，语言真实自然，缺点是缺乏梯度，难易杂陈。德国汉语教师蓝安东（1986）认为，只有那些"在中国为中国的观众而制作的电影或电视节目"才"属于'真实性'的材料"，"反映着一定的社会现象"，才适合作为汉语视听教学素材②。笔者赞同这种观点。事实上，目

---

① 本节选自王飙《试论"精视精读"教学模式与教材编写》，《语言教学与研究》2010 年第 3 期。

② 参见蓝安东《论汉语会话班里的录像教学》，载《第一届国际汉语教学讨论会论文选》，北京语言学院出版社，1986 年。

前对外汉语视听教学的主流也正是非受限视频材料。

但非受限视频材料的语言特点决定了传统视听教学的模式是以视促说、以听促说，可以称为"视听促说"模式，"要求学生必须为'说'而'听'，为'说'而'视'"[1]。由于视频材料的语言没有经过教学上的控制，往往难度较大（生词多，语法难，语速快），需要反复观看，循环练习，使听力理解逐步深化，口说表达层层加码，有限的教学时间大部分都被用于听说训练，因此，这种模式在视听教学的深度挖掘上，存在着极大的制约。

由于语言难度较大，视听说课程基本上都是从中级汉语阶段开设。中级汉语的特点是"既要系统讲解语言知识，又要介绍丰富的文化内容"[2]。从语言教学的角度看，视频材料的最大优势是全息性。Stempleski & Tomalin（1990）认为："音像结合的教学手段比任何一种教学媒体都能更加全面而真实地展示语言信息[3]。"视频材料所负载的信息的丰富度和立体感都是纸面文字所无法比拟的，按说理应在"介绍丰富的文化内容"方面发挥很大的作用，但"视听促说"模式侧重听说训练，对这些信息的教学开发非常有限，实际上担负这一重任的主要是中级精读教材。中级精读教材一般都是编者选择合适的语料，精心加以适度改写，在合理降低语言难度的过程中，根据教学需求配置生词和语言点，以便实现"系统讲解语言知识"的目标；在学生消化课文语言的

---

[1] 参见刘绍龙《论"视听说"的认知基础和实践策略》，《外语电化教学》2002年第6期。

[2] 参见李杨《评〈桥梁——实用汉语中级教程〉》，《语言教学与研究》1998年第2期。

[3] 参见 S. Stempleski & B. Tomalin. *Video in Action: Recipes for Using Video in Language Teaching*. Hemel Hempstead: Prentice Hall International (UK) Limited, 1990.

基础上，再进行文化的介绍。而"视听促说"教材是难以进行类似的语言难度控制的，一般只能呈现视频语言的原始面貌；在实际教学过程中，为消解语言难度必须消耗大量的教学时间，无法进行文化教学的开发。由于大多数视听材料原始语言的可教性较差，教学效果也往往难称理想，因此，目前大多数教学单位视听说课课时都比较少，只是一种辅助课型。

而另一方面，随着电化教学技术的发展，利用视频进行汉语教学，已经从早先的点缀性的辅助教学手段，逐渐发展成为一种常规教学方法。很多教师都会根据课文内容搜寻合适的视频材料，在课堂上播放，让学生直观感受视频展现的中国文化与国情，加深学生对课文内容的理解。虽然这些视频材料很难与课文内容高度密合，但是精读课视听化却已经渐成趋势。因此，我们将精读课与视听课结合起来，设计了一种新的教材类型和教学模式——精视精读。

二、精视精读教材的设计与编写

所谓精视精读教材，首先，其课文内容可以通过视频形式展现出来，视频材料所具有的全息性优势，使其提供的信息比纸面课文真实、直观、生动、丰富得多；其次，通过精心编写的教学内容，难度适宜，循序渐进，且较好地覆盖了相应语言水平的词汇和语法点，讲解与练习精细、到位、充足。精视精读教材以视听的形式使精读教材立体化，可以丰富教学手段，提高教学效果，彰显文化内涵，深化学生理解。但是，同一般的精读教材相比，精视精读教材的实现难度要大得多。一般的精读教材选材范围比较广，语言改写自由度也比较大。而精视精读教材是选择视频材料，不仅范围小，而且受视频内容所限，语言改写空间极为有限。

　　白乐桑、白钢总结他们编写视听教材《中文之道》的经验，给视听教材提出了很高的标准："一部好的录像教材，无论是文化课的录像教材，还是语言教学片，必须以'适用'为标准。这就必须从学生的需求及语言水平出发，严格控制词汇量，注意词汇、句型及语法点的循序出现和重复出现，避免学生因词汇量太大、句型与语法出现过快或缺少重复而失去信心。"① 但是，《中文之道》是先有脚本（即课文）后拍视频，实际上是上文所谓的受限视频，教学内容的难度控制是比较容易操作的。对于非受限视频进行语言的难度控制而达到了这一标准的，现已出版的只有《中国人的故事——中级汉语精视精读》（以下称《中国人的故事》）②。因此，本节以这套教材为例，说明精视精读教材不同于一般教材的设计思路和编写过程。

　　首先是选材。选材着眼于两点：一是要广泛反映当代中国的面貌，可以进行深入教学；二是要具有语言的可改造性，可以进行难度控制。从这两点出发，编者最终选定纪录片作为原始素材。纪录片的语言主体之一是画外音解说词，可以改写重录，这一特点是精视精读这种教材设计得以实现的关键。根据这个思路，编者选择了中央电视台播出的纪录片《中国人的故事》作为素材。

---

　　① 参见白乐桑、白钢《影视语言、主体感应与汉语教学——〈中文之道〉基础汉语教学片创编心得》，载《第六届国际汉语教学讨论会论文选》，北京大学出版社，2000年。

　　② 余宁主编《中国人的故事——中级汉语精视精读》，北京语言大学出版社，2009年。

第三节 "精视精读"教学模式与教材编写

该片真实反映了不同行业的20多个普通中国人的生活工作情况，内容对于想要了解当代中国的外国人有极大的吸引力。

其次是难度定位，主要体现在词汇上。不言而喻，定位越低，适用面越广。但客观地说，选用非受限视频材料进行视听教学，只有在中级阶段才具备可行性①。中级水平的起点词汇，《汉语水平词汇与汉字等级大纲》是甲、乙两级共3 051词，《高等学校外国留学生汉语言专业教学大纲》是2 704词，《高等学校外国留学生汉语教学大纲（长期进修）》最低，共2 399词。但考虑到通过视频直观展示课文内容的做法特别适合国外非汉语环境下的汉语教学，我们参考美国大学中文教学的情况，即一般学完二年级之后，词汇量才能达到2 000上下②，将这套教材的起点词汇量定位在充满挑战性的2 000常用词标准。与之相适应，其他的设计要求是：生词率（生词数与课文字数之比）不超过5%，而且要实现生词在后文中的多次复现；语言注释要覆盖中级语言点，而且要分布均匀，平缓增加。

第三是对原始材料进行改造，包括通过情节的重组剪辑课文视频和改造视频原始文本。这里重点介绍如何改造视频原始文本，以供参考。

纪录片《中国人的故事》的原始视频语言由两部分组成：一是画外音解说词，辞藻华丽，句式复杂；一是片中人物的自然语言，存在大量的方言、衬音、衬词、重复、省略、冗余、残缺、

---

① 参见孟国《关于实况汉语教学的几个问题》，《语言教学与研究》2003年第4期。
② 参见崔颂人《初议美国大学"高级"汉语课程的名与实》，载《中文教材与教学研究——刘月华教授荣退纪念论文集》，北京语言大学出版社，2006年。

搭配不当和话题跳转等不规范语言现象。教材编者对原始视频语言分三个层次进行了处理：

1. 解说词以 2 000 词为起点全部改写，一方面把语言难度降到设计要求，一方面有序地编插生词和语法点。根据改写后的文本重新录音制作新的解说词，新解说词同时也是课文的一部分。

2. 可以听清楚的，语速、难度适中的，情节发展不可缺少的人物语言，在视频上保留原音，忠实地给出字幕；在课文中，一部分修改错误后作为直接引语，一部分改为叙述文字。

3. 听不清楚的，语速太快或词语太难而又不影响情节发展的人物语言，作为背景音，不出字幕，也不编入课文。

通过改写解说词和剪裁人物语言的办法，编者成功地把教材的语言难度控制在设计水平，把中级阶段应该教学的语言点系统而均匀地编插于课文中。全书 16 课，经过剪辑，每课的课文视频控制在 10 分钟左右，长度适中而又保持原作内容的完整性与丰满度；课文则从第一课的 1 700 多字有控制地渐进到最后一课的 1 900 多字。每课生词控制在 80 个左右，而且大部分是中级阶段学习重点的乙级词、丙级词；平均 20 多个字才有一个生词，阅读障碍很少。注释的语言点都是中级阶段应该掌握的，数量控制在每课 18 个左右。乙级生词、丙级生词和语言点在后面的课文、例句和练习中都得到了多次复现。

下面把《中国人的故事》的词汇控制同中级汉语精读教材《桥梁——实用汉语中级课本（上册）》（以下简称《桥梁》）[①] 做

[①] 陈灼主编《桥梁——实用汉语中级课本（上册）》，北京语言大学出版社，1996 年。

一个对比。

表 4-4

教材名称	起点词	生词总数	乙、丙级词总数	乙、丙级词比重
桥梁（上册）	2 500	909	537	59%
中国人的故事	2 000	1 231	804	65%

《桥梁》是一套公认的经典教材，其上册生词对乙级词汇和丙级词汇的覆盖与复现是备受推崇的。而数据显示，《中国人的故事》的语言难度控制足以媲美《桥梁》。在保留非受限视频丰富深刻内容的同时，克服影视作品原始视频语言难度太大的缺陷，将非受限视频转化为受限视频，从而大大降低其教学起点，可以说《中国人的故事》树立了一个典范。

第四是利用视频优势进行文化教学。在语言课上进行文化教学，须找到合适的切入点和接合时机。课文视频在这一点上具有天然的优势，生动直观的画面已经激发了学生的兴趣，文化点的选择与导入可谓水到渠成，而对文化点的讲解又可以直接从课文视频得到验证与深化。

《中国人的故事》的文化教学以"点——面——点"的循环方式深化学生对文化知识的理解。从课文视频选择引发学生浓厚兴趣的合适的"点"切入；每课选择5至6个这样的文化点，在课文后以综述或统计的方式进行简要的概括，介绍"面"的知识；在练习中再回到"点"，围绕每个文化点配上一篇短文进行阅读训练，让学生运用所学文化知识理解其中的文化内涵。全书共介绍了80多个文化点，涉及政治、经济、历史、艺术、民俗和日常生活等诸多方面，看似杂乱，其实如乱石铺路，自有法度。首先，是理解课文的需要；其次，《中国人的故事》介绍的是中国普通百姓的生活，而这些文化点是从他们的身边事中精选出来的，因此覆盖了了解当代中国社会生活最迫切需要掌握的基本层面，路虽曲幽，却是终南捷径。

　　第五是充分利用课文视频甚至课文插图设计练习，营造一种学习汉语和了解中国的语境。课文视频所负载的中国社会、文化的信息非常丰富，课文文本和文化介绍无法面面俱到，练习中则可以进一步利用。以汉字为例。留学生在中国社会生活中接触到的汉字与教材上的汉字是不尽相同的，一个显著之处就是生活中的汉字常常是经过艺术变形的，比如各种广告招牌上的汉字。《中国人的故事》就根据课文视频和课文插图设计了若干汉字识读和理解的练习，帮助学生在生活中学习和理解汉字。选取与课文内容有关的重要信息设计练习，目的是诱导学生反复观看课文视频。视频具有全息性的特点，多看之后自能潜移默化，加深学生对课文的理解和对中国的了解。

　　由于观看视频是实施精视精读教学的一个重要组成部分，不仅课堂上看，而且课后学生还要自己看。因此，每册教材都配有视频 DVD。

三、精视精读教材的双层复迭文本及其教学意义

　　通过上文的介绍可以看出，精视精读教材是一种将精读教材与视听教材融为一体的新型教材。但是，精读教学注重语言的规范性和系统性，教学文本偏重于书面语体；而视听教学的教学文本多为口语体，随意性强，规范性差。如何协调这两方面的矛盾呢？精视精读教材是以双层复迭文本的对照加以处理的。

第三节 "精视精读"教学模式与教材编写

精视精读教材具有两个教学文本：一个是纸面课文；另一个是视频文本，包括画外解说词和画内人物语言，以字幕形式呈现。二者有重合，也有差异。解说词的绝大部分是与课文重合的，少量的差异体现在叙述角度的不同，如解说词"他叫刘文军，今年44岁"，是看着画面叙述，课文则为"刘文军今年44岁"，是不看画面叙述。二者都是规范的书面语。

人物语言则绝大部分是典型的口语，不规范语言现象比比皆是，不修改则无法进行语言规则的讲解。人物语言进入课文，可以分为三种情况：其一，人物语言基本规范，以直接引语的形式进入。其二，人物语言不够规范、表达条理不够清晰，课文修改较大，作为叙述语言。其三，将琐碎的人物对话改为简洁的叙述语言。

通过这样的处理，形成了精视精读教材的双层复迭文本，即课文基本上是典型的书面语体，视频文本则是典型的书面语体（解说词）和典型的口语语体（人物语言）交替呈现，而两层文本表述同一内容，互为对照。之所以在视频处理过程中如此大量地保留片中的真实口语，是因为这种做法对于教学有独特而重要的意义。

克拉申曾提出课堂教学与第二语言习得"无接口"的观点（non-interface position）。他认为，许多人可以完全不经课堂学习而习得第二语言，同时也有很多人虽然用了很长时间在课堂上学习语言结构，但仍不能运用这种语言，这说明课堂教学对第二语言习得不起作用，或者说效率很低。这种观点虽然不能得到大多数语言教师的认同，但是很多对外汉语教师承认我们的对外汉语课堂教学存在一定的局限性，其中重要的一点是"课堂教学所提供的不都是真实的语言材料，教给学生的常为'课堂语言'或

'教科书语言'，与实际生活中的语言有一定距离"[①] 结果学生"只听得懂老师的话，听不懂课堂以外老百姓的话"[②]。他们认为，视听说课可以弥补教科书这一方面的不足[③]。

我们认为，通过课堂教学获得的语言能力与理解目的语真实交际所需要达到的能力水平相比，差距主要表现在三个方面：首先是对语境缺乏了解。语境包括大的语言环境和小的言语环境（交际环境），语言环境信息需要学习者长期积累，而言语环境信息可以通过视频得到很大的补充。其次是对俚俗语言和新词新语掌握不够。教材的编写必须考虑到适用者的整体语言水平，控制语言难度，而真实交际中的语言是毫无控制的，尤其是其中的俚俗表达和时尚新词，更是任何常规教材都难以系统介绍的，但是可以通过专门的课程和教材进行有针对性的教学。就这一点而言，以时尚影视作品作为教学媒介的视听说课确实可以发挥一定的作用。再次，是缺乏操母语者对母语不规范现象的容错能力。对此，只有在精视精读教材双层复选文本的基础上才可以进行有效的针对性教学。

口语表达一般是随想随说，不可能事先周详细密地组织言语活动，即使是操母语者，其真实交际口语中也都大量存在不规范语言现象，但一般不会影响听者的理解，因为母语的种种规则是深深植根于其语言能力之中的，在语境的帮助下，听者对说者的

[①] 参见刘珣《对外汉语教育学引论》，北京语言大学出版社，2000年。
[②] 参见唐荔《汉语"视听说"课程教学初探》，《北京广播电视大学学报》1997年第3期。
[③] 参见唐荔《汉语"视听说"课程教学初探》，《北京广播电视大学学报》1997年第3期；孟国《关于实况汉语教学的几个问题》，《语言教学与研究》2003年第4期。

第三节 "精视精读"教学模式与教材编写

言语的解码过程,实际上也包含着根据母语规则对说者的言语重新编码、获得正确理解的过程。而这些不规范语言现象是常规教材中要极力避免的,即使是视听说课上,一般影视剧的台词也都是经过加工的规范表达,不是交际口语的真实状态,学生也很难接触到不规范语言现象,根本无从培养自己对目的语的容错能力。一旦置身于目的语为母语者的真实交际中,必然无法听懂。

我们赞同长期探索实况汉语教学的孟国教授的观点:"我们追求的是真实、自然,而真实、自然的语言中包含着一些不甚规范之处,应该认为这是十分正常的。……我们认为实况汉语教学将会大大有助于听者建立正确的标准,甚至可以说,没有接触过实际的语言环境而建立起来的'标准'一定是脆弱的,无用的,这种标准很难适应当今汉语的现实状态,这好比一个婴儿长期生活在保温箱里,他将永远不能适应外面的环境。"(孟国,2003)但是,我们认为他的"先声后文"即"课文只是原声录音带和录像带的忠实文本"的教材编法和相应的教学方法还不够完善,有重实况、轻规范之偏。我们认为,实况汉语教学的一个重要目标是培养学生的汉语容错能力,而容错理解心理活动中的解码和重新编码过程,必须以正确的语言规则为参数。对于外语学习者来说,应该以巩固其对目的语语言规则的掌握为首,辅以多多接触真实的目的语交际。换句话说,在他接触不规范的目的语现象之前,应该先让他知道什么是正确的参照,据此做出正确理解,以免让他被不规范语言导入歧轨。

因此,我们设计了精视精读教材的双层复选文本模式,以规范书面语的课文为正确的参照,以保留纪录片真实人物语言并给出忠实视频字幕的方式让学生接触真实口语。而且,我们保留的人物语言，都是语速、难度适中的，在读懂课文的基础上，是基本上可以听得懂的。

四、精视精读课堂教学模式的创新

精视精读是一种将精读教学与视听教学融为一体的教学新方法，因此，它既不同于传统的视听促说教学，也不同于一般的精读教学。视听促说模式有三个特点，精视精读模式在每一点上都与之迥然有别。

1. 从教学目的看，视听促说模式以说为最终目标，"说是整个教学过程的落脚点，它贯穿于看、听、说的全过程"（唐荔，1997）。听也很重要，既是辅助手段，也是目标之一[①]。而精视精读模式以读为主，观看视频是因为视频是课文的另一种生动呈现形式，是为了深化对课文的理解。精视精读模式也有听和说的练习，但是听的练习多是为了在掌握了规范书面表达后提高听懂不规范真实口语的能力，说的练习多是为了就课文展开讨论，进一步深化理解，听和说都是以读懂读透为最终目的的。

2. 从教学过程看，在进入教学之前，视听促说模式一般要避免让学生接触教学材料，尤其是文本。罗庆铭（1996）指出："那些有字幕的材料，容易分散学生的注意力，不宜选作教材。""在进入新课之前，我们一般不做任何解释，让学生直接'看'和'听'。"老师事先将影视对白文字材料整理出来，但必须等"学生学完每

---

① 参见赵立江《中高级汉语视听说课有关问题的调查分析与构想》，《世界汉语教学》1997年第3期。

课之后发给他们",帮助其理解和复习①。蓝安东(1986)也指出,应该避免"看电影以前,就把电影剧本发给学生"。可见,这种教学程序是中外教师共同遵循的,目的是检查视听理解的真实效果,了解学生的真实汉语水平。而精视精读教材的视频内容就是教材的课文,而且要求学生预习课文,先对课文内容有一个基本的了解。当然,课文文本与视频字幕文本有所不同,因此,第一遍观看视频最好是在课堂上全班统一观看,而且最好先不出字幕,以便获得良好的课堂教学效果。

3. 从教学效果看,视听促说模式对于视听材料的教学处理是"不求甚解"的。"这门课程要求学生在学习语言方面能够看懂、听懂一般的非专业的汉语影视作品中75%至80%的内容,理解主要情节及其含义。"② 这是因为,非受限视频材料既然未经适于教学的难度控制,必然包含一些学生难以理解而又无须全部掌握的难词僻语、俚语俗话、文化国情等内容,教学上须要一带而过,跨越障碍,抓取主要信息。而精视精读模式,顾名思义,绝不是"不求甚解"的,不仅课文中精心编插、多次复现的词语和语法点,讲解细致,要求学生都要熟练掌握;而且课文视频也要反复观看,借以理解课文内容,把握文化点。

精视精读模式与精读教学基本相似。但精视精读教材在课文展示、文化教学、听说练习等环节上,以物化的方式形成了一些固定的模式,比一般精读教材更容易获得良好的教学效果。

精视精读教材的课文全部通过视频展现,这是前所未有的。

---

① 参见罗庆铭《视听说课的教材与课堂教学》,《汉语学习》1996年第6期。
② 参见冯惟钢《视听说教学及其教材的编写》,《世界汉语教学》1995年第4期。

很多教师在进行精读教学时，会根据课文的内容找一些相关的视频材料在课堂上播放，但是，这些视频材料毕竟与课文不够密合，只能作为了解课文内容的背景。有的教师在讲授根据文学名著编写的课文时，将根据这些名著拍摄的电影（比如曹禺名剧《雷雨》）引入对外汉语课堂教学，获得了很好的教学效果[1]，但是这样的课文、这样的电影都为数很少。而精视精读教材里所有的课文都配有视频，而且其内容与课文高度密合，甚至课文的时空背景和场景转换都靠视频才能更好地展示。因此，在课堂教学中，以视频形式展示课文内容成为必需的手段和固定的模式，课文的导入、细节的讲解、物品的辨识、文化的展示、氛围的酝酿，都可以围绕着观看视频展开，取得事半功倍的效果。

课文视频的展示必然会引起学生对视频内容所涉及的某些文化现象的浓厚兴趣，而课文视频本身又具有因势利导、验证深化的优越条件，因此，文化教学成为精视精读教材必须设计的环节。以《中国人的故事》为例，从课文的哪句话导入到哪个文化点，对文化点的介绍，直到课后根据文化点设计的阅读练习，都已经固定在教材里，文化教学不再是可有可无的点缀，即使在课堂上跳过这个环节，教材里对文化点的介绍及其译文也可以帮助学生了解，进而深化其对课文的理解。事实上，由于篇幅所限，编著者舍弃了许多值得向外国人介绍的文化点，如果有教学需求，教师还可以自己从视频导入新的文化点。

精读课实际上是综合课，一般都要设计一些听和说的练习。如上文所述，精视精读模式的听说练习，"听"是理解视频中人

---

[1] 参见祝秉耀《对外汉语教学中影像材料利用》，《外语电化教学》1998年第1期。

物的不规范真实口语,"说"是就课文展开讨论。尤其是听的练习,具有很大的空间。以《中国人的故事》为例,为了课文的精炼,在不影响内容完整性的前提下,视频中的一些人物语言,课文有意留白。学完课文后,学有余力的学生可以反复听练,并可以借助字幕检查自己的听练结果。不言而喻,这样的练习比一般精读教材另找材料设计练习效果好得多。

综上所述,精视精读的教学过程,围绕着视频的展示而展开,因而容易形成固定而有效的模式,讲与练形成对教学共核的多重环绕,教学操作更加容易,教学效果更加明显。

第四节 商务汉语教材选词率及核心词表研究[1]

在商务汉语教学日益蓬勃发展的驱动下,商务汉语教材的编写和出版在 2000 年以后呈现出跨越式发展的态势[2]。与之相应,对于商务汉语教材的研究,诸如词语选用状况、词语等级标准等问题,也在不断地发展和深入[3]。但是,以往的研究基本上是以

---

[1] 本节选自安娜、史中琦《商务汉语教材选词率及核心词表研究》,《语言文字应用》2012 年第 2 期。

[2] 参见商务汉语研究所《国内历年出版的商务汉语教材统计》,http://www.blcu.edu.cn/hyxy/web/JMX/correlative-news.asp?id = 531。

[3] 参见周小兵、干红梅《商务汉语教材选词考察与商务词汇大纲编写》,《世界汉语教学》2008 年第 1 期;辛平《面向商务汉语教材的商务领域词语等级参数研究》,《语言文字应用》2007 年第 3 期;季瑾《基于语料库的商务汉语词语表及等级大纲构建的尝试与思考》,第五届中文电化教学国际研讨会,2006 年。

《(汉语水平)词汇等级大纲》(下称《等级大纲》)为参照的。

2006年公布的《商务汉语常用词语表》(下称 BCT 词表)是一个针对商务汉语教学及测试开发的国家级专业词表。该词表共收录商务类词语 2457 个,对商务汉语教材编写有一定的指导意义,但由于缺乏等级信息,该表的实际价值未能得到很好的体现,我们将借助语料库语言学的研究方法,充分发挥该表的作用,力求统计有实际指导价值的数据。

我们选取在美国使用较广、由美国的汉语工作者编写的 7 本商务汉语教材作为研究对象,主要是考虑到商务汉语在美国的需求和发展状况,以及中美商务往来的现实。对这些教材进行研究,不但可以揭示商务汉语教学在海外(主要是北美)发展的现状,也可以为商务汉语国别化教材的研发和学科建设提供参考。

我们以这 7 本商务汉语教材构成的语料库为平台,通过与 BCT 词表和《等级大纲》的比较和观察,分别对"商务汉语教材的商务类词语选词率"和"商务汉语核心词表"两个问题展开深入探讨,尝试为商务汉语教材需要收录多少词汇和收录哪些词汇这两个关键问题找到突破的途径。

一、商务类词语选词率和选词量的考察

商务汉语教材跟通用汉语教材最显著的区别就是词汇选择上的差异(周小兵、干红梅,2008),这在业内已成为共识。虽然学者们使用的称呼略有不同,比如"商务领域词语""商务词汇""商务汉语词汇",但是大家普遍认同:这类词语是跟通用领域中使用度没有明显差异的一般词语相对而言的(辛平,2007)。我们

赞同这一公认的定义角度，为了行文方便，下文将用"商务类词语"指代这类具有商务汉语专业特色的词语，以区别于"通用类词语"。

虽然学者们对于商务汉语教材词汇的特色并无争议，但是对于不同级别的教材应该收录多少商务类词语、商务类词语与通用类词语的比例是多少仍存在很大的分歧，编写者们普遍依靠个人的教学经验和对商务汉语的理解进行教材开发和编写。这种现实跟缺少国家级商务类词表的规范和指导有密切关系。BCT词表的出现，为判定商务汉语教材中的商务类词语的数量和比例提供了可能。

（一）商务类词语的选词率

商务类词语选词率，是指一本商务汉语教材所收录的商务类词语数量跟全书词语总数的比例。这个比例应该达到一定的水平，如果比例太低，恐怕难以令人信服地称为商务汉语，所以选词率关系到一本商务汉语教材的资格。选词率对于教材编者来说非常重要，因为它可以提醒并指导编者科学合理地收词。在以往的研究中，由于没有BCT词表为依据，只能依靠从《等级大纲》中人工挑选商务类词语做对比，只能用是否"超纲"来判定商务类词语的比例。

我们将7本商务汉语教材的生词表分别与BCT词表进行交集判断，得到每本教材的生词与BCT词表重合的数量，或者叫匹配词数，然后用匹配词数跟教材词表总数进行比较，就得到了每本教材的商务类词语选词率（见表4-5）。

表 4-5　7 本教材的商务类词语选词率

教材级别	教材名称	词表总词数	与 BCT 词表匹配词数	商务类词语选词率	分级教材选词率	平均选词率
初级	BBC 初级实用商务汉语①	746	168	22.5%	22.5%	25.9%
中级	基础实用商务汉语②	975	283	29%	28.4%	
	新世纪中级商用汉语③	597	187	31%		
	成功之道④	686	178	26%		
	国际商务汉语教程⑤	799	221	27.7%		
高级	放眼天下⑥	410	105	25.6%	22.5%	
	卓越商务汉语教程⑦	564	110	19.5%		

观察表 4-5 可以发现：

1.7 本教材的商务类词语平均选词率为 25.9%，也就是说，对这 7 本教材总体而言，每 100 个生词里，有 26 个是来自 BCT 词表的商务类词语。这个阈值反映了现有商务汉语教材（至少是在北美使用的）收录商务类词语的情况，可以作为今后商务汉语

---

① 刘美如编，北京大学出版社，2006 年。
② 关道雄编，北京大学出版社，2003 年。
③ 郭珠美编，北京语言大学出版社，2005 年。
④ 袁芳远编，北京大学出版社，2005 年。
⑤ 张泰平编，北京大学出版社，2000 年。
⑥ 任长慧主编，北京语言大学出版社，2003 年。
⑦ 任长慧编，外语教学与研究出版社，2005 年。

教材收录商务类词语的参考指标。

2. 不同等级教材的选词率存在较大的差异。中级教材的选词率最高，初级和高级教材的选词率相对较低。这可能是因为中级阶段的教材承载着迅速提高学生商务类词汇量的重任，而初级教材因为要同时完成教授通用类词汇的任务，所以商务类词汇的比重难免偏低。至于为什么高级教材选词率低于中级教材，有可能是因为教材收录了较多超出 BCT 词表范围的商务类词语；也有可能是因为教材词表只收录了涉及专业领域、难度较高的词语，而那些可能出现在 BCT 词表中的常用高频词语因为难度偏低未被列入生词表（BCT 词表是在大规模语料统计的基础上根据词频和权重收词，主要以商务活动中的常用词为主）。当然，也有可能是教材的文本未能体现商务的特色。

（二）商务类词语与通用类词语的比例

初步确定商务类词语的选词率后，可以进一步考察商务类与通用类词语的比例关系（见表 4-6）。

表 4-6　7 本教材生词表中商务类词语和通用类词语的比例

教材级别	教材名称	生词总数	商务类词语数/比例	通用类词语数/比例	商务类与通用类比例	平均比例
初级	BBC 初级实用商务汉语	746	168/22.5%	578/77.5%	1:3.4	1:3.4
中级	基础实用商务汉语	975	283/29%	692/71%	1:2.4	1:2.5
	新世纪中级商用汉语	597	187/31%	410/69%	1:2.2	
	成功之道	686	178/26%	508/74%	1:2.9	
	国际商务汉语教程	799	221/27.7%	578/72.3%	1:2.6	

（续表）

教材级别	教材名称	生词总数	商务类词语数/比例	通用类词语数/比例	商务类与通用类比例	平均比例
高级	放眼天下	410	105/25.6%	305/74.4%	1∶2.9	1∶3.5
	卓越商务汉语教程	564	110/19.5%	454/80.5%	1∶4.1	

曾有学者指出，初级教材中商务词语和通用词语的比例大概在1∶1.5，对于中高级商务教材而言，随着商务内容的增加，商务类词语所占比例会不断增大（辛平，2007）。但表4-6数据显示：

1. 初级商务教材中商务类词语跟通用类词语的比例只能达到1∶3.4，与1∶1.5的水平相距甚远。

2. 中级商务教材中商务类词语与通用类词语的比例明显高于初级教材，这一变化与该级别的教材商务类内容增加是吻合的。

3. 高级商务汉语教材中商务类词语与通用类词语的比例却没有呈现出继续增高的趋势，相反，比例下降到跟初级教材相当的水平。造成这一现象的原因可能有两种：第一，高级商务汉语教材虽然在内容上更偏重商务，但是使用的词语却未必都是商务类词语，通用类词语增加的数量可能更多；第二，高级商务汉语教材文本的商务属性不强，没有很好地反映商务内容和特色。两种情况都值得进一步研究，如果原因是前者，那就要对高级商务汉语教材选词标准进行调整；如果原因是后者，就要考虑调整高级商务汉语教材的选材尺度。

（三）商务类词语的选词量

教材中商务类词语的数量和比例偏低，这是否跟教材编者对于使用者水平的预判有关呢？换句话说，是否由于教材编者认

第四节 商务汉语教材选词率及核心词表研究

为学生已经掌握了部分商务类词语而没有收录到词表中去呢？为此，我们对 7 本教材的所有课文文本进行了机器自动切分和词语的提取，从而得到每一本教材的全部词语，然后跟 BCT 词表再次进行对比，得到了全书词语的商务类和通用类的数量及比例关系（见表 4-7）。

表 4-7　7 本教材全书词语中商务类和通用类词语情况

教材级别	教材名称	用词总数	平均用词数	与 BCT 词表匹配数/比例	与 BCT 词表匹配平均词数	与 BCT 不匹配词数/比例
初级	BBC 初级实用商务汉语	1 075	1 075	204/18.9%	204	871/81.1%
中级	基础实用商务汉语	1 692	1 918	334/19.7%	386	1 358/80.3%
中级	新世纪中级商用汉语	1 814		433/23.9%		1 381/76.1%
中级	成功之道	1 772		296/16.7%		1 476/83.3%
中级	国际商务汉语教程	2 397		483/20.2%		1 914/79.8%
高级	放眼天下	2 950	2 727	440/14.9%	417	2 510/85.1%
高级	卓越商务汉语教程	2 503		394/15.7%		2 109/84.3%

从表 4-7 中可以发现：

1. 初、中、高级教材的课文所包含词语数量呈现出明显的三级梯度差异，相邻两级的差异量在 1 000 词左右，这种词语总数的差异从一个角度反映出不同级别教材的难度差异，也比较符合大家对不同级别教材词语状况的感性认识。

2. 从不同级别教材全书的商务类词语数量看，存在较为明显的等级差异（低 204，中 386，高 417），但是中高级差异不显著，高级教材全书商务类词语的数量并没有想象中那么多。

3. 虽然不同级别教材全书商务类词语总数较其生词表中商务类词语的数量都有所增加，但是全书商务类词语所占比例却低于生词表中商务类词语的比例，且远远低于通用类词语的比例。

（四）小结

不同级别的商务汉语教材应该收入多少词语？收入多少商务类词语？对于这些问题，学者们还在不断地探索，辛平（2007）基于对《商务汉语考试大纲》的研究，总结并提出了各级教材商务类词语（指生词中的新词语）的等级参数：初级 500，中级 900，高级 1 100，合计 2 500；并指出目前初级教材中商务词语和通用词语的比例大概在 1∶1.5。但是，在对 7 本教材收词情况进行不同角度的分析以后，我们发现：

1. 不同级别教材所收录的商务类词语，不论是绝对数量还是相对比例，都远远低于这样的标准。一个从零开始的学生如果使用现有教材完成 2 500 商务类词语的学习任务，所需册数大概是初级阶段 2 至 3 本、中级 4 至 5 本，高级则要 8 至 9 本教材，这样的学习量和所需要的学习时间恐怕大大超过学生（如在美学习的）所能承受和付出的。

2. 对不同级别的教材而言，其通用类词语的量和比重都远远超过商务类词语，这说明商务汉语的学习，并非只是商务类词语的学习，而是建立在通用词语学习基础上的叠加学习或者同步学习。没有掌握足够的通用类词语，基本不可能在商务汉语之路上走远。

3. 不同级别的教材全书的词语数量能够体现其级别难度上的

差异,但是不同级别教材所含的生词数量却不能体现出级别上的差异,特别是高级教材的生词数量甚至低于中级教材。这是因为高级教材的生词量确实偏少,还是"教材难度级别越高,生词数越多"的看法存在不合理之处?回答这些问题,需要对教材的使用者(教师和学生)进行调查,了解使用者的感受,从而进行深入分析。

总之,商务汉语教材的收词"量"还需要进一步的研究,需要指出的是,由于使用者水平、授课时数等各方面的差异,很难从量上做一刀切式的规定,但是,既然是商务类教材,就总得需要一些衡量的尺度,上文计算出的商务类词语的选词率可以算作一个较为实用的标准。25.9%这样一个阈值,可以非常直观地让教材编者衡量自己教材的收词情况。当然,编者无须过分追求比例,特别是对初级教材编者而言。得出这样一个选词率,首先是借助了7本已经出版的商务汉语教材。这些教材均出自有多年商务汉语执教经验的教师之手,他们依据语感和经验选取的词语,从某种程度上是对学习者需求、教学目标的体现。这种前人经验体现的是"广大编写者对商务汉语教材词汇的取舍"(周小兵、干红梅,2008)。其次是借助了BCT词表。这个针对商务汉语教学的词表充当了重要的选词底表,为甄别商务类词语起到了重要的作用,同时,也经历了一次教材文本的效果验证。

二、商务汉语核心词表的设想和提取

前文分析了教材收录商务类词语的情况,并初步回答了商务汉语教材应该收录多少商务类词语的问题,本节将考察7本商务类汉语教材所收词语在《等级大纲》和 BCT 词表中的分布情况，对其共选词语情况进行分析，并尝试提出一个商务汉语核心词表供教学使用。

（一）教材生词在《等级大纲》中的分布情况

《等级大纲》的科学性和有效性之一在于依据使用频度提供了每个词语的等级信息。级别越低，词语越常用，也越应该先教。表 4-8 是 7 本教材的生词分别与《等级大纲》进行对比后得到的词语等级分布情况。

表 4-8 7 本教材所收生词在《等级大纲》中的分布情况

等级	教材名称	生词总数	甲级词数/比例	乙级词数/比例	丙级词数/比例	丁级词数/比例	超纲词数/比例	超纲词数/比例（分级）
初级	BBC 初级实用商务汉语	746	222/29.8%	141/18.9%	65/8.7%	68/9.1%	250/33.5%	250/3.5%
中级	基础实用商务汉语	975	16/1.6%	332/34.1%	121/12.4%	122/12.5%	384/39.4%	355/46.2%
中级	成功之道	686	13/1.9%	141/20.6%	102/14.8%	113/16.5%	317/46.2%	355/46.2%
中级	国际商务汉语	799	12/1.5%	75/9.4%	62/7.8%	141/17.6%	509/63.7%	355/46.2%
中级	新世纪中级商用汉语	597	9/1.5%	125/20.9%	110/18.4%	141/23.6%	212/35.6%	355/46.2%
高级	放眼天下	410	4/1%	29/7%	65/15.9%	92/22.4%	220/53.7%	268/54.8%
高级	卓越商务汉语教程	564	11/2%	79/14%	54/9.6%	104/18.4%	316/56%	268/54.8%

观察表 4-8 可以发现：

1. 任何一个等级的商务汉语教材都收录了高比例的、超出《等级大纲》范围的词语，该结果跟周小兵、干红梅（2008）的统计是一致的。高比例的超纲词语说明像商务汉语这样的专业汉语教材在词汇的收录上有极强的特色，是《等级大纲》难以涵盖的。

2. 教材所收词语在不同词汇等级上的数量和比例，与其教材难度的等级呈现出较为一致的对应性：初级教材的甲乙级词汇大大高于丙丁级词汇；中级教材以乙丙级词汇为主，其中乙级和丙级词汇的比例关系又能进一步区分教材的难度；高级教材的丁级词汇远远高于其他级别的词汇。这说明，虽说《等级大纲》更适合于非专业领域的汉语教学使用，但依然可以在一定程度上区分专业类汉语教材的难度级别。结合前文提到的通用类词语和商务类词语的比例关系，比较容易解释这一现象——既然通用类词语的比例高于商务类词语，通用类词语在决定教材难度上的作用自然很大，《等级大纲》自然也有效。

（二）教材生词在 BCT 词表中的分布情况

由于 BCT 词表没有提供词语的等级信息，所以我们尝试借助《等级大纲》的词语等级信息给 7 本教材的商务类词语（即生词中出现在 BCT 词表中的词语）进行等级标注。

表 4-9　7 本教材所收生词在 BCT 词表中的分布情况

教材等级	教材名称	生词总数	商务类词语数（与BCT匹配）	BCT 词表和《等级大纲》均收词语数				BCT 词表收但《等级大纲》未收词语数
				甲	乙	丙	丁	
初级	BBC 初级实用商务汉语	746	168	23	43	21	33	48

(续表)

教材等级	教材名称	生词总数	商务类词语数（与BCT匹配）	BCT词表和《等级大纲》均收词语数				BCT词表收但《等级大纲》未收词语数
				甲	乙	丙	丁	
中级	基础实用商务汉语	975	283	0	87	41	70	85
	成功之道	686	178	4	31	33	54	56
	国际商务汉语	799	221	3	31	24	68	95
中级	新世纪中级商用汉语	597	187	1	32	35	61	58
高级	放眼天下	410	105	1	11	15	37	41
	卓越商务汉语教程	564	110	1	23	14	27	45

观察表4-9可以发现：

1. 初、中、高三级教材的生词表都包含了大量收录于BCT词表但未收录于《等级大纲》的词语，反映出这两大国家级词表不同的侧重和适用范围。

2. 《等级大纲》所提供的词语难度等级信息，附加在同样出现在BCT词表中的词语上以后，似乎也能反映教材等级的难度。比如，初级教材所选用的商务类词语中甲、乙级词的比例超过丙、丁级词语；高级教材所选用的商务类词语中丁级的比例远远高于甲、乙级；虽然同为中级教材且都以贸易交往为主线，难度较高的教材（《国际商务汉语》）所收录的商务类丁级词语的比例高于难度偏低的教材（《基础实用商务汉语》）所收的丁级词语的比例。

通过以上的分析不难发现《等级大纲》和BCT词表各有其

所长也各有不足。由于两个词表之间存在较大的差集,再加上使用范围的不同,所以无法简单地将《等级大纲》的词语等级信息转移到 BCT 词表中。

结合前文对商务类词语"量"的讨论,不难发现商务汉语词汇教学任务的艰巨性:一方面,学生需要掌握大量的商务类词语才能完成在专业领域交流沟通的目标,而学习商务类词语的同时又伴随着更大量的通用类词语的学习,也就是说,学习商务汉语的学生需要承担更重的词语学习任务;另一方面,由于缺少带有足够等级信息的词汇大纲指导,教师们仅凭个人的经验和语感,很难全面合理地从浩瀚的词汇中选取最实用的词语。为了解决这样的矛盾,我们试图从教材共选词语上入手,并尝试性地提出商务汉语核心词表的理念。

(三)对教材共选词语的考察

周小兵、干红梅(2008)在考察 10 本教材共选词语的基础上提出"共选词语应该成为商务词汇大纲的基本词语"。我们赞同这一想法,但是统计的结果却显示出教材编者在收录新词时并非心有灵犀(初级教材只有 1 本,所以在统计共选词语时略去)。

表 4-10 中高级教材的分级共选词语

教材级别	教材名称	生词数	分级共选词语	与 BCT 词表匹配词数	匹配词的共选词语
中级	基础实用商务汉语	975	6	283	5
	新世纪中级商用汉语	597		187	
	成功之道	686		178	
	国际商务汉语	799		221	

(续表)

教材级别	教材名称	生词数	分级共选词语	与BCT词表匹配词数	匹配词的共选词语
高级	放眼天下	410	10	105	7
	卓越商务汉语教程	564		110	

4本中级教材的共选词语只有6个,其中5个出现在BCT词表中(包装、货币、谈判、信息、遗憾)。2本高级教材的共选词语也不过10个。同一水平的商务汉语教材的共选词语太少,可能是由于不同教材面向的使用者不同、用途不同,也可能是由于目前的商务汉语教材编写缺乏统一的规范和商务类词语等级参考标准,使得教材编者在收词选词时更多依靠个人对商务汉语的理解和判断。这样的统计结果说明,仅借助教材词表的共选词语无法解决词汇大纲的问题。

(四)商务汉语核心词表

在借鉴已有研究成果的基础上,我们认为,商务汉语核心词表可能会帮助商务汉语词汇教学走出困境。所谓商务核心词表,是指商务领域中使用频率最高且范围最广的词语集合。每一个商务汉语学习者,不论其汉语水平高低,都应该最先掌握核心词表。核心词表可以帮助学习者在短时间内搭建起商务汉语词汇库,而且可以大大降低学习者的心理负担。对教师而言,核心词表可以让词汇教学更有针对性和科学性。它也是商务汉语教材编者在选择词语时应最先考虑的词语集合。这种专业性的核心词表与《等级大纲》中的甲级词语并不等同,两者可能会有部分重合,但是差集可能很大。因为核心词表收词的最主要依据是在商务领域内

第四节 商务汉语教材选词率及核心词表研究

使用的频率和范围,而非词语本身的学习难度,它对于专业汉语教和学的意义尤其重大。

确定这样一个核心词表,借助的是 BCT 词表和 7 本商务汉语教材的全部文本。这 7 本教材的全部文本可以视为一个小型的商务汉语语料库,该库体现了教材编者对于商务汉语词汇的语感选择,既收录了在各商务子领域均高频使用的词语,也涵盖了不同商务子领域的词语,因此,某个词语在教材文本中出现次数的多寡能够近似地反映该词语在实际中的使用情况。而 BCT 词表作为目前最权威的商务词语表,可以认为基本涵盖了核心词表所需要的词语。

将 7 本教材的全部文本进行机器处理后得到一个包含 7065 个词语的词表。从理论上说,该表应该涵盖 7 本教材全部语料中出现的所有词语。将该词表跟 BCT 词表进行比较后,得到一个按照频率排序的 1045 个词语的集合(见表 4-11)。

表 4-11 BCT 词表和教材全部词语的重合词语数及比例

出现频率(次)	词语数	比例	出现频率(次)	词语数	比例
200 以上	4	0.4%	51—60	12	1.1%
101—200	4	0.4%	41—50	13	1.2%
91—100	7	0.7%	31—40	20	1.9%
81—90	2	0.2%	21—30	49	4.7%
71—80	4	0.4%	11—20	116	11.1%
61—70	6	0.6%	1—10	808	77.3%

不难看出,绝大多数的词语出现频率在 10 次以下,这些低频词不但使用次数少,而且使用范围窄,因为只有当频率达到一定次数时,其使用范围才有可能达到一定的广度。在经过反复试验后,我们将出现 20 确定为入选核心词语的最低标准。达到该标准的词语有 121 个,前 10 位的词语为:公司、发展、企业、

产品、贸易、生产、技术、价格、管理、商品。

百词左右的核心词表从规模上看是比较合适的，规模太小，涵盖不了必需的词语，规模太大，就失去了核心的价值。对于核心词表和教材的关系，可以考虑单独列表、集中学习的方法，而不是常见的随文识词的学习方法。这样设计主要基于以下原因：其一，核心词表的价值在于迅速帮助学生奠定商务词语的基础，这些核心词语在现实中的出现率极高，如能掌握则可以帮助学生获得成就感，增强其学习的动力；其二，核心词语多为含义稳定而单一的名词性词语，完全可以通过给出翻译、学生自学的方式迅速掌握；其三，核心词表中的词语覆盖的范围较广，很难在几篇文章中集中体现。

为了证明核心词表中的词语的高频广泛性，我们进行了小范围的语感验证。具体做法是请母语者从一对词语中挑出更常用的一个，每对词语包含一个来自核心词表的词语和一个未进入核心词表的 BCT 词表中的词语，这种做法可以在一定程度上弥补完全依靠机器挑选词语的不足。结果显示，核心词表中的词语得到的评分明显高于未入选核心词表的词语。为了优化该词表，我们将扩大验证规模、进行真实文本验证（在真实语料库中核实词语频度次序），对核心词表中的词语进行必要的调整。

圈定核心词表的做法，也可以用来为 BCT 词表的词语添加等级信息，如果能够有更大规模的教材文本或者真实语料提供词语的使用情况（如频率和使用度），那就有可能将 BCT 词表也变成一个有级别划分、更有指导作用的大纲词语表。

三、结语

本节利用 BCT 词表和《等级大纲》这两个国家级词表，对 7 本商务汉语教材的词语情况进行了较为全面的分析，并得到以下几个结论：

1. 商务汉语教材收录的商务类词语应该达到一定的比例，每百词中应有 25 个左右的商务类词语。

2. 学生所需掌握的商务汉语类词语数量需要继续探索并做出适当的调整，目前使用的教材距离 2 500 词的目标甚远。

3. 教材中商务类词语和通用类词语的比例关系要重新审视，特别是高级教材。

4. 同级教材的共选词语太少，反映出没有统一的词语等级标准给教材编者带来的困惑。

5. 商务汉语核心词表可以成为教材收词的依据，还可以作为独立的学习材料供学生搭建商务汉语词汇基础库。

6. 构建分等级的商务汉语词汇大纲依然是目前急需解决的问题。

商务汉语作为汉语教学的一个分支，具有自己的特点和规律，需要专门研究。词汇作为最具特色的部分，更应受到研究者特别的注意。如果能够借鉴已有的教材开发成果，并发挥已有词表（如 BCT 词表）的指导作用，不断地对其进行完善，就可能让商务汉语教材和教学不断地提高和发展。

第五节　五个"C"和 AP 汉语与文化课教材的编写[①]

随着国际地位的不断提高，我国在国际事务上的影响也越来越大。在全世界范围内，学习汉语的热潮正在兴起。经过中美两国政府间的协商，美国教育部门决定，从 2006 年 9 月份开始在全美中学开设"AP 汉语与文化（AP Chinese Language and Culture）"课程，这对于我们对外汉语教学而言，无疑是一个好消息。因为这标志着汉语教学已经堂而皇之地走进了美国中学的主流课堂，标志着汉语教学开始全方位地走向世界。我们在看到 AP 汉语与文化课成功开设提供给我们的机遇的同时，也要看到 AP 课程的特殊性与开设 AP 课程的难度，看到美国外语教学的整体理念给 AP 汉语与文化课程提出的要求。

美国的教育理念与我国传统的教育理念相比，是有一些差异的。原微软全球副总裁、微软亚洲研究院院长、刚刚履新的 Google 全球副总裁、中国区总裁李开复曾经这样评价美国的教育：

> 在美国，你找一个排名 100 名的大学生，问他，他很可能知道自己以后要干什么，他可能无法背诵每一个数学公式，但是他可以给你解释其中的推理；他可能不会背诵《华盛顿宣言》，但是他可以告诉你美国这个词代表了什么；他可能

[①] 本节选自陈绂《五个"C"和 AP 汉语与文化课教材的编写》，《语言文字应用》2006 年 S1 期。

不会背诵最高深的哲学,但是他可以告诉你从柏拉图身上学到了什么。他会知道自己的理想是什么,自己最想干什么……他会有一种自信的积极的态度,那么他将来可能成为一个很优秀的人才。

李开复的这些话虽然说的是教育体制的大问题,但把这些话"缩小"到外语教学,特别是 AP 汉语与文化课程及其教材编写的范畴来理解,我们也可以品味到其中的蕴涵。

我们的汉语教学要走出国门,我们的汉语教材要得到美国教育界的认可,不了解、不学习国门之外的"世界"是不行的。

《21 世纪外语学习标准》,特别是其中的核心内容五个"C",就是我们应该认真领会、认真分析的内容之一。

一、五个"C"的具体内容

由美国教育机构及多个外语教学协会共同制定的《21 世纪外语学习标准》(以下简称《标准》),集中反映了第二语言学习的最新趋势,即强调在文化适当的情境中整体地使用语言。这一《标准》的核心主题就是所谓五个"C":Communication(沟通)、Cultures(文化)、Connections(贯连)、Comparisons(比较)、Communities(社区)。作为《标准》的核心主题,"这五项标准是不可分割的,它们相互作用,相辅相成。这五项标准共同组成了一个大的框架,旨在帮助学生掌握交际技能、学习策略、批评思维技能、对文化适当要素的理解、技术知识等,而不是让学生纯粹地记忆语言成分"①。这是目前美国衡量一项外语教学是否成功的最权威的准则。我们要想在美国成功地进行汉语教学，要想让自己编写的汉语教材受到使用方的欢迎，要想培训合格的汉语师资……就必须首先了解美国对外语教学及其标准的要求，这就必须深入分析这五个"C"。

下面就谈谈这五个"C"的具体内容以及我们的理解。

（一）沟通

"在这五项标准中，交际是决定AP汉语与文化课程中语言和文化能力培养的核心标准。交际不仅是提高学生水平的一种手段，而且决定AP考试的内容。"（*AP Chinese Language and Culture Teacher's Guide*，简称《教师指南》，2006）作为一项"标准"，"交际"与传统的听、说、读、写四种语言技能所体现出的理念有所不同，它是通过三种模式将这些技能紧密地结合在一起，形成一个有机的整体。这三种模式分别是：

"互动交流（Interpersonal）"。这是一种人际交流模式，即用目的语与对方进行交谈，彼此交换意见，准确地表达感觉与情感。这是一种听和说相辅相成的、双向的互动交流，是语言学习的基础。

"理解诠释（Interpretive）"。这是一种解释型模式，是"单向"的"交流"。要求学习者具有单向获取语言文化信息并进行翻译、解释的能力。如给学生看一篇文章，或让他听一段广播，要求他了解大意，并表述出来。这既指表层含义，也指深层含义。

---

① 参见罗青松《美国〈21世纪外语学习标准〉评析》，《世界汉语教学》2006年第1期。

所给的语言材料既有书面材料,也有口头表达材料。对学习者的要求既有听力方面的,也有阅读方面的。

"表达演示(Presentational)"。这属于陈述型模式,也是"单向"沟通,要求学习者使用目的语以口语或书面语两种方式传递信息、陈述看法、报告自己的研究内容及其结论。

(二) 文化

这是指要求学习者"取得对所习文化的了解"[①]。前文提到,AP课程之所以被认为是"反映了第二语言学习的最新趋势",是因为它提出了一个新的理念,强调在文化适当的情境中整体地使用语言"。也就是说,把语言与文化紧密地结合在一起,在要求语言的同时,要求对目的语使用国的文化有所了解。

提到文化,就要提到有名的"文化三角形",它是这样构成的:

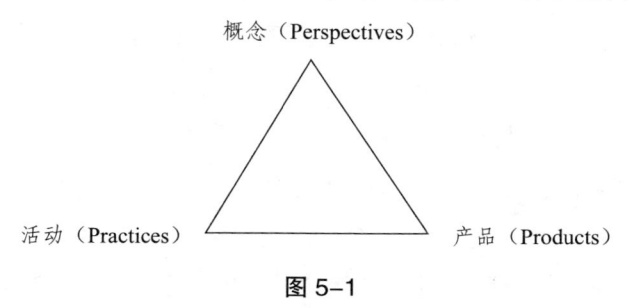

概念(Perspectives)

活动(Practices)　　　　产品(Products)

图 5-1

这个三角形的底边分别是"文化活动"和"文化产品",二者与语言的运用与沟通能力有极为密切的关系;三角形的顶端是指与世界观密切相关的文化概念,它体现了一种对目的语国家的文化与国情的整体性的理解。齐德立(2005)把这种对异国文化

[①] 参见齐德立《AP中文的原则与实践》,南加州中文学校联合会,AP中文与春季教学研究会,2005年。

的了解分为两个方面：其一，了解所习文化中的文化活动与文化概念之间的关系；其二，了解所习文化中的文化产物与文化概念之间的关系。这就把"文化三角形"中三个角之间的关系准确地呈现出来了。以贴春联为例，"产品"是春联，"活动"是"贴春联"，而"概念"就是在中国人心目中春联本身以及贴春联这种活动的意义和价值。

（三）贯连

所谓"贯连"是指与其他学科的联系，即用所学习的目的语与其他学科衔接，学习如何从一个新的角度去获取新的知识的方法。语言只是工具，最终目的无非是使用这种工具加强对其他学科的学习。专门为 AP 汉语与文化课程教师编制的《教师指南》明确提出："为了编制一套结构合理的、以'五项标准'为基础的课程，AP 汉语教师必须与其他学科的教师合作。与其他 AP 学科的同事以及不是 AP 学科的同事保持交流，将有助于实现'五项标准'中的'贯连'目标。"这实际上体现了外语教学在整体教育中的地位和作用，优秀的外语教学为学生打开了一扇新的信息和体验的大门，它将充实和丰富学生整个的学习生活。

要达到"贯连"这一目标，就必须围绕主题组织单元教学材料，融合"主题型教学系统"的特点和优势。应该说，主题式教学是实施外语学习"五项标准"的非常有效的方法之一，它能够让学生真正地"沉浸"在目的语中，不仅能够透过目的语去了解该种语言所反映出的观点与思想，而且能加深对其他学科如自然科学、文化、艺术、历史等的理解。

（四）比较

"比较"是指语言和文化两方面的比较，其目的是通过比较让学生更深切地了解到自己所学语言及其文化背景的本质特点。在《教师指南》中非常准确地描述了比较的内容及其所要达到的目标：其一，"学生能够通过比较汉语和母语理解语言的本质"；其二，"学生能够通过比较中国文化和本族文化理解文化的概念"。这说明"比较"包含两个方面，既有语言的比较，也有文化的比较。

通过比较学习外语，是一种极好的学习方法，因为"比较是认知的基本方式，母语和文化背景是学生认知新的语言的起点，在外语教育中注重通过比较训练能力是必然的选择，建立起这样的桥梁，无疑是合理利用教学资源达到最好的学习效果的方式"（罗青松，2006）。

（五）社区

"社区"指在课堂以外的实际的交流，即要求学生在不同的环境中使用所学的目的语。

齐德立（2005）在解释这项"标准"对学习者的要求时说，"在外语学习环境以内或以外都能使用所学语言"，"能应用所学外语增加生活乐趣、充实个人生活，并愿终身继续学习语言"。这充分展示了学习外语的最终目的，以及外语所能带给学习者的最大功效。

AP外语课程要求学生能够参与国内与国际的多语种的社区交流，为了达到这一目的，应该使学习者得到更真实的语言环境，美国大学理事会的官员们在谈到AP汉语与文化课程的设置目的时就明确提出："希望学生学了中文之后，能到中国去完成实际的工作和任务。"这就从另一个角度对"社区"目标做了最具体的说明。

谈到社区的作用，美国北卡罗来纳州达勒姆市杜克大学的卡罗琳·库珊·李兴奋地写道:"你将会发现周末汉语社区是多么有益,尤其是当你不在闹市区,如果你能设法让学校员工、家长和学生都融入你的课堂活动和课程中,他们将给你提供非常大的帮助。你可以设计一个任务型的活动,让你的学生采访社区学校的其他学生或是家长。"[1]

可见,这种在实际生活中学习语言的要求是非常有效的。

这五个"C"相互区别又相互联系,其中,"沟通"是培养语言能力的关键,是五项目标的核心;"文化"是语言所蕴含并表现出来的基本而重要的内容,是培养语言能力不可或缺的基础;"贯连"强调了教育的整体性,从课程设置上确定了外语教学的地位与作用;"比较"阐明了学习外语的方法与角度;"社区"强调了从实际运用的角度培养语言能力的重要性。它们相辅相成,缺一不可。

二、五个"C"与教材编写

这五项目标在美国的外语教学中占有极重要的位置,它明确地体现了美国教育的理念,提出了有关外语教学的基本概念和培养原则,可以说是外语教学的灵魂。AP 汉语与文化课程作为一门在美国高中阶段开设的外语课,就必须纳入美国整体的教育体制中去,必须接受这五项目标的检验。

在我们接受了编写 AP 汉语与文化课程教材的任务之后,如

---

[1] 参见 Miao-Fen Tseng. *AP Chinese Language and Culture Teacher's Guide*, 2006.

何准确领会五个"C"的内容，如何使编写出的教材符合五个"C"的原则与要求，是我们必须首先解决的问题。2006年初春，我们到美国进行了实地参观与考察，走访了十几所美国的学校，与不同类型的中学生和他们的老师举行了座谈，向几百名中学生进行了问卷调查，所有这些，都使我们对美国的外语教学有了感性的认识。结合这些切身的体会，我们对五个"C"的内涵有了进一步的认识，对于如何根据这一内涵及其体现出来的精神编写AP教材也有了一些初步的想法。

（一）打破传统框架，树立起全新的"大纲观"

在每一项教学活动中，教学大纲在制定教学策略、实施教学过程中都具有重要的指导作用，汉语教学也不例外。进入21世纪以后，世界变得"越来越小"，外语教学也就变得越来越重要。我们的汉语教学究竟要达到什么目的？怎样设定并开展针对美国中学生的AP汉语教学才能适应美方的要求？这是摆在我们面前的一个重要的问题。要解决好这一问题，首先就要站在发展的高度摆脱传统的教学大纲的束缚，根据美国的教育理念重新制定教学大纲。从这一点上讲，《标准》是"新型外语教育理念的一个典型代表"，它"超越了依据词汇、语法、功能等教学项目设立目标框架的传统，在人际交流、学习策略、文化认知、语言运用能力等更为广泛的层面提出教学目标。这大大拓展了外语教学的内容，使之与语言交际能力的培养及整体教育目标的实现之间的联系更为密切"（罗青松，2006）。我们在考虑新的教学大纲时就必须遵从美国现行的外语教学的原则。

我们从五个"C"的具体内容上完全可以体会到这一点，这种以培养交际能力为核心的教学理念，已经完全打破了传统的结构大纲或功能大纲的目标定位与分级模式。我们在美国考察时，大学理事会的官员和他们聘请的"课程委员会"的专家学者们也一再强调，在他们制定的《AP汉语与文化课程概述（草案）》（以下简称《课程概述》）中不会给出要求学生必须掌握的具体词汇、句型的纲目，因为，"中学教学方法应采用任务教学法"，"老师必须改变现有的语言教学的方法和观念，要通过教学策略让学生成功"。这和五个"C"的原则是完全一致的。AP汉语与文化课的最终培养目标就是"成功的交际"，语言的恰当与准确只是帮助实现这一目标的手段。

通过对这些观念的理解与把握，我们认识到，以前我们所强调的"词汇大纲""语法大纲"，甚至包括"功能大纲"，在某种程度上总是很难适应这种以"完成交际任务"为最终目标的外语教学，因为五个"C"提出的是一个以培养交际能力为核心的综合全面的外语教学目标体系，在这个体系中，词汇、语法以及某些句型结构等固然重要，但这只是实现目标的手段，而不是目标本身。如果把这些语言项目一一切分开来，并作为"大纲"规定下来，奉为编写教材必须遵从的规则，就显得本末倒置了。正确的做法是打破传统框架，建立全新的"大纲观念"乃至教学观念，从表达意义的角度将各个语言项目融合在一起，把实现"成功交际"作为教学的"根本纲领"，在编写教材的过程中，把语言技能的培养与三种沟通模式的训练紧密地结合在一起，千方百计为学生设计真实的语境，能够让学生真正沉浸在汉语的学习中而"乐此不疲"。

然而，这还只是在观念上的改变，要想使这种观念真正变成我们编写教材的实际操作，还是相当困难的。我们必须认真分析传统大纲与新的外语教学理念上的差异以及这种差异所造成的不适应，转变固有的思路，努力参考成功的外语教学的范例，将教材编写工作纳入到新的教学理念的轨道上来。

（二）在分科式教学体系中融入主题式教学的精髓

目前国际上针对中学教育流行着两大教学体系：主题式教学和分科式教学。通过考察，我们了解到，美国本土实施了两种不同的教学体系，但大多数实施的是分科式教学法。AP 汉语与文化课也是分科式教学体系的产物，所遵从的是这种教学体系的整体原则。这两种教学体系本来存在着明显的差异，也具有各自的优缺点，然而，在以五个"C"为核心的《标准》中，我们却看到了明显的主题式教学的理念。

所谓主题式教学，最大的特点就是不分科目，要求教师在几大主题（如"我们是谁、我们是从哪里来的、人和自然"等）的指导下，根据学生自身的情况，有针对性地选取教材，让学生最大限度地参与到教学之中，使学生从不同的侧面学到各种知识。分析五个"C"的基本精神，无疑体现着这些特点。比如：

1. 五个"C"之间彼此贯通，并没有按照传统的分科教授的原则将外语课的目标定位为单纯地传授语言知识，更没有把语言因素与语言技能一一分开，这种笼统的以培养实际能力为宗旨的教学法本身就在一定程度上体现了主题式教学法的本质——即把各种知识融会在一个个主题中而不是截然分开。

2. "文化"一项要求学生了解目的语国家的"文化产物""文化活动"以及"文化观念"，这就需要将有关文化的方方面面的知识与语言能力的培养紧密地结合在一起，单一的语言教学是不可能完成这样的任务的，它要求的也是多种学科之间的融合与贯通。

3. "贯连"一项就更明显了，它本身就要求"用所学的语言与其他学科衔接，取得新知"（齐德立，2005）。语言在这里只是一个工具，用这种语言去获得新知、包括其他学科的新知才是学习的真正目的。这分明就是主题式教学体系的基本精神和原则。

我们联想到了在美国听到的一节属于汉语教学范畴，但使用了"沉浸式"教学法讲授的课。学生们在一间充满了中国特色的教室里上课，教室里到处张贴着汉语单词、成语，悬挂着中国的地图、画片、手工艺品等等。老师讲授的核心内容是数学，用的是汉语，在教学的过程中，不仅讲解了数学概念，更联系到了有关中国在数学方面的文化知识、哲学知识等。用这样的语言、在这样的氛围中学习数学，不正体现了主题式的教学理念吗？

这一点对我们的教材编写具有重要的启示。我们的教材要想符合五个"C"的要求，就必须对语言教学进行一种全方位的、新的理解和诠释，彻底摆脱传统的单纯从语言知识的角度出发安排内容的做法，把主题式的教学理念融合进去，从话题的选择、练习的设计、内容的充实等各个方面都要充分体现出主题式教学的特点，使学生在教材中学到的不仅仅是汉语，而是要通过汉语的学习，增强对中国历史、地理、科学、文学、艺术、数学等不同学科的兴趣与了解。我们要在教材中为每一个"主题"设计任务，让学生在完成任务的过程中学习到"主题"所给予他们的各种知识。

（三）在语言教材中充分展示文化的内容

《课程概述》中明确提出："对于 AP 课程来说，发展学生对于中国文化的体认是普遍的主旋律。"[①] 所以，AP 汉语与文化

[①] 参见 College Board. *DRAFT: AP Chinese Language and Culture Course Description*. 2006。

课教材就应该致力于帮助学生学习、探究中国当代与中国历史文化。五个"C"也全面地体现了这一精神,它的第二项就是"文化"。在一个专门的外语教学的"标准"编制的指导性文件中,不仅提出"文化"问题,而且把这一问题放在如此显要的位置上,这充分说明了在美国目前的外语教学中对于"文化"问题的重视。

我们了解到,美国第一批开设的外语类 AP 课程是将"语言"与"文学"分开的,如有"西班牙语"课也有"西班牙文学"课,有"法语"课也有"法国文学"课。但在开设包括汉语在内的第二批外语类 AP 课程时,就改变了当初的做法——将语言与文化结合在一起,作为一门课开设。我们认为,这是因为他们已经认识到,作为"反映了第二语言学习的最新趋势"的 AP 外语类课程,应该强调在文化适当的情境中整体地使用语言,也就是说,要在对文化认知的过程中学习语言。事实也是这样,据悉,美国的教育部门就是准备用在《标准》指导下开设出来的新的 AP 外语课程去调整和"规范"美国的外语教学,使之达到新的要求。

《教师指南》提出:"理想的 AP 汉语课堂应该与现实生活的情景相似。在这样类似现实情景的课堂上,每个学生都沉浸在汉语和中国文化之中。"(Tseng,2006)这可以看成是五个"C"所代表的美国外语教学理念在有关文化问题上的根本原则。我们的 AP 汉语与文化课教材也必须遵从这个原则。文化和语言本来就是密不可分的,在语言教材中,不可能不包含文化因素。但要从观念上摆正文化的位置,在教材的编写原则上恰当而有效地注进文化的因素,就不这么简单了。首先我们要搞清楚:什么是文化?它与语言的关系是什么?在我们的教材中究竟要表现什么样的文化?怎样表现?

坦率地说，对于这些编写 AP 汉语与文化教材最需要解决、也最难解决的问题，至今我们还没有形成一个完整的思路。但经过实地考察，经过对五个"C"的全面分析，我们初步认识到，作为一门外语课，"文化"的标准不是只指那些单纯的文化活动或文化产品本身，而是指建立在这些具体的文化内容之上的文化观念。这就要求我们编写教材时，在题材的选择、课文的编写、背景资料的介绍等各个方面，都能围绕着一个个文化现象展开，用不同的形式体现出这些文化现象背后所蕴含的丰富的民族思维特点和思维方式。在充分展现中华文化特质的话题中培养学生的交际能力，是 AP 汉语与文化教材所应达到的境界。

在展现中华文化特质的同时，我们还必须注意到"比较"。作为五项目标之一，"比较"应该贯穿在教材的整个编写之中。这种比较是建立在两种语言、两种文化的差异之上的，这就需要我们首先对对方的文化有一定的了解，这才谈得上比较。当然，同与异是相对而言的，而且不是一成不变的，在文化上的表现就更是如此。我们在教材中不仅要展现不同文化之间的差异，也要展现人类共同的文化财富以及建立在这些财富之上的全人类的共性与追求。

（四）在教材的设计上全面保障学生的主动性

美国的教育极为重视在教学中发挥学生的主动性，这一点我们在考察过程中深有体会。五个"C"中虽然没有明确提出这一点，但在每一项目标的要求中都具体地体现着这种精神。因为，如果没有学生的主动参与，没有课堂上的师生互动，这五项目标就无法真正实现。

要想使我们的教材真正符合 AP 汉语与文化课程的要求，被美国学校和市场接受,就必须使教材的整体设计有助于全面地发挥学生在学习上的主动性和积极性,让他们真正参与到教学中来。

"让课堂真正具有交际性",这是《教师指南》的大标题之一。对此,《教师指南》还做了进一步的描述:

> 对于AP汉语教师来说,在每一堂课上实施以学生为中心的教学法是具有挑战性的,但又是令人兴奋的。课程的所有方面,包括课堂活动、有关所学材料的陈述和讨论、作业和评价等都应该把学生放在学习的中心位置。

为了帮助教师达到这一境界,也为了让学生能够积极主动地参与到教学活动中来,在编写教材时必须选择有利于开展以学生为中心的互动活动的场景,使用能够反映现实生活经验的真实语料和实物图片,让学生在他们所熟悉的情境中充分地使用汉语进行交际。无论是围绕主题组织单元、还是设计教学情境,为了使学生真正成为课堂的主人,我们的教材都必须利用多种资料,并将所有的学习材料置于特定的情景之中,而不是将它们孤立地呈现。教材应该大量地给出真实的语料与有的放矢的练习题,使课堂成为鼓励学生在模拟或现实情景中学习语言的好场景。

作为对外汉语教学中的"重中之重",教材问题是至关重要的。我们是在汉语环境中为那些生活、学习在非汉语环境中的中学生编写汉语教材,其难度是显而易见的。因此,了解对方的教育原则、适应对方的教学要求是我们编好教材的关键。虽然经过了赴美考察和认真学习,但所有这些距离真正"了解"还差得很远,因此我们所能编出的教材离对方的要求也肯定有相当的距离。但我们认为,只要真正认识到这一点并朝着既定的目标前进,真正把五个"C"的精神贯穿在我们的教材编写理念之中,我们就有可能编出适用于美国汉语教学的好教材。

第六节 海外中小学汉语教材的任务[①]

教材的针对性是近几年对外汉语教材研究达成的一个共识[②]。但是,如何实现教材的针对性仍是一个值得进一步探讨的课题。为海外中小学生编写的汉语教材更是如此。我们认为,要实现海外中小学汉语教材的"针对性",应当考虑三个基本问题:第一,教材所要服务的语言课程及其特点。课程是教材付诸实践、接受实践考验最直接的标准,因为它把教学目的、教学对象、教师和教材等教学要素联系在一起。第二,教材如何与相关的语言课程配套。海外中小学汉语课程负有特殊的教育任务,从教材与课程配套的角度要求,教材要协助课程完成基础教育的任务,教材内容就要及时转化语言教学研究的最新成果,教材内容的设置也要及时跟上新的教育理念,综合体现各种需求。第三,教材应担负课程建设和教师培训的任务。汉语课程对海外大多数中小学是个新事物,有的学校尚待进行课程建设,有的缺乏足够的有经验的汉语教师,所以教材应当有教学技巧方面的引导性。下面我们就结合一些教材的分析从以上三个角度来讨论海外中小学汉语

[①] 本节选自朱志平《海外中小学汉语教材的任务》,载《第八届国际汉语教学讨论会论文选》,高等教育出版社,2007年。

[②] 参见李泉《论对外汉语教材的针对性》,《世界汉语教学》2004年第2期。

教材所应承担的任务。

　　这里把中学和小学放在一起讨论主要是由于二者在大多数国家均属于基础教育的主体，而各个国家或地区在中小学教育体制上又有一定差异，比如加拿大是 8—4 制，即 1—8 年级为一个阶段，9—12 年级为另一个阶段；在美国，既有 8—4 制，也有 6—3—3 制，还有 4—4—4 制等；而尼泊尔等国采取的则又是 5—3—2—2 制[①]。

一、海外中小学汉语教材的编写与相应的汉语课程

（一）海外中小学汉语课程的特点

　　语言课程的设置有三个基本要素：课程规划、教学实施、课程评估[②]，这也是课程的三个基本环节。其中，教学实施主要通过两个途径：一个是教学手段，一个是教材。所以，一套教材要有针对性，要适应一定的教学目的和教学对象，首先要跟相关的语言课程配套，因此需要了解所要服务的课程及其特点。随着汉语作为第二语言教学在全世界范围内展开，越来越多的海外中小学校开始正式开设汉语作为外语的课程。这种课程有其自身的特殊性，它在许多方面不同于以下四种课程：（1）中国境内各大学开设的"对外汉语课程"；（2）中国境内一些中小学开设的"对外汉语课程"；（3）海外大学开设的汉语作为外语的课程；（4）

　　[①] 受国家汉办委托笔者于 2005 年 3—4 月赴尼泊尔协助当地中小学建设汉语课程，对加德满都 17 所学校做了一定调查。
　　[②] 参见 David Nunan. *The Learner-Centered Curriculum*，上海外语教育出版社，2001 年。

海外专为华人子弟开设的汉语课程。

　　跟（1）（3）两种课程相比，海外中小学的汉语课程的特点是：第一，教学对象不同。中国境内各大学开设的"对外汉语课程"以及海外大学开设的汉语课程其教学对象主要是成年人，海外中小学汉语课程的教学对象绝大多数是18岁以下的少年儿童。在语言习得的规律方面，两者有一定的差异。比如，根据第二语言习得研究对少儿学习者话语分析的结果，儿童善于模仿对话者的整块语言，这一点却是成人做不到的[①]；与此相反的是，由于成人善于分析对方谈话的语义，他（她）对于理解的需求大于儿童，而且往往能根据自己的交际需要引导话语继续，从而获得更多的输入，加速第二语言的习得（Ellis，1994：141）。第一点的差异导致了第二点的不同，即教学手段的不同。针对成人的课程需要一定的结构说明和语义分析，往往可以采用直接的方式，而针对少儿的课程在教学中则要有一些特别的手段，比如通过一些活动来达到课堂教学的目的。第三是教育体制的差异。（1）（3）两种课程之间尽管也存在一定差异，但是它们都属于大学课程，就这一点上来说，大学课程和中小学课程在教育体制上是不同的。在大多数国家，中小学教育属于基础教育，甚至是义务教育，在这个阶段开设的课程要符合整个国家或民族对人才培养的最基本要求。所以，这种课程跟中小学教育的三个特点密切相关：基础性、全面性和义务性。这里的基础性是指这门课程要为社会所需的合格的生产劳动者打基础，也要为更高一级的学校教育打基础，还

---

　　① 参见 Rod Ellis. *Understanding Second Language Acquisition*，上海外语教育出版社，1994年，第139-140页。

要为学生个人的终身学习打基础[①]。在"打基础"的三个目标中,只有第二个目标跟大学课程具有承接关系。从"全面"讲,少年儿童处于长身体、长知识和世界观、道德观形成的时期,这使得中小学课程在一定程度上承担着对学生全面教育的任务,外语教学及其对世界的认识关系着民族素质,所以外语课程一方面要跟其他的中小学课程比如数学、物理、化学等相配套,使人才均衡发展,比如,美国高中的课程主要分为学术课程、职业课程和生活关联课程,其中学术课程是核心课程,包括英语、数学、外语等[②];另一方面外语课程也被许多国家教育管理者视为国家安全与民族发展大业的一部分,比如,早在1958年美国国会通过的《国防教育法》(The National Defense Education Act),就是一项将外语教育跟国防大计相关联的法令[③]。这项法令的建立缘起于当时美国的教育管理者对美国中学外语课程状况的担忧[④]。所谓"义务",它主要包括三个方面,一个是国家对青少年培养的义务,一个是父母及监护人有使适龄儿童就学的义务,还有一个是每个人有接受一定年限教育的义务。

上述的"基础性、全面性、义务性"这三个特点也是海外中小学的汉语课程与(2)(4)两种课程不同之处。后两者的教学对象尽管也是青少年,但是它们不属于国家基础教育体系的组成

[①] 参见班华主编《中学教育学》,人民教育出版社,1992年。
[②] 参见顾明远主编《民族文化传统与教育现代化》,北京师范大学出版社,1998年。
[③] 参见 Jack C. Richards & Theodore S. Rodgers. *Approaches and Methods in Language Teaching*,外语教学与研究出版社,2000年。
[④] 参见 Stephen D. Krashen & Tracy D. Terrel. *The Natural Approach*. 美国:Phoenix ELT,1995。

部分,所以不具备这三个特点。中国境内一些中小学开设的"对外汉语课程"目的一般有两个,一个是帮助在中国的外国人子弟跨越进入中国中小学同等课程的语言障碍,一个是帮助在中国的外国人子弟解决生活上与中国人语言沟通的问题。这两个目的都跟国家或民族的基础教育无关。海外专为华人子弟开设的汉语课程目的是帮助在海外的华人子弟学习母语,从而保持用母语跟父辈沟通的能力及其对母语文化的了解。这个目的跟父母及海外华人语言社团有关而跟基础教育无关。

此外,跟(1)(4)两种课程相比,海外中小学的汉语课程的语言环境也不同,它处在非汉语条件下。学生在校门以外不易找到语言实践的机会,语言能力的培养要由汉语课程本身完全承担起来。

因此,作为一门普通的学校课程,海外中小学的汉语课程要适合当地教育体制与教育传统;作为一门中小学课程,这种课程要适应中小学教育体系的要求;作为外语课程,这种课程还要符合一般外语课程的规律。此外,从教学对象讲,这种课程的学习者多半毫无汉文化背景,因此,它在一定程度上还是一门跨文化的课程。

(二)海外中小学使用的汉语教材跟相应课程配套的前提

课程规划是课程设置的第一个要素,它要通过需求分析和教学目标的设定来完成。根据以上分析,中小学汉语课程的需求分析涉及两个方面的基本需求,一个是学习者的需求,一个是某个国家或民族的教育传统和学校教育体系的需求。所以,一套供这样的课程使用的教材要具有能够与之匹配的功能,要满足两个基本前提:第一,满足相应课程所在的教育体系对课程设置的需要。比如加拿大的不列颠哥伦比亚省提出,对 5—12 年级所开设的汉语课程内容设计应当有 4 个必备的基本要素:(1) Communicating——该课程必须让学生在学习中建立起相互关系,通过活动使学生的听、读、说、写、欣赏、表达等交际技能达到一定程度,它强调真实的语言学习经验,教师和学生都应当在活动中尽量使用汉语;(2) Acquiring Information——该课程必须发展学生在获得与他们兴趣、年龄有关的信息方面的能力,这些信息包括电视、广播、杂志以及招聘广告、饭馆菜单、时间表甚至网址等与学生生活密切相关的各个方面;(3) Experiencing Creative Works——该课程必须让学生接触跟汉语相关的音乐、电影、电视等文学艺术作品,并学习创作;(4) Understanding Culture and Society——该课程必须让学生体验、了解并理解跟汉语有关的文化和社会。此外,这门课程不应仅限于语言学习,而是应当与其他课程相关联[①]。因此,一套与之相配套的教材就必须将这四者纳入教材设计,并将它们整合在教材中。

　　海外中小学汉语教材与相关课程配套得以实现的另一个前提是:符合相应课程所在的教育传统及其教育体制的要求。教育传统是民族文化传统的一部分,是影响教育体系的社会文化因素。"民族文化传统是指一个民族经过长期的历史积淀而形成的对现实社会仍产生巨大影响的文化特质或文化模式"(顾明远,1998:6)。作为民族文化传统的组成部分,一个国家的教育传统在历史过程中不断发展、选择的同时,也在不断地向下一代传

---

① 参见 British Columbia Ministry of Education. *Skills and Training in Canada* (Integated Resource Package), 1998。

递。它可以从三个方面影响一个国家的教育：一是物质层面，表现为教育手段、教育设备等；二是制度层面，表现为学校的各种制度；三是思想层面，它表现为教育观、价值观、人才观、师生观等等。受其影响，一种课程的设置也跟教育传统密切相关。显然，一套教材是否能跟相应的课程配套，应当从它是否符合一个国家的教育传统来要求。具体说，我们可以从以上三个层面来衡量一套教材的针对性。我们不妨以美国的学校教育为例来说明这一点。美国的教育传统主要接受了杜威实用主义的思想，提倡"教育即生长""教育即生活""教育是经验的连续不断的重新组织"（顾明远，1998：196）。因此，它的课程设置要求以学生为中心，提倡"在做中学"的教学手段，也没有中国传统的"师道尊严"。与之配套，一套供美国中小学汉语课程使用的汉语教材就应当注意：传统的"以课文为中心"的教材模式可能不适应以学生为中心的课程；提倡"在做中学"，教材的练习就应当具有任务性、活动性，让学生通过活动掌握所学的内容；没有"师道尊严"，师生关系是平等的，教材也应当有服务于教学的特点，是介绍式的，而不是说教式的。此外，美国中小学课程的设置也是"百花齐放"的，除了读、写、算的基本训练之外，开设大量的综合课程，比如社会课，随着社会的发展不断加入新的内容，比如艾滋病知识、性教育、环保意识等等。从汉语课程要与其他课程配套的角度看，这些内容也应当纳入教材内容设计的范围。

　　在满足这两个前提条件的基础上，一套为海外中小学汉语课程编写的教材才有可能完成其"具有针对性"这一任务。

二、为海外中小学编写的汉语教材如何实现与相应课程配套

明确了教材所要服务的课程和教材所应满足的两个前提，还要考虑教材编写如何实现与课程要求配套的问题。我们认为，这个目标可以通过两方面具体的努力来完成，一个是教材的内容设计努力实现对语言教学研究成果的转化，一个是教材内容的设置综合体现课程方面的多种需求。

（一）教材教学理念的更新

实事求是地说，随着开设中小学汉语课的国家和地区日益增多，一套汉语教材所服务的国家或民族可能不止一个。尽管近年来已经编写了一些针对某一民族或地区的教材，但这些教材实际上的使用范围可能也会扩大到原针对地区以外①。因此需要教材具有一定范围的适应性以满足不同地区的需要。要做到这一点，海外中小学汉语教材就应当在内容设计和内容设置上表现出一种倾向性——它符合多数民族的教育传统，适合中小学基础教育的需要。最重要的是，从教育现代化的角度要求，它应当体现新的教育理念。

这个要求跟符合民族传统的要求并不矛盾。教育是民族文化传统延续的手段，也是国家与民族在现代社会中得以立足的根本。所以，一个民族的教育传统作为民族文化的组成部分，它既有较强的民族性和相对的稳定性，也具有随着社会的发展而不断发展

---

① 比如，黑龙江大学编写的俄罗斯中小学教材《汉语新起点》，北京师范大学编写的北美高中教材《跟我学汉语》，北京大学和中国人民大学编写的英国中学教材《快乐汉语》等。后两种教材已被尼泊尔中小学选用，第二种教材还被泰国一些中小学选用。

的变异性（顾明远，1998：11-14）。随着社会现代化，特别是全球一体化的趋势，世界各国都在努力跟上这个进程。因此，大多数民族的教育传统也会随着社会的发展变化而不断吸收新的教学理念以跟上时代的步伐。因此，一套体现新的教育理念的教材就有可能在一定程度上满足大多数民族各方面的需求。要做到这一点，它就要在内容设计上吸收最新的语言本体、语言学习的研究成果，在内容设置上吸收最新的教育学、心理学研究成果。

因此，从教育体系的角度要求，教材的内容设计和内容设置就首先要体现"全面性""基础性"和"义务性"。"全面性"要求汉语课程跟其他课程协调，体现在教材的内容设计上，就是要把学生其他相关课程的内容纳入教材，体现在内容设置上就是便于与其他课程相一致的教学手段的使用；"基础性"要求汉语课程的内容提供成为学习者进入社会或继续教育所需的基础，所以教材就应当培养学习者基本的汉语交际能力，体现在内容设计上就是纳入日常交际所需的句型、词汇等，在内容设置上则要体现有利于课堂互动的教学手段；"义务性"则要求课程既要把学生带入课堂又不能使他们产生厌学心理，所以教材除了内容生动有趣以外，也要在内容设置上有利于课堂活动的进行，并结合海外中小学缺乏课堂交际条件的现实，设置真实的任务和有意义的活动吸引学生。

从教育传统的角度要求，一个民族的传统对学校教育的影响主要表现在思想上的教育观、价值观，制度上的学校制度，物质上的教学手段。具体到汉语课程，我们认为，它应当避免传统的汉文化价值观跟学生的文化背景发生冲突，课时安排符合学校制度，教学手段与学生其他课程协调。因此，相应的教材在内容设计上应当改"说教式"为"介绍式",尽量体现多数民族所能接受的现代观念,比如英国人喜欢吃牛肉,尼泊尔人则敬牛为神,一套教材要同时适应这两个民族,恐怕内容就要避开"我喜欢吃牛肉"这样的句子,而只采用引导式的"你喜欢吃什么",让学生自己去选择回答问题所需要的词语;容量要有一定的弹性,同时适合 50 分钟、60 分钟甚至 80 分钟一节课的课堂,比如每课设置一些相关的歌唱、朗读或阅读材料,课时短的可以略去,课时长的就可以补充进来,等等。

(二)教材内容设计对语言教学研究成果的转化

为海外中小学编写的教材在内容设计上对语言教学研究成果的转化,主要涉及三个方面:一个是汉语本体研究及应用研究成果的转化,一个是对语言习得研究成果的转化,还有一个是对课堂教学手段研究成果的转化。

近 20 年来,我国的对外汉语教学发展较快,教学的快速发展也推动了教学研究的进步,大量的研究集中在汉语本体研究如何为语言教学服务方面,这些成果如果内化在教材中,无疑会大幅度提高教材的编写水平。比如语法点的设置:"把"字句是第二语言教学在初级阶段就会涉及的,然而"把"字句有很多种,可以说"他把书放在桌子上",也可以说"我把那个面包吃了",还可以说"他不小心把狗放跑了",那么,哪一种才是中小学教材里应该重点介绍的呢?根据对外汉语教学研究的结果,"把"字句的语义类型可以分为六种,其中使用频率最高的主要有两种:一种是"表示某确定事物因动作而发生某种变化,产生了某种结果",如"我把那个面包吃了";一种是"表示某确定的事物因动作而发生位置的移动或关系的转移",如"他把书放在桌子上"。据统计这两种"把"字句分别占"把"字句总数的 49.8% 和 27.8%①，二者合计占总数 80% 以上，因此，它们是中小学汉语教材中应当主要介绍的。再比如，汉字在教材中的安排。近几年汉字的应用研究成果主要有两类：一类是对汉字本体理论的应用，一类是根据心理学理论对第二语言汉字习得所做的实验研究②。根据汉字构形学的研究，汉字笔画和汉字部件分别属于汉字的书写元素和构形元素，前者跟写字关联，后者跟认字关联③。所以，它们属于汉字教学的两个不同方面，在教材内容的设计中，它们就属于两个不同板块：跟认字关联的内容直接进入课本，跟写字关联的内容主要放在练习册中。汉字的义符在汉字教学中较早就受到了重视，但声符的利用却迟迟没有引起关注，事实上，一些研究已表明，在《汉语水平词汇与汉字等级大纲》所收的 2001 个形声字中，559 个声旁字组成 1445 个形声字，占形声字总数 72.21%，因此它们可能可以通过"提取法""规则法"和"类推法"成组地习得④。而且心理实验研究也在一定程度上证明，第二语言学习者具有通过声符认字的潜力⑤。这样的研究成果应用在教材中，就是将汉字声符教学纳入教材的内容设置⑥。

---

① 参见吕文华《对外汉语教学语法体系研究》，北京语言文化大学出版社，1999 年。
② 这个结论源自笔者对近年来《世界汉语教学》和《语言文字应用》的汉字研究文章的统计，具体内容有另文讨论。
③ 朱志平《汉字构形学说与对外汉字教学》，《语言教学与研究》2002 年第 4 期。
④ 参见万业馨《从汉字研究到汉字教学》，《世界汉语教学》2004 年第 2 期。
⑤ 参见江新《不同母语背景的外国学生汉字知音和知义之间关系的研究》，《语言教学与研究》2003 年第 6 期。
⑥ 以上所述均已纳入《跟我学汉语》的编写。

第六节 海外中小学汉语教材的任务

语言习得研究近年来也取得了丰硕的成果。比如第二语言学习者"汉语句式习得顺序""平均句长发展"①的研究等等,这些研究结果告诉我们,对于第二语言学习者,不同句式的习得有一定的顺序,学习者所说句子的词数会随学习时间的延续逐渐增多,句子会逐渐加长。那么,教材的内容设计就要遵循这些规律。比如在中级水平欧美学生 500 个句子的调查中,"是"字句的使用率为 93%,而出错率仅 19%②,据此,《跟我学汉语》将简单"是"字句放在了第一册第三课。

但是,应当看到,由于过去几十年内大量的习得研究主要集中在各大专院校,研究对象多局限于成年人,在第二语言习得方面,专门针对青少年汉语第二语言习得的研究还成果甚微。这时就要借鉴其他第二语言习得研究的成果。根据英语、法语等第二语言习得研究者对不同年龄学习者习得顺序和习得速度及成功率的研究,在习得顺序上成年人跟儿童差别不大,而在习得速度和成功率方面二者却有较大差别③。成人以其丰富的认知经验往往在语法和话题导向方面优于儿童,而儿童则因其较强的模仿能力而在语音、整块语句(chunk)习得方面优于成人。根据这些研究结论,教材在语法点的排序方面就可以吸收国内成人第二语言习得的成果,比如句型特点要突出,具有典型性的语句被学生习得后容易转化成学生自己的语言。同时,教材中也不妨设置一些

---

① 参见施家炜《外国留学生 22 类现代汉语句式习得顺序研究》,《世界汉语教学》1998 年第 4 期;施家炜《韩国留学生汉语句式习得的个案研究》,《世界汉语教学》2002 年第 4 期。

② 相比之下日本学生使用率是 50%,出错率是 60%。

③ 参见 Rod Ellis. *Understanding Second Language Acquisition*,上海外语教育出版社,1994 年,第 107-110 页。

朗读材料，既利于中小学生提高语音习得速度，又能够帮他们补充成块的语料。

在课堂教学手段方面，中国传统的语言教学课堂历来是以教师为中心的，这种教学理念体现在教材内容的设置上比较突出地表现为"以课文为中心"，表现在教学手段上就是教师"一本书、一张嘴"形成的"一言堂"。课堂上的"独唱（教师讲）"跟"合唱（学生跟读）"比较多，而缺少"七嘴八舌"的课堂互动，课堂活动则几乎谈不上。这与海外许多国家中小学外语课程的要求差距很大。过去20年来，对外汉语教学的课堂已经有了很大的改变，这是广大对外汉语教师及其教学对象——外国留学生共同推动的结果。不过，在对中小学生教学方面，对外汉语教学所积累的经验还很不够。因此，这方面的成果要更多地关注教育学、心理学的最新研究。由于课堂教学手段涉及实际操作，它跟教材内容的设置，即每一课有哪些内容板块，如何摆放它们等等关系更为密切。

（三）海外中小学汉语教材的内容设置对课程需求的综合体现

在具体的课堂教学中，教育传统、教育体系、教学对象都会影响教学手段的采用，而教材对研究成果的转化，在一定程度上也要依靠教学手段来实现。所以，教学手段会体现多方面的需求。因此，为海外中小学编写的汉语教材能否跟相应课程配套，这个问题最后也落在对一定教学手段的体现上。因为如何设置各个教学内容，要体现人们对教学手段的认识。那么，中小学汉语课堂教学采用什么手段是合适的呢？这跟教学对象密切相关。对中小学生而言，参加一门语言课程既是一种语言学习，也是一种教育。前者要求我们关注一般语言学习的规律，后者要求我们关注青少年学校教育的规律。

认知心理学认为"学习是对环境中的刺激依其关系形成的一种新的认知结构的过程，是意义的获得和实现期望的过程"①。美国心理学家 R. M. Gagne 把学习的过程分为 8 个阶段，第一个阶段是学习的动机，没有学习动机学习就无从开始（转引自章永生，1999：36）。我们认为语言学习也是如此，成人和儿童语言学习的速度和成功率的差异已经说明了这一点。但是，相对于此的是，中小学汉语课程只是学生必须接受的基础教育的一部分，也就是说，大多数中小学生学习汉语的目的并不像成人那么明确。这种学习动机的不明确性和受教育的义务性就要求这种汉语教学提供明确的任务以激发学习者的学习动力，汇聚丰富的内容以刺激学习者对意义获得的兴趣，营造一定的氛围使学习者感到快乐。所以，教材在内容设置上要将知识性、任务性和趣味性结合起来。

要满足这些需求，传统的以课文为中心的教材设置就必须改观。传统的教材多半是以课文开头的，这往往给人一种厚重而严肃的感觉，这就很难满足教材趣味性的要求。改革的办法是降低课文的核心位置，用"主题导入"和"课堂活动"将课文功能分流。"主题导入"的设置可以缓解单一核心课文的严肃性而增加趣味性。而且，"导入"可以通过形式的变化将课文的学习任务化、活动化。比如，《跟我学汉语》第二册第八课的主题是关于爱好，这一课的"导入"是要求学生去做一个调查，问别的人"你在业余时间干什么"，然后把调查的结果向全班报告。这是一个任务型的"导入"，由于需要一一调查，学生获得了最好的交际机会；

---

① 章永生《教育心理学》，河北教育出版社，1999 年，第 33 页。

由于了解到了大量的信息，学生获得了不少相关内容的词汇，增长了知识；由于不需要更复杂的教具，它对教师来说又是可操作的，这样的活动甚至可以在课堂上当堂完成。

事实上，"导入"是许多教师日常教学中都会用到的，但是在以往的教材编写中它没有受到应有的重视，甚至没有一席之地。我们认为，对中小学生的语言课程，主题"导入"应当提高到与课文同等重要的地位。因为它能够首先满足青少年活泼好动的特点，提高学习的趣味性，降低课文的枯燥性。

"导入"的形式可以很多种，如名物导入、句型导入、句型＋名物导入、任务导入、真实材料导入、听说活动导入，等等。如《快乐汉语》第一册第十七课"导入"给出了这课的主要句型"他在哪儿工作""他在医院工作"，这是句型导入；又如，《跟我学汉语》第三册第一课、第六课，提供学生"寻人启事""电影海报"等真实生活中的语言材料，启发学生阅读并仿写，这是真实材料导入。

"导入"的设置可以根据不同主题需要和水平程度变换方式。但是，万变不离其宗，它的根本宗旨就在于加强教学手段的任务性和趣味性，把课堂语言教学所需的交际活动变成一项任务，通过这项任务学生经历了真实的交际过程，并可以把这个过程延展到课外，任务的实现也是学生体验到成功的快乐，趣味性也自然就在其中了。

在强调"导入"的重要性的同时，必须重新认识"课文"在教材中的地位。"课文"是提供给学习者的语言范例，学习者根据"课文"提供的语言材料及其形成的语言环境来了解目的语的特点，因此，一方面它的语言材料必须是规范的，另一方面它并不是提供学习语言条件的唯一途径。当我们给某一课的主题设置具有交际性、活动性的"导入"时,"课文"向学习者提供词汇的作用就相应下降。

事实上,在学习的初级阶段,有时"导入"就可以代替课文,比如《快乐汉语》第一册第十二课采用了"句型+名物导入",句型是"你去哪儿""我去……",所配名词是"运动场""图书馆"等,这个部分实际也就是课文本身。所以,在海外中小学教材中,课文的角色应适时转换。

在练习的设置上,中小学教材也要改革。练习要体现教学手段,就要增加活动功能。有两类练习:一类是活动性的,具有"导出"功能,将课文中的情景再现于不同条件下,适合课堂上的"师生互动"或"生生互动",便于教师指挥操作;另一类是作业性的,适合学生单独完成,便于教师布置作业。比如,《跟我学汉语》在课本和练习册中分别设置了这两类练习,前一类又分为口语练习和语音练习,口语练习依层次设置,如第一册第十一课,先是简单对话,继而是复杂一些的交谈及词语替换,最后是全班性的制作生日卡片活动。从简单到复杂,从小范围交际到大范围活动,从坐着说到站起来讨论等等;语音练习也依次设置,听课文、听内容接近课文的短文、把听到的内容说出来、朗读练习等。

作业练习是对活动练习的补充,可供课堂和家庭作业两用,由于它的对象是中小学生,因此也必须具有引导性和可操作性。这样一来,习题的呈现方式就很重要,有时需要采用"示例"的方式,比如《快乐汉语》第一册第六课要学生画线把相应的英语词和汉语词连起来,练习中已有红线将 large 和"大"连起来提示学生，又如《跟我学汉语》第一册练习册第二十八课要求学生选字组词，练习中事先已给出的词等等；有时则需要设图，如《跟我学汉语》第一册练习册第二十三课给出几幅不同的图，让学生看图回答问题；另外，贴画、拼图等等都可以把学生带入练习，通过甚至是玩的活动来完成练习，如《跟我学汉语》练习册第一册设计了不干胶贴画，让学生把写有汉语拼音词的贴画揭下来粘到相应的英语词下等。

三、海外中小学汉语教材所负有的课程建设和教师培训任务

目前，海外在中小学汉语课程的开设方面，存在两种情况：在有些国家，已经开设有一定的汉语课程，有一定的师资力量，尚需要进一步发展；另一种情况是，在中小学开设汉语课程，完全是一个新生事物。这两种情况往往都有教材需要。在这样的情况下，针对这些国家编写的中小学汉语教材除了要适应一定的教育体系和教育传统以外，还担负着指导课程建设和教师培训的任务。比如，在尼泊尔，一些教育管理者决定从2005年起在加德满都的十七所学校中同时开设汉语课程。但是所有的教师都是从中国招募的志愿者，许多人虽满怀热情，却不知如何施展自己的才能，而尼方的教育管理者也不懂汉语。在这样的情况下，教材就要同时肩负起指导课程建设和进行教师培训的任务。

（一）为海外中小学编写的汉语教材对课程建设的指导作用

教材要担负起对课程建设的指导作用，就要将对课程建设的指导因素纳入教材设计。首先是要关注上文谈到的海外中小学课程的特点和教材配套的前提。此外，教材对课程建设的指导作用

可以体现在两个方面：一个是教师手册的设计，一个是学生课本的设计。教师手册应当对以下几方面做出明确的解释：（1）说明该教材适用的课程属于基础教育课程的一部分，因此，该教材适用于基础教育教学目的的课程。（2）说明该教材所适用的年龄段。在大多数国家，儿童从5至7岁入学不等，中小学阶段划分也有差异，前面已经谈到，因此，教材标明适用的年龄段比标明年级更易于课程建设者掌握。（3）说明教材适用的总课时范围和每一课教学所需课时。有的国家用课时数来测定一个学生学习一门课所能获得的学分，比如，美国的高中规定学生学习一门课程120个课时即可获得一个学分，学满16个或16个以上的学分即可高中毕业（顾明远，1989：176）。同时，课时应换算成小时来计算，因为一个学时可能覆盖的分钟数不一样。据笔者所知，不同国家有可能从45分钟到85分钟不等。（4）对教材各个部分的功能加以详细说明。比如《跟我学汉语》（陈绂、朱志平主编，2003—2005），这套教材是为北美地区9至12年级的高中学生编写的。学生课本每一课主要包括：导入、课文（包括生词和注释）、课堂活动与练习、听力理解与朗读、汉字教学五个部分，教师手册对这5个部分的功能分别进行了说明。

学生课本的设计也可以体现对课程建设的指导。首先，应当与教师手册有明确的照应，仍以《跟我学汉语》为例，上述5个部分在课本中既要相互关联，又是不同的5个板块，形成一定的层次和梯度。比如"导入"和"课堂活动与练习"的内容都是从课文中抽取出来的，但是，前者的功能是将学习者带入课文，所以把不同的相关的事情放在一起，以突出课文中将要介绍的内容；后者的功能是将学习者带出课文，所以从课文延展至其他相关的事情。例如第一册二十一课，Look and Say（导入）展示中外节日及其日期，课文的核心内容是日期表达，"课堂活动与练习"则分别进行年、日、月的表达训练。板块的相对完整和内容的相互关联有利于课程建设者操作。其次，课本中的练习与练习册中的练习内容相关但功能不同。课本中的练习属于课堂练习，需要学生共同协作来完成；练习册中的练习主要提供教师布置作业用，大部分都可以由学生单独完成。比如《跟我学汉语》课本中的"课堂活动与练习""听力理解与朗读"和"汉字教学"这三个板块都分别介绍了与课文相关的不同方面的内容，但是它们的功能跟练习册的练习不同，具有课程建设引导性："课堂活动与练习"提供了课堂活动的基本类型，"听力理解与朗读"引入了相关的文化和创造性活动的欣赏，"汉字教学"则提供相应的字形描写。课程建设者可以根据这些内容建立一份非常具体的教学大纲。

（二）对教师课堂教学技巧的引导和教学过程的具体指导

近年来，信息技术的发展使得远程教学逐渐走进人们的生活，学生通过电脑就可以加入某个课程的学习。但是，从学校教育的角度讲，信息技术是很好的教辅工具，却不能代替教师，这一点是各国教育者的共识。比如法国就提出"在任何情况下，信息技术的采用都不应代替教学，而是一个深入与完善的机会"[①]。因此，在有经验的师资贫乏的条件下，教材可以，也应该在一定程度上承担起教师培训的任务。

对教师课堂教学技巧的引导，要白教师参考书和课本共同完

[①] 参见国家教育发展研究中心暨中国联合国教科文组织全国委员会编《三十五国教育发展》，人民教育出版社，1990年，第333页。

成。比如，在《跟我学汉语》中设计了大量的课堂活动，这些活动对学生的要求在课本中说明，对教师的指导则在教师参考书的相应部分加以说明，这样既能对教学技巧有所指导，又能给教师以显示课堂教学技巧的机会，提高教师在学生心目中的地位，有助于课堂教学顺利进行，对新教师来说，还可以形成跟学生的良好关系。比如第一册第一课"你好"的课堂活动，由于第一课学生的词汇几乎等于零，这时不可能要求他们用汉语去完成更复杂的任务，而课堂的活动又必须在全体学生中展开。这一课就设计了两个活动，它们实际上是一个活动的两个部分，在课本中只呈现第二部分，即建议学生给自己起一个中文名字或者告诉别人自己的中文名字。在教师参考书中则建议教师安排一个"打招呼"的音乐活动，学生分两组，围成内外两个大圈，当音乐响起来时，要求内外圈的学生反向行走，当音乐停止时学生们就停下来，向离自己最近的人说"你好，我叫……"，通过这样的活动学生了解了怎样打招呼，也提高了学习的兴趣。在学生兴犹未尽的时候，教师引导他们开始第二部分活动——男孩和女孩的名字。再比如第二册的全书"导入""皮影戏"的制作，在学生课本中只给出图画，介绍"什么是皮影"，而在教师参考书中则具体地说明"皮影人、物"的制作过程和所需材料以及操作方法，并建议教师引导学生自己编写剧本，自编自演。因为经过第一册的学习，学生已经初步掌握了一定数量的句型和词汇，这时就可以让他们通过动手动用已学汉语来完成一项任务，提高学习兴趣，以便开始第二册的学习。

对教师教学过程的具体指导往往主要由教师参考书来完成。比如《快乐汉语》的教师参考书第十二课"基本教学步骤及练习要点"对这一课做了如下指导：（1）导入：指导学生了解学校的几个相关场所，可以用图展示，然后带读生词表，引导学生熟读、记忆。（2）做练习1……（3）做练习2……（4）做练习3……（5）讲解本课基本句型，为口头表达做准备……（6）做练习4，可以先让学生通过朗读第一、二组对话，……限于篇幅，此处不能全部录出，但是我们从上述的这些序号可以看出，这种指导是非常具体的。

此外，教师参考书还应当提供一定的资料给教师，它包括对各个语言点的详细解释、语音知识、汉字知识，还有各种文化点的解释以及相当数量的补充语料。比如《跟我学汉语》的教师参考书每一课都设计了四个部分：教学目的、教学内容、教学建议、参考资料。在"参考资料"中提供了跟每一课内容相关的语法知识、语音的发音规则、听力练习的文本以及文化和汉字的知识。在每一单元中设计了"单元评估与测验"，而且，从第二册开始在每一课设置一定数量的补充阅读材料，以供教师选择。

海外中小学汉语课程开设越来越多的趋势表明，海外中小学汉语教材的编写与研究还有很多有待开发的领域。以上仅就教材的基本任务提出我们的看法，希望起到抛砖引玉的作用。

第五章

教材评析

第一节 "一版多本"与海外教材的本土化研究[①]

本土化汉语教材,指根据当地教育体制、社会文化、学习者母语特点等因素开发的适合当地人学习的教材。此类教材有海外编写(含中外合著)和中国编写两类,后者包括"一版多本"。"一版多本",指在一种教学媒介语(如英语)版本基础上进行其他教学媒介语(如法语、德语、西班牙语、阿拉伯语)版本二次开发的汉语教材。这类一版多本的教材,随着近年来海外对汉语学习需求的不断增加而呈现快速增长的趋势。

本土化涉及很多因素,根据学习者母语及文化特点来编写教材是一个重要内容。我们基于学习者母语及文化特点,从两方面考察教材本土化问题:"一版多本"教材中"一版"和"多本"的异同,"一版多本"教材跟海外汉语教材的异同。先考察广泛使用的两种"一版多本"教材:刘珣主编《新实用汉语课本》(简称《新实用》)和吴中伟主编《当代中文》(简称《当代》)。它们都在母本(英语版)基础上,开发了其他教学媒介语版本。《新

---

① 本节选自周小兵、陈楠《"一版多本"与海外教材的本土化研究》,《世界汉语教学》2013年第2期。

实用》含母本共选了英语、法语、西班牙语、日语、韩语、泰语和阿拉伯语 7 个语种版本。《当代》比《新实用》多出印尼语版和意大利语版。我们对比英语版和其他教学媒介语版本,从语音、语法、词汇、文化四方面考察本土化特征。再对比中国"一版多本"与 6 部海外教材的本土化特征。这 6 部海外教材是:姚道中、刘月华主编《中文听说读写》Level1. Part1、Part2(简称《听说读写》,英语媒介语),张新生主编《步步高中文》1、2(简称《步步高》,英语媒介语),何碧玉、吴勇毅主编《汉语入门》(简称《入门》,法语媒介语), Eva Costa Vila、孙家孟主编《汉语》1、2(西班牙语媒介语),徐霄英、周小兵主编《泰国人学汉语》1(简称《泰国人》,泰语媒介语), Federico Masini 主编《意大利人学汉语》基础篇(简称《意大利人》,意大利语媒介语)。最后,提出"一版多本"本土化的改编策略。

一、语音本土化

语音本土化,指基于学习者母语语音特点和汉语学习难点的语音点选择、排序、注释和练习。这里主要探讨语音注释,论及语音点的选择、排序和练习。

(一)"一版多本"教材语音注释本土化

《当代》和《新实用》对语音的注释改编有四种方式。

1.用学生母语中相同的音注释(母语相同音)。如:

(1) f,跟 fille 中的 f 一样。(《新实用》法语版;用法语相同音注释)

第一节 "一版多本"与海外教材的本土化研究

（2）s，跟德语 reis 中的 s 发音一致。（《当代》德语版；用德语相同音注释）

2. 用该国主要第二语言的相同语音注释（二语相同音）。如：

（3）z，和英语里 rose 和 sonne 中的 s 音基本一致。（《当代》印尼语版）

（4）sh，在标准西语中没有，但在一些方言中有，如安达卢西亚方言 chorizo 中的 ch；法语中也有，如 chambre 中的 ch。（《新实用》西语版）

3. 用母语相近语音注释，并描述目标语和母语相近音的区别（相近音+区别）。如：

（5）o，跟日语的お一样要圆唇，但嘴唇要向前突出。（《当代》日语版）

（6）ch，像西语 chaqueta 中的 ch，但是舌尖要向后卷，送气。（《新实用》西语版）

这种方法，既利用母语正迁移，也提醒学习者防止母语负迁移。

4. 用母语相近音注释，同时说明发音方法（相近音+方法）。如：

（7）m，像泰语的 mor，合上双唇，从鼻子里出气，并振动声带。（《新实用》泰语版）

总结上述四点，《当代》（当）和《新实用》（新）中的语音本土化处理方法统计如表 5-1：

表 5-1　"一版多本"教材语音本土化情况（单位：个）

方法	法 当/新	西 当/新	日 当/新	韩 当/新	泰 当/新	阿 当/新	印尼 当	意 当	总计/比例
母语相同音	3/15	—/19	2/3	9/6	—/16	6/13	—	4	96/52.2%
二语相同音	—/1	1/3	1/—	—/—	—/—	—/—	8	—	14/7.6%
相近音+区别	—/7	—/—	6/9	5/3	3/11	1/12	2	—	59/32.1%
相近音+方法	—/3	—/—	—/7	—/3	—/2	—/—	—	—	15/8.1%
总计	3/26	1/22	9/19	14/12	3/29	7/25	10	4	184/100%

使用方法最多的是"母语相同音"和"相近音+区别"；"二语相同音"，除《当代》印尼语版外，其他版本很少或不使用；"相近音+方法"，仅《新实用》四个版本少量采用。

（二）海外教材的语音注释本土化

海外教材都进行了语音本土化处理。方法有四，前三种与"一版多本"教材一致，用"母语相同音""二语相同音"和"相近音+区别"注释。如：

（8）g，像意大利语里 criniera 中的 c。（《意大利人》，意大利语：母语相同音）

（9）j，像英语 jeep 中的 j。（《汉语》，西语：二语相同音）

（10）q，像法语的 j，但是要送气。（《入门》，法语：相近音+区别）

第四种方法，说明发音方法，用母语相近音注释，并说明两者的区别（方法＋相近音＋区别）。如：

（11）j，舌尖前部抬起，……让气流从缝隙中出去……发音时声带不振动。像英语 jeep 中的 j，但汉语里是清音……。（《听说读写》，英语）

海外教材语音本土化处理方法统计如表 5-2：

表 5-2　海外教材语音本土化情况（单位：个）

方法	听说读写	步步高	入门	汉语	泰国人	意大利人	总计／比例
母语相同音	4	21	20	17	5	15	82/57.3%
二语相同音	－	－	－	4	－	－	4/2.8%
相近音＋区别	11	4	12	6	17	2	52/36.4%
方法＋相近音＋区别	5	－	－	－	－	－	5/3.5%
总计	20	25	32	27	22	17	143/100%

对比表 5-1、表 5-2 可以看出：其一，在数量方面，海外教材本土化处理力度大于国内"一版多本"教材，前者平均每种 24 个，后者平均每个版本 13 个。其二，本土化方式方面，"母语相同音"和"相近音＋区别"，在两类教材中比例都是最高和次高。"二语相同音"，"一版多本"教材有 14 个，占 7.6%；海外教材仅 4 个，占 2.8%。"相近音＋方法"，"一版多本"有 15 个，占 8.1%；海外没有。"方法＋相近音＋区别"，仅《听说读写》有 5 个，

占 3.5%；"一版多本"没有。

（三）讨论

两类教材都大量采用"母语相同音"和"相近音+区别"，原因在于，第二语言习得以母语结构的不断替换或"再结构"方式进行，语音习得方面尤其如此[①]。"相近音+方法"（或再加"区别"）的比例不高，因为不论有无教师讲解和示范，学习者都不容易理解"发音方法"，更难以掌握。而"二语相同音"较少，大概跟学习者的二语水平相关。

值得注意的是，这两类教材的语音本土化还存在一些问题：

1. 有一些语音在学习者母语中有相同音或相近音，教材却用学习者的第二语言注释。如《当代》印尼语版："o，像英语 often 中的 o"。事实上，印尼语 otak（脑子）中 o [o] 的发音与汉语相同，根本没有必要舍近求远地用英语注释。此类问题"一版多本"教材存在，海外教材基本没有。

2. 语音注释不够科学。我们分两点讨论：

第一，用相近音注释，却没有指明区别。如：

（12）s、z、c 像韩语的 ss、jj、ch。（《当代》韩语版）

（13）z 像 beds/beads 里的 ds。（《步步高》，英语）

例（12）s [s]、z [ts]、c [ts^h] 与韩语 ss [s']、jj [tʃ']、ch [tʃ^h] 相似；但是无论发音部位还是发音方法，ss、jj 跟 s、z 都不同：韩语中 ss 是齿槽音（alveolar），紧音，jj 是上腭音（palatal），紧音；汉语是舌尖前音，无松紧之分。此外，ch 与 c 的发音部位

[①] 参见王建勤主编《汉语作为第二语言的习得研究》，北京语言文化大学出版社，1997 年，第 149 页。

也不同。例（13）中 z 和 ds 虽然发音部位及某些方法相同，但 z 是清音，ds 是浊音。当两种语言对应的语言点表面相似，实际上有一些区别时，干扰更可能引发偏误[①]。这类问题，"一版多本"教材比较多，尤其是"多本"教材。《当代》韩语版 6 处未说明，母本中仅 2 处；《新实用》韩语版 5 处未说明，母本中仅 3 处。

第二，存在"一对多"的情况。《新实用》泰语版中用"jor[z]"注释"j[tɕ]/z[ts]/zh[tʂ]" 3 个声母，用"chor[cʰ]"注释"q[tɕʰ]/x[ɕ]/c[tsʰ]/s[s]/ch[tʂʰ]/sh[ʂ]" 6 个声母，没有详细辨析。这 9 个声母正是泰国学生的发音难点，泰国学习者常以舌面音（j/q/x）和舌尖前音（z/c/s）来代替舌尖后音（zh/ch/sh）[②]。教材采用"一对多"注释，却不加辨析，会导致学习者的发音混乱。

4. 语音选择、顺序及练习本土化

语音本土化还体现在语音选择、编排顺序及练习方面。各教材基本按照汉语拼音方案展示声母和韵母，但对具体讲解的语音进行了筛选。如《当代》母本，没有讲解 s，可能因为 s 的书写和发音与英语相似；仅有《意大利人》讲解了 ing [iŋ]，因为在意大利语里的发音是 [ing]。在讲解顺序上，教材做了一些调整，如《步步高》将 s 调整到 z、c 的前面，因为对英语母语者来说，s 的难度低于 z、c[③]；《听说读写》等将 z、c、s 调整到 zh、ch、

[①] 参见周小兵《对外汉语教学入门》（第 2 版），中山大学出版社，2009 年，第 81 页。

[②] 参见李红印《泰国学生汉语学习的语音偏误》，《世界汉语教学》，1995 年第 2 期；蔡整莹、曹文《泰国学生汉语语音偏误分析》，《世界汉语教学》2002 年第 2 期。

[③] 参见朱永平《第二语言习得难度的预测及教学策略》，《语言教学与研究》2004 年第 4 期。

sh、r之前，也是因为前者的难度低于后者。语音练习上，教材应重点练习容易出错的语音。如舌面音、舌尖前音及舌尖后音的辨析，占《当代》母本和《新实用》母本声母辨析练习的65%和52.2%，与《步步高》（54.5%）、《听说读写》（58.5%）相近，符合英语母语者的学习难点：英语母语者语音学习最大的难点是舌面音、舌尖前音和舌尖后音的混淆[1]。但不同母语者语音习得难点各异，各版本应针对不同母语对练习做相应的调整，如韩国学习者的难点包括"f—b、p"、"r—l"的混淆[2]，日语母语者的难点包括"f—h"及"r—l"的混淆（朱川，1997：284），但在"一版多本"教材的相应版本中都未出现相关练习。

二、词汇本土化

（一）"一版多本"教材词汇本土化

词汇本土化改编《新实用》和《当代》主要有两种方式。

1. 替换。如：

人名（39）[3]："杰克"改成"颂猜"（《当代》泰语版）。

地名（38）："加拿大"改成"西班牙"（《新实用》西语版）。

机关团体名（11）："英国东方学院"改成"樱花大学"（《当代》日语版）。

节日（2）："元旦、复活节"改成"开斋节、宰牲节"（《新

---

[1] 参见朱川《外国学生汉语语音学习对策》，语文出版社，1997年，第283页。

[2] 参见胡晓研《韩国学生汉语中介语语音模式分析》，《汉语学习》2007年第1期。

[3] 括号中的数字，表示这一类词汇在两种"一版多本"教材中的总数量。

实用》阿语版)。

货币(1):"美元"改成"欧元"(《当代》法语版)。

2. 删减。如:

食物(3):删除"啤酒"(《当代》阿语版)。

地名(1):删除"唐人街"(《当代》泰语版)。

"一版多本"教材替换、删减的词汇,涉及六个方面。《当代》集中在人名、地名和机关团体名上,货币和食物虽有所改动,但数量十分有限;《新实用》对人名、地名和节日做了改编。

各版本土化词汇使用情况如表5-3:

表5-3 其他语种版本不同于英语版的本土词汇使用情况

教材名称	法 词数/ 比例	西 词数/ 比例	日 词数/ 比例	韩 词数/ 比例	泰 词数/ 比例	阿 词数/ 比例	印尼 词数/ 比例	意 词数/ 比例	平均 词数/ 比例
当代	8/1%	13/1.6%	9/1%	14/1.7%	12/1.5%	16/2%	16/1.9%	8/1%	12/1.5%
新实用	2/0.2%	2/0.2%	2/0.2%	2/0.2%	2/0.2%	4/0.3%	—	—	2/0.2%

由表5-3可见:其一,阿语版和印尼语版的词汇改编多于其他版本。原因是,这两个语种版本都涉及宗教问题。如编者为避免文化冲突,删除了"猪肉、啤酒、醉"等词汇。但有些词语,如"酒",使用频率排名为634位[①],是汉语高频词,我们认为,不宜一直不教。初级阶段,学习者汉语水平低,学习内容有限,对他文化接受度不那么高,可适当回避、减少一些可能引起文化

[①] 该数据来源于 R. Xiao, P. Rayson & T. Mcenery. *A Frequency Dictionary of Mandarin Chinese*, London: Routledge, 2009。

冲突的词语。但到中高级阶段，学习者有能力讨论相关问题时，可适当引入这些汉语高频词。其二，《当代》本土化词汇平均每个版本12个，占1.5%，高于《新实用》。

（二）海外教材的词汇本土化

除"一版多本"教材6类词汇，海外教材还选择了学习者熟悉的运动项目等词汇。如：

人名（26）①：胡安（《汉语》），海伦（《听说读写》）。

地名（71）：普吉（《泰国人》），巴塞罗那（《汉语》）。

机关团体名（23）：巴黎大学（《入门》），国王十字火车站（《步步高》）。

食物（21）：法国蜗牛（《入门》），比萨饼（《意大利人》）。

节日（6）：宋干节（《泰国人》），感恩节（《听说读写》）。

货币（7）：铢（《泰国人》），欧元（《意大利人》）。

运动（9）：美式足球（《听说读写》），水球（《步步高》）。

海外教材本土化词汇种类超过"一版多本"教材，涉及人名、地名、机关团体、货币、食物、节日及运动七方面，且数量较多。海外教材本土化词汇情况如表5-4：

表5-4　海外教材词汇本土化情况

教材	听说读写	步步高	入门	汉语	泰国人	意大利人	平均
词数/占总词汇量比例	35/4.5%	30/4.8%	33/5.2%	31/2.5%	29/6.9%	30/5.9%	31/5.0%

---

① 括号中的数字，表示这一类词在6部海外教材中的总数量。

对比表 5-3 和表 5-4 可以看出：第一，本土化词汇种类，海外教材的本土化词汇涉及七方面，比"一版多本"教材多。"一版多本"教材中，《当代》涉及五方面，《新实用》仅涉及三方面。第二，本土化词汇数量，海外教材平均每部 31 个，占 5%，高于"一版多本"教材。《当代》平均每个版本 12 个，占 1.5%；《新实用》平均每个版本 2 个，仅占 0.2%。

（三）讨论

语言学习的最佳项目是学习者周围的事物。这些知识和概念最具可理解性、重复性和突显性，最能引起学生的兴趣、共鸣和参与热情[①]。"一版多本"教材和海外教材都注意到这点，选择了不少富有本土特色的词汇。

本土化词汇的数量和范围，海外教材均超过"一版多本"教材。原因何在？我们认为，除了跟是否熟悉学习者当地的社会文化有关，还跟话题选择有关。如《意大利人》谈论意大利足球时，出现了 6 个本土化词汇；但在去中国人家做客的对话中，却没有出现本土化词汇。

我们初步统计了一下，本土话题在两类教材中的比例不同：如在《当代》中仅占 14%，而在《意大利人》中高达 53.3%。因此，后者本土化词汇多。可见，提高海外本土话题的比例有利于增加本土化词汇的数量与范围。

另外，"一版多本"教材在词汇改编时，对某些国家的国情考虑不够充分。如《当代》母本中问加拿大人："你说英语还是法语？"英语、法语都是加拿大官方语言，这个问题合乎情理。

[①] 参见邹为诚《语言输入的机会和条件》，《外语界》2000 年第 1 期。

但日语版中，问在本土生活的日本人"你说英语还是日语"，就显得有些牵强了。又如《当代》母本谈论四季，泰语版中却依然如此，并没有改成泰国的季节——热季、雨季等。

三、语法编写本土化

语法编写本土化，指基于学习者母语语法特点和学习难点选择和注释语法点等。

（一）海外教材语法注释本土化

语法注释本土化有四类。

1. 明确指出学习者母语语法和汉语语法的相同点，促进正迁移。如：

（14）汉语的语序跟泰语的一样，都是 S+V+O。（《泰国人》）

（15）汉语能愿动词和英语一样，都用在行为动词的前面。（《步步高》）

2. 明确指出学习者母语语法与汉语语法的区别（不同点），防止负迁移。如：

（16）汉语"在"做动词时，后可直接加地点，但意大利语地点前须加介词 in；做介词时，介宾短语一般在动词前，意大利语可在动词后……（《意大利人》）

（17）"还是"连接供选择的两个选项，但跟英语的"or"不同，"还是"用在疑问句中，不是陈述句。（《步步高》）

3. 未明确说明两种语法的区别，但展示学习者偏误。如：

（18）先……再……：*先小王买东西，再吃晚饭。（《听说读写》）

（19）今天比昨天冷点儿。*今天比昨天一点儿冷。（《听说读写》）

4. 指出不同点和可能出现的偏误（不同点＋偏误），加强学习者自我监控。如：

（20）也：译为 too、also。汉语里用在主语后、动词前，不能用在主语前或动词后。*也我是中国人。*我是中国人也。（《听说读写》）

（21）和：连词，跟泰语的 lae 不同，汉语的"和"不能连接形容词和句子。*我去北京和我去曼谷。*那里很好，和很热。（《泰国人》）

六部教材语法本土化情况如表 5-5：

表 5-5 海外教材语法本土化情况（单位：条）

	听说读写	步步高	入门	汉语	泰国人	意大利人	平均
相同点	1	9	4	—	1	2	2.8
不同点	9	17	2	3	11	30	12
偏误	24	—	—	—	—	—	4
不同点+偏误	3	—	—	—	1	4	1.3
合计/占语法项比例	37/25.7%	26/15.7%	6/5.6%	3/6.3%	13/16.3%	36/43.9%	20.1/18.9%

表 5-5 显示，海外教材平均每部采用的本土化语法注释达 18.9%，《意大利人》更高达 43.9%。可见，语法注释本土化是

教材本土化的重要内容。这一点"一版多本"教材没有体现。

海外教材语法注释本土化的方式中,"不同点"最多;"偏误"其次,但仅在《听说读写》中使用;"相同点"再次;"偏误+不同点"最少。

(二)讨论

海外教材注意对已有语法对比和习得成果的借鉴,这些基于对比和难点的语法解释,有利于利用母语正迁移,防止负迁移。

"一版多本"教材也需要注重这方面的处理。两种"一版多本"教材的母本都是面向英语母语者的,有些注释对其他语种的学习者并不合适。如:

(22) 10 000,应说成"一万",而不是"十千"。(《当代》所有版本)

英语、俄语、印尼语等语言中"10 000"说成"十千",但韩语中"10 000"就说成"一万",且可以省略"一",韩国学习者最容易出现的偏误是遗漏数词"一"。韩语版中仍使用跟英语版相同的注释,对韩国学习者来说,没有避免偏误的作用。因此,"一版多本"教材在语法注释方面应借鉴海外教材,提高针对性。

(三)语法点选择本土化

语法点除讲解方法外,海外教材还在语法点选择上体现了本土化。如:

(23) 岁,我今年18岁。*我十。*我八。*我十八年。(《听说读写》)

(24) 百、千,跟泰语不一样,"一百、一千"中的"一"不能省略。(《泰国人》)

这两个语法点许多教材没有讲。英语中可直接用数字表年龄，如"I'm ten"，英语母语学习者容易负迁移成"我十"。"year"大致对应"年"和"岁"，母语一个语言点对应目标语两个语言点，学习难度较高，所以《听说读写》中特意强调。《泰国人》则针对汉泰数词的不同点给予类似的提醒。可见，编者若能借鉴汉外对比、汉语习得等方面的研究成果，有的放矢地来编写教材语法点，可以大大提高教学效果。

四、文化本土化

文化本土化，指教材出现学习者国家、区域的文化内容。文化内容可以分为四类：生活习俗、国情、观念（含宗教）、人物[①]。表现方式有：显性，介绍学习者母语国文化，对比中国文化；隐性，在语言表达方式中隐含母语国文化。

（一）"一版多本"教材文化本土化

《当代》和《新实用》的文化本土化主要表现在课文的隐性文化上。

1. 改变人物的姓名、身份等（简称"人物"）。如：

（25）a. 马大为，美国学生。（《新实用》英语版）
　　　b. 路胡安，西班牙学生。（《新实用》西语版）

2. 为尊重该国宗教文化而进行的改编（简称"宗教"）。如：

（26）a. 昨天晚上我和朋友喝了一个多小时酒。（《当代》

---

① 参见《中山大学教材研发与培训基地教材编写指南》"文化点分类框架"，略有改动。

英语版)

b. 昨天晚上我和朋友跳舞跳了一夜。(《当代》阿语版)

(27) a. 我认识了一个漂亮的姑娘,她愿意做我的女朋友……可是我的宿舍太小,她不能常来我这儿。(《新实用》英语版)

b. 我的表弟哈立德也要来北京学习汉语,……可是我的宿舍太小,他不能常来这里。(《新实用》阿语版)

伊斯兰教徒不许饮酒,例(26)b 把"喝酒"改成"跳舞"。例(27)由"漂亮姑娘"改为"表弟",也是为了符合阿拉伯的风俗习惯。这些调整使教材适应当地文化,增强了课文的真实感和接受度。"一版多本"教材文化改编情况如表 5-6:

表 5-6 "一版多本"教材文化改编情况(单位:处)

文化类型	法 当/新	西 当/新	日 当/新	韩 当/新	泰 当/新	阿 当/新	印尼 当	意 当	总计/比例
人物	7/1	8/1	10/1	11/1	10/1	8/1	10	7	77/82.8%
观念(含宗教)	–/–	–/–	–/–	–/–	–/–	10/4	2	–	16/17.2%

表 5-6 显示:其一,文化改编"人物"类最多(82.8%),"观念"类较少(17.2%),而且只有阿语版和印尼语版做了改动。其二,《当代》平均每个版本所做的文化改编约 10 处,远高于《新实用》(1 处)。

(二)海外教材的文化本土化

海外教材本土文化主要呈现在课文、阅读练习、文化介绍三个环节中。呈现方式有三:

第一类是隐性呈现,除"人物"外,仅涉及"生活习俗"。如:

(28) A:请问多少钱一公斤? B:100铢一公斤。(《泰国人》)

(29) 你们收不收旅行支票?(《步步高》)

这些内容真实反映了泰国、英国的社会生活。

第二类是显性呈现,介绍该国的"生活习俗"和"国情"(显性介绍)。如:

(30) 现在这个季节……巴黎人出门的时候,常常带着一把伞。(《入门》)

(31) 以前意大利的中国人很少……今天有很多中国人在意大利学习和工作。(《意大利人》)

这类方式可以让学习者用汉语介绍自己身边的事情,提高学习热情。

第三类是中外对比,包括"生活习俗""国情"及"观念"等(显性对比)。如:

(32) 中国人喜欢喝白酒和啤酒,英国人喜欢喝红酒和啤酒。(《步步高》)

(33) 在中国,商店可以自己决定什么时候减价……在意大利,商店一般不能随便减价。(《意大利人》)

这些文化对比,容易引起学习者的兴趣,提高跨文化交际意识。海外教材文化本土化情况(见表5-7)。

表 5-7　海外教材文化本土化情况（单位：处）

呈现方式	文化类型	听说读写	步步高	入门	汉语	泰国人	意大利人	总计/比例
隐性	生活习俗	3	8	1	13	20	14	59/36.4%
	人物	2	9	5	7	8	7	38/23.5%
显性介绍	生活习俗	1	5	1	7	4	3	21/13.0%
	国情	3	2	1	1	4	1	12/7.4%
显性对比	生活习俗	5	9	1	–	3	1	19/11.7%
	国情	1	8	–	1	–	1	11/6.8%
	观念	2	–					2/1.2%

对比表 5-6 和表 5-7：其一，呈现方式上，海外教材有显性又有隐性呈现，"一版多本"教材只有隐性呈现。其二，文化类型上，海外教材比"一版多本"多两类，即"生活习俗"和"国情"。且"一版多本"教材的改编层次较浅，以"人物"类为主，占 82.8%；海外教材的本土化文化层次则较深，以"生活习俗"和"国情"类为主，共占 75.3%，"人物"类仅占 23.5%。

（三）讨论

海外教材的本土文化分布较广，呈现方式多样，类型丰富；而"一版多本"教材的文化改编隐含在课文中，分布范围较小，方式单一，改编较浅。此外，"一版多本"教材存在改编不全面的情况。如为尊重伊斯兰教，《当代》印尼语版和阿语版中都删除了"来三瓶啤酒"，但是在印尼语版中，还保留了英语版中的"昨天晚上我和朋友喝了一个多小时酒"；《新实用》阿语版保留了"我们喝什么酒""我买六瓶啤酒"等。这些内容违背了伊斯兰文化,教材使用时会有负面影响。

赵金铭指出,教学中应该取双向文化的态度,介绍自己亦旁及他人[①]。李泉也指出,在国外非目的语环境下使用的教材,内容上要恰当地结合国别文化以及当地学习者的学习环境和学习生活[②]。在教材中适当加入学习者所熟悉的本土文化,可以激发学习兴趣,增强学习动力,也可以拓宽学习者练习汉语的范围,增加交际话题。这一问题在两类教材中都得到了处理,但"一版多本"教材的处理比不上海外教材,原因是没有完全了解学习者母语国的文化习俗。

五、结语

中国"一版多本"汉语教材在本土化方面做了很多努力,有不少成果,但对比海外教材,"一版多本"教材在本土化方面还有不少改进空间。我们建议:第一,充分利用汉外语言对比和汉语习得的研究成果,参考不同母语者的习得顺序和学习难点,合理选择语音、语法点,合理安排教学顺序,提高语音、语法讲解的准确性和有效度,设计适当的练习。第二,提高海外话题的比例,扩大本土词汇出现的范围。如加入气候话题,东南亚各种语言的版本可以出现"热季、雨季"等词语。第三,了解各国文化背景。不仅在人名上,还要在日常生活习俗、国情及宗教等方面进行适

[①] 参见赵金铭《对外汉语教材创新略论》,《世界汉语教学》1997年第2期。
[②] 参见李泉《对外汉语教材通论》,商务印书馆,2012年,第9页。

当的本土化处理。第四，提高多语版本的编写质量，使其他语种版本质量不低于母本（英语版）。第五，加强实质性的中外合作，提高多语种版本的准确性与针对性。

第二节 汉语作为外语环境下的教材编写
——以《汉语入门》为例①

《汉语入门》（*MÉTHOE DE CHINOIS*，俗称"好好学习，将来过好日子［封面插图语］"，Isabelle Rabut，Wu Yongyi & Liu Hong，2003，最新修订版/第3版，2009）是国家汉办采用中外合作方式在国外编写出版的第一部汉语教材（教材印有汉办的徽标），目前是法国汉语教学的主力教材之一，例如在法国最大的权威汉语教学单位"国立东方语言文化学院"，每年约有600名一年级的学生使用该教材。作为一本汉语作为外语（CFL）环境下编写和使用的教材，在不少方面对汉语国际推广新形势下的教材编写具有一定的启发与借鉴意义。

一、教材编写的理念与做法

教材编写是需要理念的，编写汉语教材亦是如此。它需要有

---

① 本节选自吴勇毅《汉语作为外语环境下的教材编写——以〈汉语入门〉为例》，载《第十届国际汉语教学研讨会论文选》，北方联合出版传媒（集团）股份有限公司、万卷出版公司，2012年。

时代感，能与时俱进，能适应新形势下的汉语教学。与此同时，教材编写也需要有理论与方法指导，并且有自己的特点，在继承和创新中发展。《汉语入门》的编写体现了我们的一些理念和做法。

1. 教材中"本土化"理念的落实。所谓教材的"本土化"首先体现在教学环境上，我们把《汉语入门》定位在它是汉语作为外语（CFL）环境下使用的教材[①]，作为编写的原则，教材的整个框架、教学语言、学习内容、练习设计等都围绕着"学习者/教学对象是在法国学习汉语"这一现实。举例来说，整部教材的教学语言，包括前言，使用说明，汉字、词汇、语法等知识的讲解，练习的题干等，都是直接用法文撰写的。这样一来，即使是零起点的学生也能自己直接用母语阅读，并根据要求完成学习任务。

其次，《汉语入门》的编写团队是中外合作的，而且中国专家是跟法国专家一起在法国本土完成整个编写任务的，历时两年（教材编写完成后，又试用两轮/两学年后才正式出版）。团队成员中，以汉语为母语的人懂法语，而以法语为母语的人也从事汉语教学和汉学研究工作。这样的团队组合不仅真正熟悉"本土"的社会环境和教学环境，而且既能保证教材中所教语言（目的语）的真实性，又能让学习者用自己熟悉的语言（母语）理解目的语的结构规律、使用特点和文化内涵。

再次，教材是根据本土的特点"量体裁衣"设计的，适应法国的教育体制和大学汉语教学的课程设置及教学安排。我们认为"本土化"也意味着有针对性。《汉语入门》预设的教学对象是

[①] 参见吴勇毅《论汉语作为第二语言教学（TCSL）与汉语作为外语教学（TCFL）》，载《汉语教学学刊》第 2 辑，北京大学出版社，2006 年。

大学中文专业的一年级学生，学习时间为一学年，其模块组合式的结构（参见本节第二部分）就是以法国最大的汉语教学单位——国立东方语言文化学院的课程设置为蓝本的。

第四，出版营销的"本土化"。《汉语入门》的定价，若以国内目前的教材价格来看，确实非常贵，但在法国大家能接受。我们认为原因之一就是大家认可它是"本土"产出的教材（而不是"舶来品"，这一点在买者心理上是不同的），因为它既有本国教师参与编写，又在当地出版销售（出版社是法国的）。

2. 坚持教材的个性化和创新。法国的汉语教材都非常有个性和特点，从《启蒙》[1]，到 C'est du Chinois! [2] 莫不如此。《汉语入门》也有自己鲜明的个性和创新点。举例来说，关于整个教材设置的场景，通常国内编写的教材都把它设置在国内，甚至某个地域；但编写汉语作为外语环境下的教材，我们认为这样做不适合，因为"语言输入的最佳项目是学习者身边的事物和思想。因为这些地方的知识和概念最具有可理解性、重复率和突显性，同时也最能引起学生的兴趣、共鸣和参与热情"[3]。为此，我们把教材的场景设置为"中性"，"既不指明在中国，但说的是中国的事，也没有明确说是在法国，不过体现着法国的地域，具体场景浮动在两者之间"[4]，加上教材提供的一些本土词语，学生就可以利用这些语料尝试表达自己"身边的事物和思想"，这也比较有效地

---

[1] Joël Bellassen（白乐桑）& Zhang Pengpeng（张朋朋）. *Méthobe d'Initiation à la Langue età IÉcriture Chinoises*（启蒙）. Paris: La Compagnie, 1989.

[2] Momique Hoa （华卫民）. *C'est du Chinois!* . Paris: Edition YOU-FENG, 1999.

[3] 参见邹为诚《语言输入的机会和条件》，《外语界》2000年第1期。

[4] 参见王若江《对法国汉语教材的再认识》，《汉语学习》2004年第6期。

激发了学生的学习积极性。我们认为这是编写国别型、本土化教材可以借鉴的地方。

3. 重视汉字教学，彰显法国汉语教学的特点与传统。在法国人的眼里，汉语这种语言和文字是独一无二的[①]，尤其是汉字更具有独特的魅力。从某种意义上可以说，学汉语而不学汉字就不"文化"。重视汉字教学是法国汉语教学的特点与传统，白乐桑在《启蒙》这本教材提出了"字本位"教学观念，因此汉字教学在法国有着特别重要的地位。《汉语入门》在汉字教学方面也有着自己的理念和做法，尤其强调字组字（字作为部件组成其他字）的能力和字组词（语）的能力，以及字义的联想作用。它从56个基本汉字起步，在每一课里，把某个字与本课其他字或以前学过的字的组合都标写出来供学生复习、"把玩"和拓展，其组合量之大为其他教材少有，教材还配有足量的不同形式的汉字练习。从学习者出发，为了达到识字和写字的不同要求（识大于写）并降低学习难度，教材首次区分了"积极/主动字"和"消极/被动字"，并采用了拼音先行、汉字滞后的做法。

4. 既突出语言功能和交际性，又尊重法国汉语教学传统，注重功能/意念和语言结构的结合。通常认为，采用功能/意念大纲编写教材是很难兼顾语言结构的系统性的，理由是一个功能/意念项目可以用多种语言结构/语言形式来表达，而一个语言结构/语言形式也可以表达多个功能/意念项目。这类典型的汉语教材可以以《说什么和怎么说？》[②]为代表。而我们认为，尽管一个功能可

[①] 参见白乐桑《学汉语不光是学一门语言》，《汉语世界》2006年第1期。
[②] 邱质朴《说什么和怎么说？》，江苏人民出版社，1990年。

以有多种表达方式，但必有一两个是其典型结构，如"是"字句可用于"介绍"，情态补语或者传统程度补语多用来表示"评价"，形容词谓语句则多用来"描述"，而且从学习者角度考虑，不同学习阶段对表达功能/意念的语言结构的要求也是不同的。因此，功能和意念不仅可以跟结构相结合，而且可以结合得比较好。《汉语入门》就是这样做的，虽然它采用功能/意念为主线（比如每课的主标题是"介绍、描述、提议、拒绝、比较"等）以加强交际性和实用性，但丝毫也没有降低对语言结构的系统学习，所以也许把教材称为功能/意念和结构"双主线"更为合适。它保持了法国汉语教学一向重视语法的传统，但通过典型结构与功能/意念相关联，使语法结构的学习逐步系统化。"《汉语入门》并没有因为强调语言的功能而降低对语言结构的要求，相反在这部教材中语法所占比重较之其他教材可能更多，更系统（王若江，2004）。"

二、教材的创新之处

教材的生命力在于创新，包括它的适用性和达到教学预定目标的便捷性、有效性。《汉语入门》的设计与编写有这样一些我们认为是比较独特和创新的地方。

1. 根据法国汉语作为外语（CFL）的教学环境，设计"量体裁衣"的教材，采用模块组合结构。目前国内的对外汉语教学（CSL）普遍采用的是分技能训练、分课型教学的模式[①]，而国外的汉语

[①] 吴勇毅《汉语作为第二语言/外语教学模式的演变与发展》，《华东师范大学学报》（哲学社会科学版）2009年第2期。

教学（CFL）大都被认为是采用不分课型的综合（课）教学方式。其实也不尽然，法国大学的汉语教学，比如东方语言文化学院，大都采用的是学分制（UV），这其中就有单独的听力、会话、语法等课的学分[①]。但我们在教材设计和编写时，并未依照技能和知识的不同分别编成听力书、口语书、语法书等，而是综合性的一本（全书包含索引等，共498页，可用一个学年或26至27周，配有CD/mp3，共7小时36分21秒）。从使用者考虑，如果教学单位是不分课型的，可以作为一门各种技能同时训练的综合课教材来使用；如果是分课型或分学分的，教材实际上可以拆开来按不同的学分性质，比如听、说、读、写、语法、汉字来进行授课。这样做适合法国的国情和课程设置。我们认为，这种可分可合模块组合式的"综合性"教材的编写方式是一种针对性较强，尤其适合汉语作为外语教学的教材编写模式。

2. 从简单、常用、组合能力（组[合体]字、组词）强的56个汉字入手学习，明确区分"积极/主动字"与"消极/被动字"。《汉语入门》没有按照一般随文识字、随文写字的方式处理汉字教学，比如第一课学了"谢谢"，就要求学生会写"谢谢"，而是遵循人类普遍的认知规律，从简到繁，由易至难。在教材编写之初，经过作者与其他许多老师的讨论甚至争执确定下来以56个汉字作为入门汉字在"引论（1）（2）"中学习（这吸收了中国传统识字启蒙的做法）。选择这些汉字的标准就是简单、常用和组合能力强，组合能力不仅表现在组成词（语）上，而且强调它们可以作为部件组成

---

① 吴勇毅《法国国立东方语言文化学院中文系的学制及课程设置》，《世界汉语教学》1996年第2期；潘先军《法国东方语言学院中文专业课程设置及简析》，《国外汉语教学动态》2004年第1期。

合体字，为后来复杂汉字的学习奠定基础。必须承认，这些字不是通过语料统计产生的，而是许多教师多年教学经验的积累。这些"垫底"的汉字，在"正课"中就不再作为"生字"或"生词"出现了。

　　与此相配合的另一个学习原则就是教材明确区分了"积极/主动字"和"消极/被动字"。以往教材的设计目标大都是出现多少汉字就要求学生识多少汉字，写多少汉字，并不注重识字与写字的差异，可事实上并没有多少学生能达到这种完美。其实识字和写字是两种相关但不相等、不相同的技能。汉语为母语者自己也有这种体会，即能识的字往往要多于能写的字，尤其是在当今电脑时代，不少人写的能力趋于"退化"，因此我们认为对汉语学习者"识写相当"的要求过于苛刻，既不科学也不现实。秉承"识大于写"的理念，《汉语入门》对"积极/主动字"和"消极/被动字"做了明确的划分。前者是需要识、写"通吃"的字，后者只要求识，不要求写。要求识、写的字用一般的黑色印刷，只要求识、不要求写的字则用灰色标出，比如"葡萄酒、豆腐、奶酪、解释、卢浮宫"等（灰色字是动态的，有些开始是灰色，只要求识，但到了一定的阶段则要求会写，比如巴黎的"黎"，在第一课就出现了，但标成灰色，到了第六课才要求写）。这样做确实降低了学习的难度。王若江（2004）认为："法国汉语教材在'字本位'主张之后给我们最大的启示是将所教授的汉字区分出'积极/主动汉字'和'消极/被动汉字'的做法。我们看到法国教育部颁发的法国高中汉语教学大纲，对汉语作为第一外语、第二外语、第三外语提出了不同标准，分别规定了学习'主动字'的字数与'被动字'的字数，这种分等次学习汉字的方法对推广汉语会起到积极的有效的作用，这也是时代和教学环境以及教学针对性的表现。而国内教材没有做这样的区分，也没有这样明确的意识。这确实是值得我们借鉴的做法。"

3. 遵循"听—说—读—写"的顺序展开教学过程，"说"无"范文"，"听"的内容就是"说"的"范文"。《汉语入门》每一课的教学过程都是真正按照"听—说—读—写"的顺序进行的，从"听"入手。由于教材是以"功能/意念"为纲的，因此在"听"的部分主要设计的是单句和话轮不多的小对话等。为了突出表达"功能/意念"的语言结构方式以及在不同情境下表达同一"功能/意念"的环境，每一课都要听很多单句和不同情境的对话，尽管量较大，但难度并不高。所有听的内容都在 CD/mp3 上，学生要根据自己的听后理解完成书上配有插图、图表等的各种"任务"，然后才能进入"说"的阶段。"这部教材的会话部分与一般教材最大的不同就在于，'说'的部分没有固定的课文，即没有标准的'范文'。一般口语教材都是以课文为范文，语言程度越高，范文越长。对于这样的教材，在组织教学时，首先要用一定的时间读课文，然后再模仿课文进行会话练习。而在《汉语入门》中口语的'范文'实际就是 CD 盘上的听力的对话。所谓'会话'就是各种练习。首先根据'听'的内容回答问题，接着再进行模仿。听力对话里的主要语法结构、语法点、语言点都要在口头练习里进行操练。这样的听说教材是真正的口耳之学。无论如何必须承认，汉语入门教育真正从'听'开始、会话不设'范文'的教材这是第一部，它是一种大胆的尝试，而且是符合一般语言认知规律的（王若江，2004）。"

4. 在"引论"阶段拼音和汉字同时起步，在"正课"阶段拼音先行，汉字滞后。在口语（听说）和文字（读写）的处理上，国内的对外汉语教学目前基本上采用的是"语文并进""语文同步"模式（吴勇毅，2009），教材教多少词，同时也就要求学多少字，而且是识写同步。有法国学者提出汉语教学应采用"语文分离"的方式①，也有的法国汉语教材采用"双轨制"，例如 *C'est du Chinois!*（华卫民，1999），即同一教材分为"听说本"（拼音）和"读写本"（汉字），每课的课文内容一致，但教授的侧重点不一样。《汉语入门》的处理方式是独特的。在"引论"两课中，学完拼音（发音）及拼写规则，同时掌握 56 个基本汉字，然后进入"正课"，它分为两大部分，一是听力理解和口头运用（听说部分），二是书面表达（读写部分）。"听"和"说"的部分全部使用拼音，不出现任何汉字，"读"和"写"的部分才有汉字。由于听说部分没了汉字的束缚，因此每一课的生词量都大于读写部分，其中只有 50% 左右带星号（*）的生词是要在本课读写部分学习它们的汉字形式的。这样一来，听说的量就大了，内容也容易丰富了，掌握口语的速度也明显快了，但汉字学习滞后了，（记忆和书写）难度也随之降低了。这是有意而为之的，体现了作者关于汉语学习的某种理念，其遵循的路线是："听"大于"说"，"听说"大于"读写"，"读"大于"写"。不带星号的生词大部分也将在以后各课的读写部分逐步出现，最后"拼音生词"和"汉字生词"这两条线可大部分汇合，尽管这中间有个"时间差"，且不能也不必做到完全重合，因为听说是领先的。

---

① 参见白乐桑《汉语教材中的文、语领土之争：是合并，还是自主，抑或分离？》，载《第五届国际汉语教学讨论会论文集》，北京大学出版社，1997 年。

三、教材的结构及其说明

《汉语入门》全书共 16 课，其中 2 课为引论，14 课为正课，另外还有 4 个阶段复习。

引论部分看上去是语音阶段，实际上有两个任务目标：一是通过拼音的教学（包括拼写规则）使学生掌握汉语普通话的正确发音（声韵调构成的音节）（引论（1）和引论（2）的 A 部分 /A. expression orale et écoute）；二是学习和掌握汉字的基本笔画和笔顺，以及作为"正课"铺垫的 56 个基本汉字（引论（1）和引论（2）的 B 部分 /B. expression écrite）。在引论（1）里，除了介绍汉语的音节构成及其与字的关系以外，所有的声韵调全部出现。跟国内教材最主要的不同点在于，所有的声母和韵母都是采用与学生母语（法语）语音对比的方式教授的，那些对法国学生来说有一定发音难度或易混淆的音则会用更多笔墨加以对比说明。如果法语语音系统中确实没有的，就借助其他印欧语言对比，比如德语、英语等。说明某个声韵母发音时使用"就像法语里的……音"或"近似法语里/德语里/英语里的……音"这样的语言。由于是跟学生的母语或其学过的同一语系的语言进行对比教学，因此学生很容易体会和接受。在两课"引论"里，有各种语音练习，训练的量很大，尤其侧重不同声调的音节组合，举个例子来说，学生学了 11 个数字（0—10）的发音，就应该能念或自己说出年份的音节组合（如 1914、2010 等）。语音学完后，不等于语音训练就结束了。整个语音训练要持续一学年，具体体现在教师每课都要进行拼音的听写，从双音节到四音节，音节的组合由教师自选，但完全不考虑学生明不明白意思，是纯粹的语音训练、听写练习。

以东方语言文化学院为例,期中考试学生要听写40个双音节词(意思可能完全不懂), 期末考试要听写20个四音节词语(通常是成语类的),因此教师上半学期主要训练学生双音节词的听读,下半学期主要训练四音节词语的听读,而不是像国内通常的做法(尽管很多专家学者对此有批评),语音阶段结束后就不再继续注重语音训练了。

要学习的56个汉字是"引论(1): 一、二、三、六、八、十、工、王、上、下、人、个、木、不、大、太、天、夫、午、牛、羊、半、生、少、火;引论(2):四、五、七、九、口、日、文、中、白、小、心、手、子、水、刀、力、门、月、儿、几、也、巴、山、马、女、车、老、是、国、我、很"。这56个字是经过反复讨论甚至争执最后确定下来的,可以说是东方语言文化学院许多老师多年教学积累的集体经验。在"引论"的字表里,所有这些字之间的组合(词、短语)包括法文意思,都被列出供学生"把玩",不要求记住,但可以让学生逐步熟悉汉语的组合规律,培养语感。56个字共组合成187个词语(在不同字头下有重复)。练习侧重在字的书写、字的辨认(如"八人""大火"等)和字的组合(组字成词语)及其意义。掌握这56个字对学生来说并不困难。

"正课"部分的结构如下:

每一课分为两大部分: (1)听力理解和口头运用(A. compréhension et application orales); (2)书面表达(B. expression écrite),前者是听说部分,后者是读写部分。听说部分全部使用拼音,不出现任何汉字。首先是生词表(vocabulaire),由于打头的听力部分没有提供任何可以同时阅读的"文本",因此生词的排序是严格按照录音内容出现的先后顺序安排的,这样可以帮助学生理解录音内容（如果学生愿意，可以自己看着生词表听录音内容）。

生词表后面是两个主板块。第一板块是听力理解（compréhension），主要包括两个部分，第一部分（compréhension A）是听懂表示同一"功能/意念"的几个不同情境对话或句子等，对话都很短且配有插图；第二部分是更多的听力活动（B. exercices de compréhension），学生要根据所听的内容（句子、情境对话、小故事等）完成各式各样的任务（tâche），只有完成这些听的任务，才能进入"说"的阶段，即第二板块——口头运用（applications）。每课口头运用部分的第一个活动就是重听第一部分的内容，并口头回答相关问题。然后，以不同形式的活动操练与本课主要"功能/意念"相关的各种句型和表达方式（即通常所说的"语言点""语法点"），这些句型和表达方式已在听力的情境对话中出现过了。口头运用部分的最后一个活动是要求学生试着朗读后面的（用汉字写的）课文部分，并回答相关的问题。这就过渡到了读写部分，即书面表达。

在书面表达部分，第一个大的板块（caractères）由三个字表组成。首先是字表（1），它是每课的汉字总表（présentation des caractères），平均每课在 35 个左右。每个字都用特大号显示，可以一下子抓住学生的注意力。接着是字表（2），它标示出字表（1）中每个汉字的"拼音"（pinyin）（字音）、"法文翻译"（traductions）（字义）和"字的组合"（combinaisons）及其翻译（词义、短语义、短句义），如果某个字有繁体，也同时出现（如"点點"）。再接下来是字表（3），它按照规律把每个汉字拆开（décomposition），演示汉字的笔画和笔顺。

"字的组合"最有特色，它是组字成词、成短语，甚至是成短句。进入组合的所有字都是本课或以前学过的，只要可以跟这个字组合就收进来，所以几乎是穷尽式的组合，量很大（有的一个字，组合多达9至10条）。比如第四课共学习38个汉字，但组合共有128条（包括重复，例如"公"有"公司"的组合，"司"也有"公司"的组合），平均每个字组合3.4次。这些组合，有的是学生之前学过的或本课学习的；有的是学生未接触过的，但可依据字义直接猜测出词义；还有的依据翻译和字义可以揣摩和"把玩"出组合义。这些组合并不要求学生全部记住，但可以让学生自学和复习，随手经常翻翻以增强熟悉度和语感，也可作为学生口头或书面表达需要时的"备选"语料。从这里可以体现出作者关于汉语教学"字本位"的一些思想和具体操作法。

在三个字表之后是汉字知识板块（écriture），内容主要包括介绍汉字的笔画、笔顺、结构、部件、同音字、多音字、形旁、声旁、查字典（部首）、汉字的演变、六书、简化字、标点符号等。至此，所有内容都是与汉字学习有关的。

在汉字部分结束后，进入读写部分的主体，即通常所说的课文部分。首先是出现第二张生词表，这也是跟其他教材不同的处理之处。跟"听说部分"出现的第一张生词表不同的是：（1）这张生词表是由汉字而不仅仅是拼音组成的（当然词表有拼音和法文翻译）。（2）它不是按照出现的先后顺序排列的，而是按词类排列的（先后顺序是词类的下位）。如果说听说部分的生词表按出现的先后顺序排列是为了帮助学生理解录音内容，便于听的话，那么读写部分的生词表按词类排列则主要是为了让学生逐步形成系统的汉语词类概念（帮助学生归类），方便学生理解课文中的句子构成、操练句子结构／句型（比如句型的替换练习）和自我表达（比如造句）。

一般认为，按词类编制生词表的做法相当传统，且不便于学生学习，因此大多数教材都是按照内容出现的顺序编制生词表；但我们认为有了听说部分第一个生词表的铺垫，很多词语学生已经熟悉，第二个生词表更能突出不同的学习要求。也许有人会问，一课有两个生词表是不是意味着有两套生词，我们回答：是，也不是。由于听说部分的生词是以拼音的形式出现的，学生并不难学，因此其量要大于读写部分的生词，但其中有 50% 左右是带星号的（*）。这意味着，它们都是要在本课读写部分的生词表中以汉字形式重复出现的；不带星号的生词大部分也将在以后各课文里逐步出现，最后拼音生词和汉字生词这两条线趋于重合，因此整本书的生词复现率也是比较高的。

生词表后面是语法（grammaire）和词汇（lexicologie）知识板块，详细说明本课的语言点，介绍汉语的构词特点等。这一部分在实际操作时，通常是由法国教授用法语讲授的（近年来也有华人教授授课）。值得一提的是，语法点的解释，是懂汉语的法国教授根据每课的句型和要点，用法国学生熟悉而又看得懂的语言（法语）撰写的，而不是简单的中译法，后者在教材编写时常常是由懂法语的中国人按汉语语法解释的术语和思路完成的。有的译得不好，被国外老师批评为"不仅学生看不懂，连老师也看不懂"，很不利于学习。这也充分说明了中外合作编写教材的重要性。

接下来是课文（textes）和练习（exercices）板块。课文的语体和听说部分是完全不一样的，前者是记叙体，后者是对话体，这是作者有意而为之的。通常在初级汉语教材里有的课文是对话形式，有的课文是记叙形式，互相夹杂，编者的目的大概是想让学生熟悉各种语体及其风格（从批评的角度看是口语与书面语不分）[①]，但我们就是想把对话体与记叙体分开，前者用于训练听说，后者注重阅读能力培养。

练习分为口头练习和书面练习，量很大。口头练习是根据课文回答问题以及课文同类话题的延伸，这就把阅读与听说关联起来了。书面练习形式多样，除了各种语法练习和写作练习以外，贯穿全书的汉字练习独具匠心，是其特色之一，这类汉字练习有二三十种之多，且贯穿整本书（一学年），充分显示了法国汉语教学对汉字的重视程度。相比之下，国内的对外汉语教学虽然说是要重视汉字教学，但在具体的操作层面上却并非如此，教材中的汉字练习极其有限。

书面练习中每一课都有法译中（thème）的练习，包括短语和句子的翻译，通常在 10 个以上。这在国内编写的教材中几乎是没有的，它体现了在不同环境下（CSL/CFL）汉语教学的特点（吴勇毅，2006）。在法国或者说在国外，汉语学习者在课堂之外的社会环境中几乎没有多少机会操练汉语，而翻译这种思维的"游戏"，可以让他们在课余之时自己对比和"把玩"两种语言，从而体会汉语的结构特点，加深对目的语的理解。尽管有的语言教学专家不赞成设置翻译练习，但我们认为在外语环境下学习，翻译练习是不可或缺的，是学生自学的"拐棍"。

为了体现"写简识繁"的理念，除了在上述字表（1）中标

[①] 关于这方面的讨论可参见王若江《对汉语口语课的反思》，《汉语学习》1999 年第 2 期；吴勇毅《汉语作为第二语言/外语教学模式的演变与发展》，《华东师范大学学报》（哲学社会科学版）2009 年第 2 期。

出繁体字外,我们在每课的练习中(通常是最后一个练习)都设计有一个看繁体字(句子、段落)然后写出简体字的单向"转换"练习。学生可根据前面字表的提示认繁体字并写出对应的简体字,逐步提高识繁能力。这也是比较独特的练习。

第三节 汉语教材的"动态化"发展趋势[①]

目前汉语教材编写呈现出一种新趋势:动态化。这一趋势与国际第二语言教材发展的总趋势是一致的。

当然,严格地说,狭义的教材——正式出版的教科书,其先天特性就决定了它是静态的,而不可能是动态的,要实现动态化,则有赖于教师的能动性。

我们这里所说的动态化,是相对而言的,是指在教材结构设计模式上更多地关注语言学习过程和教学过程,以及在这一过程中学习者的多元化需求和个性化学习方式。在这些方面,一些新近出版的教材在编写上的创意值得我们关注[②]。

[①] 本节选自吴中伟《动态化:汉语教材发展的趋势》,载《汉语应用语言学研究》(第1辑),商务印书馆,2012年。

[②] 本节对于教材特点的分析是举例性的,而不是穷尽性的,用意不在于评价某些教材,而是探讨未来教材发展的一些思路。肯定还有很多其他教材在设计上有类似的处理,而我们没有提及。特此说明。

一、"动态化"之一:"听—说—读—写"依次推进

在各类汉语教材中,基础阶段的综合教材无疑是使用面最广的。综合教材适用于综合课教学。综合课兼有知识传授和技能训练的双重任务:既对学生进行汉语语音、词汇、语法、汉字等知识的教学,又进行听说读写等技能的综合训练,而二者又是融合在一起的。从结构上看,传统的综合教材无非是:词语表—课文—语言点—练习;或者:课文—词语表—语言点—练习。其中课文是一两段对话和/或短文,课文既是听说活动的范本,也是读写练习的基础。

有两本较新的综合教材在编写模式上值得我们关注。一本是《汉语入门》(Isabelle Rabut,Wu Yongyi & Liu Hong 编写)。该教材的一大特点就是,每课分成"听力理解和口头运用"和"书面表达"两部分。其中,"听力理解和口头运用"部分包括:生词表、听力理解、口头运用。口头运用以听力理解为基础,听力理解为口头表达提供范本。"书面表达"部分包括:字表、汉字知识、生词表、语法和词汇、课文、练习。每课的听说部分只用拼音,读写部分才出汉字,听说部分的词汇量大于读写部分,而听的部分又大于说的部分,读的部分大于写的部分。[①] 教材的这一设计思路,体现了先语后文的原则和输入大于输出的原则。

另外一部是《走遍中国》丁安琪主编。该教材采用单元制,每个单元内部包括三课:第一课是"词汇与听力""语音与口语",第二课是"阅读与写作""语言点",第三课是"交际活动""汉

[①] 吴勇毅《汉语作为外语教学环境下的教材编写——以面向法国人的〈汉语入门〉为例》,载周小兵主编《国际汉语》第 1 辑,中山大学出版社,2011 年。

字学习""复习与练习""词汇扩展"。特别需要指出的是，在每个单元的第二课，阅读材料是以"博客""周末计划簿""广告"等形式出现的，显得很真实。

传统的综合教材，对于教学内容，如词语、语法、课文，要求同步掌握其语音形式和文字形式。而上述教材尽管从最终目标来看，同样也是培养综合能力，但是在教学过程中，是通过听读活动实现输入，通过说写活动促进输出，在输入基础上强化输出，更符合语言学习的规律。上述教材也比较重视口头交际形式和书面交际形式的差异，注意技能培养的逐步推进，注意汉字的特殊性，适度区分了口头形式词语的教学和书面形式词语的教学，照顾到汉字学习的难度，以口头交际活动带动书面交际活动，更适合非汉字文化圈汉语教学的特点。

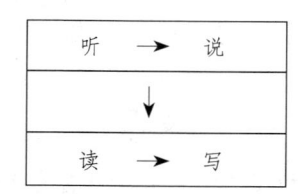

```
听 → 说
     ↓
读 → 写
```

图 5-1

另外，传统的综合教材通过一篇课文同步进行口头和书面形式的教学，毕其功于一役，带来了语体上的问题以及相应的教学上的困扰。"精读课的训练方式实际上是口语和书面语不分。"（吴勇毅，2009）这一问题不仅见于汉语教学界。正如 Nunan（1999）所批评的那样："过去，教师们常常试图通过展示书面语范文来教授口语，反之亦然，就好像写作是'写下来的谈话'。"[①] 而上述

---

① D. Nunan. *Second Language Teaching and Learning*，中译本《第二语言教学与学习》，北京师范大学出版社，2009 年。

"综合"教材的编法,有助于把对话体和记叙体分开,不仅注意到了口语和书面语的语体差异,而且也保证了阅读材料的真实性[①]。

把一课或者一个单元分成"听说"和"读写"两大部分以后,为了保证其内部有机联系,在内容上二者应围绕同一主题展开,从教学上说词语和语言点应尽量重合;而从语域差异来说,要保证交际的真实自然,词语和语言点必然又有差异。这样,在教材编写中对听说部分和读写部分的课文(语体风格不同)在词语和语言点上的照应关系,就提出了更高的要求。

二、"动态化"之二:通过系列任务实现教学目标

任务型教学在汉语教学界已经得到普遍关注,反映在教材编写上,可以分为两类:一是在传统模式下吸收任务型教学的一些理念,即"结合任务的教学(task-supported)",一类是以任务为基本教学单位,即"基于任务的教学(task-based)"。前一类教材已不少见。如马箭飞主编《汉语口语速成》,吴中伟、高顺全、陶炼主编的系列汉语进修教材《拾级汉语》,每课课文后除了"练习"以外均有"活动"(或叫"综合练习")设计,这些"活动"基本上都是比较典型的任务,任务的要素也比较完备。

这类"结合任务"的教材基本上以结构或功能为纲,每课按照"展示—练习—表达"的模式进行编排,把任务引入"表达"阶段,

---

① 传统的基础阶段综合教材,课文往往包括对话和短文两个部分,在一定程度上也考虑到了对话体和记叙体的问题,但一般强调在基础阶段以中性语体教学为主,所以语体差异不大。事实上,短文只是对话内容的转写,并不考虑这一短文的使用语境,往往显得不真实。

从而加强了练习活动的真实性、交际性,但是任务并没有成为教学过程的基本单位,没有占据教学过程的核心地位。

本节着重分析后一类教材,即任务型教材。这里以陈作宏主编的《体验汉语写作教程》为例。该教材采用的是"以任务为中心的体验式课堂教学模式",从结构上看,是通过一系列的任务,"循序渐进地为学习者提供书面表达的机会,并提供各种辅助手段帮助他们顺利完成任务,以消除他们的畏难情绪"(该书前言)。以该教材高级第一册为例,每课包括:写前准备、写作任务、讨论修改、课外作业、课外阅读。如第一课:

表 5-8

写前准备	热身活动	看图片,把想到的词语写在图片下边。
		小组活动,跟同伴谈谈这个图片故事。
		针对每一幅图片写一句话,简单说明图片内容。
	语言形式	看例句,注意"时而……时而……"的意义和用法。
		写两句话描述图片上这一天天气的变化和姑娘们的情绪变化,用上"时而……时而……"。
		简单写一下这个图片故事,试着用一用"有一天""那天""当时"和"终于"。
写作任务	整理思路	阅读短文,把相关内容填入表格。
		想一想你生活中发生的难忘的事,并填写下表。
		选定你要写的事,并整理一下与事情相关的内容写出你的提纲
	动手写	在 20 分钟内,按照提纲,一口气写完草稿。
讨论修改		按照下列步骤检查一下你的草稿。
		跟同伴交换草稿,注意下列问题。
课外作业		根据同伴的建议和你的新想法,修改草稿,然后写出一篇完整的文章,要求不少于 400 字。
课外阅读		

这样的设计其实是以任务为单位,结合控制法写作教学和过程式写作教学的特点,在搭建语言支架,逐步引导语篇表达方面,显得相当具体、细腻。

任务型教学一般包括三个环节:任务前、任务中、任务后。任务型教学是一个系统,并不是采用了几个任务就算是任务型教学,而是需要设计系列性任务,使之环环相扣,步步推进,从而达到我们的教学目标。这样,在教学中就构成了具有层级性的任务系列,一个大任务可能由若干个小任务组成,任务前、任务后环节本身也可以是由任务构成的,而且可能不只一个任务,而每一个任务都可能包含任务前、任务中、任务后三个环节(当然,"任务前"和"任务后"不是必有的)。其基本模式如图 5-2:

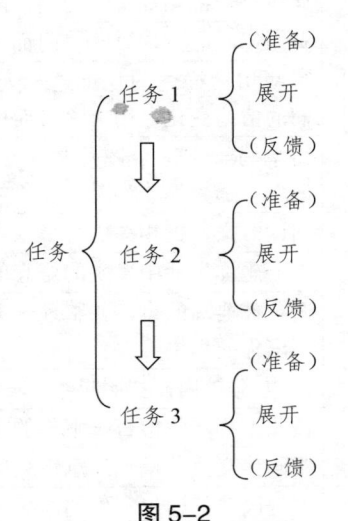

```
           ┌ (准备)
      任务1 ┤ 展开
           └ (反馈)
            ↓
           ┌ (准备)
任务  任务2 ┤ 展开
           └ (反馈)
            ↓
           ┌ (准备)
      任务3 ┤ 展开
           └ (反馈)
```

图 5-2

我们认为,上述编写模式也可以运用到口语教材中。尽管在真实交际中,口头表达往往是无准备的,跟写作不一样,但是,在口语教学中,我们完全可以通过引导学生一步步地准备,或逐层推进,或整体循环,在完成一系列任务的过程中逐步提高输出质量。这样,比传统的"学习范文,操练结构、自由表达"的模式也许会更活泼、更有效。吴勇毅(2005)就提出了一种口语教材编写模式的设想,"它不再有课文和练习两大板块之分,以任务统领全课,课文已不是传统意义上的'样板',而是任务链中的一环。"[①] 赵雷(2008)提出了建立任务型对外汉语口语教学系统的设想,认为"任务型对外汉语口语教材将彻底改变传统的课文、生词、注释、练习的固定模式格局,将以学生口头交际任务为核心,通过现代技术手段,以多样化的输入方式,提供多样化的学习活动,体现以学生为本、以任务为路径、以交际为目的的现代语言教材设计的新理念"[②]。我们期待着这样的口语教材早日问世。

任务型教材似乎取消了词汇表,取消了课文,其实,完成不同任务的过程,就是学习词语、学习语法、学习范文的过程,就是从输入走向输出的过程,就是学习者逐步发现规律、完善中介语的过程,就是由学习者在教师引导下逐步"创作课文"的过程。

当然,在搭建支架、逐步推进的过程中,教材设计细化到什么程度,是一个需要讨论的问题。事实证明,一方面,急于求成、放任自流会导致错误百出,但是环节过多、设计过细,也会让一部分学习者感到烦琐、厌倦。

[①] 吴勇毅《从任务型语言教学反思对外汉语口语教材的编写》,载《国际汉语教学动态与研究》第 3 辑,外语教学与研究出版社,2005 年。

[②] 赵雷《建立任务型对外汉语口语教学系统的思考》,《语言教学与研究》2008 年第 3 期。

三、"动态化"之三：引导学生开展发现式学习

引导学生开展发现式学习，体现了以学生为中心的教学理念。如何发挥学习者的学习积极性、主动性，培养其关注语言形式的意识，引导有效学习策略的养成，一些汉语教材在这一方面也做出了探索。

如，根据主编丁安琪的介绍，在《走遍中国》中，语言点采用发现式编排模式，将发现法学习理论运用到语法编排中去，同时结合 3P 教学法和任务教学法。具体做法是，先给出一些典型例句，让学习者根据例句，自己去发现关于所提供语法点的基本规律；之后通过机械性练习来验证自己所发现的语法规则，同时复习、巩固所学内容；最后给学生一些具有真实交际意义的任务式练习，让学生在实际应用中掌握语法规则。[①]

以《走遍中国》第一册第十单元对"吧"的处理为例。教材首先给出四个句子及其翻译：

> 我们坐火车去吧。Let's take the train.
> 走吧。Let's go.
> 史蒂夫，你来吧。Steve, you come.
> 你们坐飞机来吧。You could come here by air.

然后让学生判断这里"吧"的意义和用法：

> 1. 吧 can be used to indicate commands or suggestions.
> 2. 吧 is used to ask for opinions.

---

① 苏丹洁《中外合编汉语教材的新探索——〈走遍中国〉主编访谈》，载周小兵主编《国际汉语》第 1 辑，中山大学出版社，2011 年。

3. 吧 is used at the end of a sentence.

在课文的附录部分，则给出了关于"吧"的"标准"解释，供学生查阅：

吧 can be used at the end of a sentence to express different moods, including command, approval, request and suggestion.

当学生在教师指导下明确了"吧"的意义和用法之后，教材设计了关于"吧"的练习：用"吧"完成对话。

这种发现式学习的方式，其实也属于任务的一种，是直接讨论语言形式的"任务"，即所谓"提高意识的任务"。

引导发现式学习，为学生提供充分的"有效语料"是关键，值得我们深入研究。邵菁、金立鑫（2007）认为，"有效语料"是指"教材或教师为服从某一教学目的向学生提供的准确的、规范的、数量上足以让学生认知出目的语某一语言规则的语言材料"[①]。我们认为，有效语料应具有以下特点：适当、规范、典型。所谓适当，就是语料在语言难度上是适合学习者的，在文化取向上是恰当的，在内容上是正确的。所谓规范，是指语言本身符合普通话标准，结构正确，语域恰当，语言自然。所谓典型性，是指能够充分体现、突显相关语言点的最基本的、与当前教学目标最适切的用法特点和表达功能。适当、规范是前提，典型是关键。

语料的典型性是一个程度问题，是相对而言的。如，就以下相关语言点的初次教学而言，下面的例句（B）就比（A）更为典型。

---

① 邵菁、金立鑫《认知功能教学法》，北京语言大学出版社，2007年。

(1) A. 你是美国人吧？
　　　B. 我想，你大概是美国人吧？
(2) A. 他每天起得很早。
　　　B. 他每天早上六点起床。他起得很早。
(3) A. 他被感动得流下了眼泪。
　　　B. 花瓶被孩子打碎了，真可惜。

尽管各组 A 句也是完全正确、规范的，但是 B 句更为典型，因为它们或更有助于暗示语言点的表达功能，或更好地体现了语言点的语境条件，或更好地突显了语言点的典型意义。

四、"动态化"之四：细化教学流程

新近出版的一些教材在课文之前设计了"热身活动"，如，《拾级汉语》综合教材第三册第三课"饭菜里的人情味"，设计的"热身活动"是：

1. 说出当地 5 个家常菜的名字。
2. 你觉得请客吃饭是一种很好的社交方式吗？
3. 你是不是觉得中餐馆里常常很吵？你能习惯吗？

在真实课堂教学中，"热身活动"其实早已有之，只是以前可能是教师们的一种自然的教学行为，而现在越来越多的教材则把"热身活动"作为教材中的一个组成部分，提供了系统的设计，而不是留给教师"自己看着办"。

"热身活动"的设计其实正反映了当前汉语教材的又一个特点，那就是：将教学环节、教学流程明确化、具体化，力求跟实际教学过程保持一致。

《体验汉语写作教程》前言里就说:"为了节省教师备课时间,每一课的教学内容和活动都与实际的课堂教学步骤同步,并提供教学时间和教学安排方面的相关提示供教师参考。"

《环球汉语》在这方面也很典型。且看《环球汉语》公布的样课——第一册第一课——是如何细化教学环节的安排的,以其中"自我介绍"模块为例,教材具体设计了:

第一步:让学生看录像片段,猜一猜他们在说什么(听到的中文是"你好!我叫……")。

第二步:让学生填写自己的名字:Nǐ hǎo！Wǒ jiào _____.

第三步:让学生看录像片段,并填空:

a. Lynn: Nǐ hǎo！Wǒ jiào Lynn. Hěn gāoxìng rènshi nǐ.
Li Wen: Nǐ hǎo! Wǒ jiào Lǐ Wén. Rènshi nǐ wǒ yě hěn _____.

b. Nín hǎo, Zhōu Lǎoshī. Wǒ jiào Chén Fēng. Hěn gāoxìng rènshi _____.

c. Zhào Yǒnggāng: Hěn gāoxìng rènshi nǐmen.
Alejandro: _____.

d. What do you think is the meaning of Hěn gāoxìng rènshi nǐ? Write the English below: _____.

第四步:要求学生用上面的句子跟同学做自我介绍,仔细听对方介绍自己,并把名字用拼音记下来。

第五步:学习人称代词"我、你、他/她、我们、你们、他们、她们"(拼音形式)

第六步：看图片，认识名人，说一说"他/她叫什么名字"。

教材还为上述每一步环节提供了教学提示，如关于第四步的教学提示为：

如果学生已经有中文名字，就让他们用中文名字作介绍。可能在用拼音记录时会有困难。如果学生敢于挑战，可教他们说"请问，……怎么拼？"回答可以是："Lǐ, L-I, dì sān shēng."如果学生没有中文名字，就让他们直接用英语介绍自己的名字①。

这种教学安排上的具体设计，在传统的观念中，应该是教师的教案里的东西，而不是教材编者的责任。像上述教材这样对教学流程进行如此细致的描述，从积极意义上说，一是有助于学生的自主学习，二是有助于对教师的培训、指导。当然，如果简单地、主观地对教学程序做出过于细致的规定，对于已经形成自己教学风格的有经验的教师来说，难免在一定程度上束缚了他们的手脚，而且，课堂是千差万别的（这也正是我们一开始所说的严格意义上的"动态化"教学的含义），把课堂教学过程程式化也不利于教师根据特定教学对象灵活调整教学环节和教学手段。我们需要

---

① 这里的内容是笔者翻译的。其中相关词语的下划线为笔者所加。原文为：If students already have Chinese names, tell them to introduce themselves using their Chinese names. It is likely that students will run into trouble spelling these Chinese names as they take notes. If you feel that your students are up to the challenge, teach them how to ask, "Qǐngwèn... zěnme pīn?" (How do you spell... please?) A possible answer is, "Lǐ, L-I, dì sān shēng." (Li, L-I, the third tone.) Alternatively, allow students to introduce themselves by their English names. Just giving the first name is entirely appropriate, even in China.

的是针对教学过程中的种种可能性提出相应建议,作为备选方案。因此,在一些环节上,采用"如果……那么……"的方式提出教学建议,如上述《环球汉语》第一课第四步中的教学提示那样,显然是更合适的。

五、"动态化"之五:增强教学内容的灵活性

百分之百适合学习者的教材是不存在的,因为学生总是有差异的。教材如何尽可能照顾到学习者的不同水平、不同学习能力,是教材编写的一个重要问题。很多教材在语言知识的可选性,教学容量的弹性方面做出了尝试。

如吴中伟主编《当代中文》中对词语教学设立了三级目标:(1)《学生用书》的"词语表"中的词语(包括补充词语)为必学词语。(2)在《学生用书》每课最后提供一个"参考词语"表,主要列出一部分连类相及但是词语表中又难以容纳的词语,以及学生所在国生活、文化方面的特殊词语,这些词语不是必学的。(3)在《练习册》和《汉字本》中适当提供"扩展词语"。另外,《当代中文》2003版一、二册每册设"补充课文",并且,教材的每篇课文分别以简体字、繁体字、拼音形式呈现。这样,在一定程度上能满足不同目标、不同能力学习者的需求,也照顾到不同地区语言政策和学制等方面的差异。

相比《当代中文》,砂冈和子等编写的《互动式汉语口语》在教学容量的弹性设计上视野更为开阔:"本书以星号来标注学习任务的难度。没有标注星号的内容适合所有程度和水平的学生。★相当于HSK甲级的初级学习难度和学习任务,★★相当

于 HSK 乙级的中级学习难度和学习任务，★★★相当于 HSK 丙级和丁级的高级学习难度和学习任务。教师和学生可根据自己的水平和程度选择合适的学习任务。"（该书前言）以第五课《旅游》为例，安排的写作训练包括三个层次的题目：

★你印象最深的一次旅游是什么时候？去了什么地方？为什么给你留下了深刻的印象？

★★你将来有什么样的旅游计划？打算到哪里去？为什么选择这样的地方？到哪里打算做什么？说说旅游对你有什么帮助？

★★★去旅游的时候，是你自己安排出游好，还是报名参加由旅行社安排的行程好？两种旅游形式各有什么优点和缺点？

学生可根据自身水平选择上述三个话题中的一个。这样，这部教材就可以适用于初中高不同级别的学习者。

如何提高教材的适应面，从一个角度看是教材内容的弹性问题，从另一个角度看是教材按需生成的问题。如果我们仅仅是从一个教材成品的角度来考虑问题，这种弹性毕竟是有限的。弹性过大必然增加教材容量，教材容量过大必然增加学生的心理压力和经济压力，因为其中相当一部分内容对于一些特定的学生而言其实是不需要的。那么，是否可以从另外一个角度来看问题呢？如果我们设计的是一个作为教学资源的母本，世界各地的教学工作者可以从这个资源库中针对当前的教学对象和教学目标，在母本的基础上自主组合，灵活改造，按需"生成"，是否能更好地解决教材的针对性问题呢？

这样的教材，才是真正意义上的"动态化"的教材。

总的来说，"动态化"教材可以概括为：过程化、任务型、母本式。动态化教材还需要深入探索，特别在母本式方面。

图书在版编目(CIP)数据

汉语作为第二语言教学的教材研究/吴中伟主编.—北京:商务印书馆,2019
ISBN 978-7-100-17214-1

Ⅰ.①汉… Ⅱ.①吴… Ⅲ.①汉语—对外汉语教学—教材—研究 Ⅳ.①H195.3

中国版本图书馆 CIP 数据核字(2019)第 054557 号

权利保留,侵权必究。

汉语作为第二语言教学的教材研究
吴中伟 主编

商 务 印 书 馆 出 版
(北京王府井大街36号 邮政编码100710)
商 务 印 书 馆 发 行
北京艺辉伊航图文有限公司印刷
ISBN 978-7-100-17214-1

2019年10月第1版　　开本 880×1230　1/32
2019年10月北京第1次印刷　印张 11½
定价:36.00元